高等职业教育“互联网+”创新型系列教材
湖南省精品在线开放课程配套教材

电机与电气控制技术

第2版

主　编　李艳玲　朱光耀　杨　苗
副主编　王艳丽　陈奇志　姚贵发　刘　伟
参　编　谭　璐　郭　超　肖　珊　董　方

机 械 工 业 出 版 社

本书从实际应用出发，选用三相交流异步电动机基本知识、常用低压电器的认识和检测、典型电气控制电路的安装与调试三个方面的内容，设计了七个项目。项目设计时以工作任务为中心开展实训，每个任务包括任务描述、知识准备、任务实施、任务评价四部分。任务设置具有可操作性和实用性，真正实现教、学、做一体化的教学模式。

全书按照高等职业院校开设的电气控制技术课程特点，结合当前高等职业教育教学改革要求，构建“互联网+教育”智慧教材思路，按微课与慕课的理念建设有相关的配套资源，实现教学资源信息化、教学终端移动化和教学过程数字化。

本书可作为高等职业院校以及成人高等学校机电类专业电气控制技术课程的教材，也可供机电工程技术人员、本科院校和中职类学校相关专业师生参考。

为方便教学，本书配有多媒体课件、练习题答案、模拟试卷及答案等教学资源，凡选用本书作为授课教材的教师，均可通过 QQ（2314073523）咨询。

图书在版编目（CIP）数据

电机与电气控制技术/李艳玲，朱光耀，杨苗主编．—2 版．—北京：机械工业出版社，2023. 12（2025. 9 重印）
高等职业教育“互联网+”创新型系列教材
ISBN 978-7-111-75291-2

Ⅰ. ①电…　Ⅱ. ①李…②朱…③杨…　Ⅲ. ①电机学-高等职业教育-教材②电气控制-高等职业教育-教材　Ⅳ. ①TM3②TM921. 5

中国国家版本馆 CIP 数据核字（2024）第 050871 号

机械工业出版社（北京市百万庄大街 22 号　邮政编码 100037）
策划编辑：曲世海　　责任编辑：曲世海
责任校对：张　薇　　封面设计：马若濛
责任印制：邓　博
涿州市般润文化传播有限公司印刷
2025 年 9 月第 2 版第 4 次印刷
184mm×260mm · 15. 75 印张 · 387 千字
标准书号：ISBN 978-7-111-75291-2
定价：49. 80 元

电话服务　　网络服务
客服电话：010-88361066　　机　工　官　网：www. cmpbook. com
010-88379833　　机　工　官　博：weibo. com/cmp1952
010-68326294　　金　　书　　网：www. golden-book. com
　机工教育服务网：www. cmpedu. com

前言

本书依据实际应用设置相应的教学项目，体现“做中学、做中教”的职业教育特色，强化学生的职业技能和专业知识，提高学生的职业素养。本书主要特点如下：

1. 依托教材构建深度学习的管理体系

本书按照“以学生为中心、以学习成果为导向、促进自主学习”思路进行开发设计，弱化“教学材料”的特征，强化“学习资料”的功能，通过教材引领，构建深度学习管理体系。将“以企业岗位（群）任职要求、职业标准、工作过程”作为教材主体内容，将“知识学习、技能提升、素质培养”融为一体，严格落实立德树人根本任务，提供丰富、适用和创新型的多种类型的立体化、信息化课程资源，实现教材多功能用途。

2. 编写思路创新，注重任务驱动

本书编写时以任务引领、行为导向为思路进行内容的组织安排，综合了基本知识和基本技能。项目设计时以工作任务为中心开展实训，让学生在完成工作任务的过程中学习专业技能。每个项目由几个任务组成，每个任务设置了任务描述、知识准备、任务实施、任务评价四部分。其中，任务描述明确实训的目标与内容，知识准备提供必备的知识和技能介绍，任务实施引领学生按步骤完成操作，任务评价帮助学生自我总结与提高。任务设置具有可操作性和实用性，实训操作过程强调学生主动参与，教师指导引领，真正实现教、学、做一体化的教学模式。

3. 注重能力培养，延伸教材功能

内容处理充分考虑学生特点，突出学生学习能力的培养，提倡做学结合，整合专业知识和专业技能，充分协调知识、技能和职业素养三者之间的关系。书中涉及职业能力鉴定和培训内容，延伸了教材的使用功能，提高学生就业上岗的适应能力。

4. 融合数字化学习资源

本书利用信息技术，通过图片、微课等各种手段，增强了教材的生动性，并配套有完整的 MOOC 在线开放数字化学习资源，体现了教学内容的开放性和互动性，实现了教学资源的全方位共享（http://www.icourse163.org/learn/HNJDZY-1449605161?tid=1462242452#/learn/announce）。

5. 为教学改革提供支持服务

学生可以利用手机扫描二维码观看微课，有效利用碎片化时间开展自主学习。教师通过教材结合配套的在线学习平台资源的方式，可以实现“以学生为中心”的教学理念，以创新的教学手段与方法开展“线上线下”混合教学，提升教学效果。

本书共七个项目，包括三相交流异步电动机的拆装与检修、常用低压电器的认识与检测、电动机连续运行控制电路的安装与调试、电动机正反转控制电路的安装与调试、工作台自动往返控制电路的安装与调试、电动机星形−三角形减压起动控制电路的安装与调试、电动机制动控制电路的安装与调试等内容，由简单到复杂，层次递进。

本书由李艳玲、朱光耀、杨苗任主编，王艳丽、陈奇志、姚贵发、刘伟任副主编，参加编写的还有谭璐、郭超、肖珊和董方。全书由李艳玲负责统稿，参与教学资源制作的有李艳玲、王艳丽、谭璐、朱光耀。凯德技术长沙股份有限公司陈奇志技术总监，对本书的编写提供了大量素材和建议。张华教授对本书提出了很多宝贵的意见和建议，在此向张华教授表示诚挚的感谢。

编写本书时，编者查阅和参考了众多文献资料，在此向参考文献的作者致以诚挚的谢意。由于编者水平有限，时间仓促，书中不当之处敬请广大读者和同行批评指正。

编　者

二维码索引

序号	二维码	页码	序号	二维码	页码
1		4	9		100
2		12	10		104
3		36	11		105
4		50	12		106
5		58	13		107
6		73	14		111
7		80	15		113
8		91	16		119

（续）

序号	二维码	页码	序号	二维码	页码
17		121	26		157
18		122	27		162
19		129	28		172
20		130	29		177
21		135	30		187
22		136	31		192
23		145	32		194
24		149	33		203
25		149	34		207

目录

项目一

三相交流异步电动机的拆装与检修

项目导入

在现代工业生产过程中，为了实现各种生产工艺过程，需要使用各种各样的生产机械。拖动各种生产机械运转，可以采用气压传动、液压传动和电力拖动。由于电力拖动具有控制简单、调节性能好、损耗小、经济、能实现远距离控制和自动控制等一系列优点，因此大多数生产机械均采用电力拖动。用电动机作为原动机来拖动生产机械运行的系统，称为电力拖动系统。电动机把电能转换成机械能，可直接拖动生产机械，而不需要传动机构。三相交流异步电动机由于结构简单、运行可靠、维护方便和价格便宜，是所有电动机中应用最广泛的一种。

某工厂 Y112M－4 型三相交流异步电动机不能起动，需要项目组进行维修。

项目要求：按步骤拆卸和装配三相交流异步电动机，了解其结构和工作原理；采用不同的方法判别三相交流异步电动机定子绕组首尾端；完成三相交流异步电动机的检修，并对三相交流异步电动机产生的故障进行故障原因分析与排除。

本项目共包括三个任务：三相交流异步电动机的拆装、三相交流异步电动机定子绕组首尾端的判别、三相交流异步电动机的检修。本项目所含知识点如图 1-1 所示。

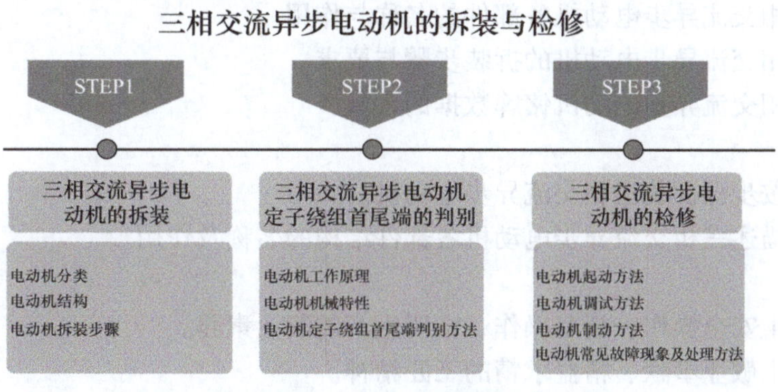

图 1-1　项目一知识点

学有所获

通过完成本项目，学生应达到以下目标：

知识目标：

1. 熟悉三相交流异步电动机各部分的名称与铭牌数据的含义。
2. 掌握三相交流异步电动机的工作原理。
3. 掌握三相交流异步电动机的起动特点及常用起动方法。

4. 掌握三相交流异步电动机的调速特性及方法。
5. 掌握三相交流异步电动机的反转和制动特性，掌握制动的常用方法。
6. 掌握三相交流异步电动机典型故障现象、故障原因及处理方法。

能力目标：

1. 能完成三相交流异步电动机的拆卸和装配。
2. 会标记三相交流异步电动机定子绕组的首尾端。
3. 能进行三相交流异步电动机简单的运行维护与检修。

素质目标：

1. 培养学生安全操作、规范操作、文明生产的职业素养。
2. 培养学生敬业奉献、精益求精的工匠精神。
3. 培养学生科学分析和解决实际问题的能力。

任务一 三相交流异步电动机的拆装

任务描述

准备好拆卸三相交流异步电动机的工具和器材，将电动机的电源线路断开，做好有关拆卸前的记录工作；按照正确的拆卸顺序拆卸电动机，仔细观察各组成部件的结构，检查各组成部件的质量；认真做好各组成部件的装配准备工作，按照与拆卸顺序相反的方法装配电动机，通电试车检查装配质量。

1. 任务目标

知识目标：

1）掌握三相交流异步电动机各部件的名称与作用。
2）熟悉三相交流异步电动机的拆装步骤与要求。
3）理解三相交流异步电动机铭牌数据的含义。

能力目标：

1）能正确按步骤拆装三相交流异步电动机。
2）能正确描述三相交流异步电动机各部件结构的名称及作用。

素质目标：

1）培养学生安全操作、规范操作、文明生产的职业素养。
2）培养学生敬业奉献、精益求精的工匠精神。
3）培养学生科学分析和解决问题的能力。

2. 任务步骤

1）按步骤拆装三相交流异步电动机。
2）描述三相交流异步电动机各部件的结构与工作原理。

3. 所需实训工具、仪表和器材

1）工具：螺钉旋具（十字槽、一字槽）、锤子、撬棍、套筒等。
2）仪表：万用表（数字式或指针式均可）、绝缘电阻表。
3）器材：三相交流异步电动机若干台。

知识准备

一、三相交流异步电动机概述

三相交流异步电动机由于结构简单、运行可靠、维护方便和价格便宜，是所有电动机中应用最广泛的一种。特别是近年来变频调速技术的日趋完善，使三相交流异步电动机的调速性能已接近直流电动机，在高精度、宽调速领域中，也在逐渐取代直流电动机。

机床电气控制实际上是对电动机的控制。工业制造业大量使用的各种各样的机床设备，如车床、钻床、铣床、磨床、镗床、龙门刨床、起重机等，其所有运动部件都是依靠电动机拖动。电动机将电能转换为机械能，达到机床运动的目的。电动机的类型、结构与性能，关系到各种机床和设备的结构与性能，因此，电动机实际是各种机床和设备的核心部件之一。

由于各种机床和设备功能的不同，应用的场合不同，目前有多种多样不同类型的电动机，可供选择使用。所以，熟悉各种电动机的结构、性能、用途与控制方法，是学习电气控制技术的前提条件之一。在本项目中只讨论三相交流异步电动机。

表 1-1 列出了常用电动机类型及其用途，三相交流异步电动机是最常用的电动机。目前大部分生产机械（如各种机床、起重设备、农业机械、鼓风机、泵类等）均采用三相交流异步电动机来拖动。本项目重点介绍三相交流异步电动机，下文的电动机都是指三相交流异步电动机。

表 1-1　常用电动机类型及其用途

种类	电动机名称	电动机结构特点		用　　途
		定　子	转　子	
交流电动机	三相交流异步电动机	三相绕组	笼型	一般机械动力
			绕线转子（以三组集电环和电刷与外电路相连）	起重机械动力
	单相电动机	单相绕组	笼型	一般小功率机械动力
	同步电动机	三相绕组	磁极（绕组）	常用于多机同步传动系统、精密调速稳速系统和大型设备（如轧钢机）等
直流电动机	他励直流电动机	磁场绕组（他励）	电枢（以换向器-电刷与外电路相连）	一般被广泛使用在电动叉车、电动汽车、电动观光车、电动牵引车等
	复励直流电动机	含串励磁场绕组与并励磁场绕组	同他励直流电动机	起重机械动力
控制电动机	直流伺服电动机	同他励直流电动机		小功率精密驱动，如数控机床、医疗仪器等（用自动控制线路驱动）
	交流伺服电动机	两相绕组	笼型或杯形	
	永磁同步电动机	三相绕组	永久磁极	
	步进电动机	多相磁极绕组	多齿铁心	

二、三相交流异步电动机的结构

三相交流异步电动机由定子和转子两个基本部分组成，定子、转子之间有一缝隙，称为气隙。此外，还有机座、端盖、轴承、接线盒、风扇等其他部分。其外形和结构如图 1-2 所示。

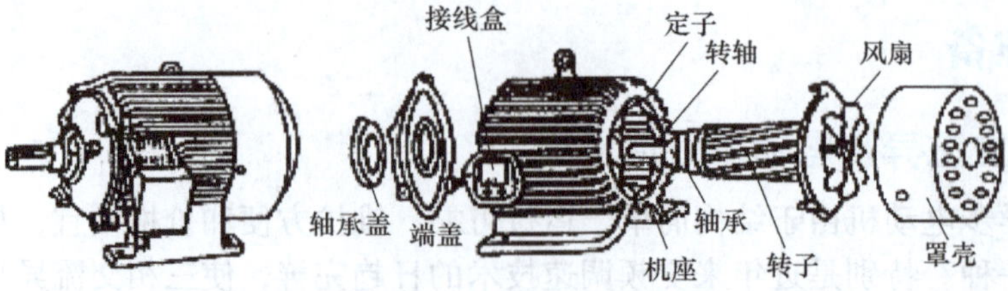

a) 外形　　b) 结构

图 1-2　三相交流异步电动机的外形和结构

1. 定子

三相交流异步电动机的定子由定子铁心、定子绕组以及机座、端盖、轴承等组成，定子的作用是产生旋转磁场。如图 1-3 所示。

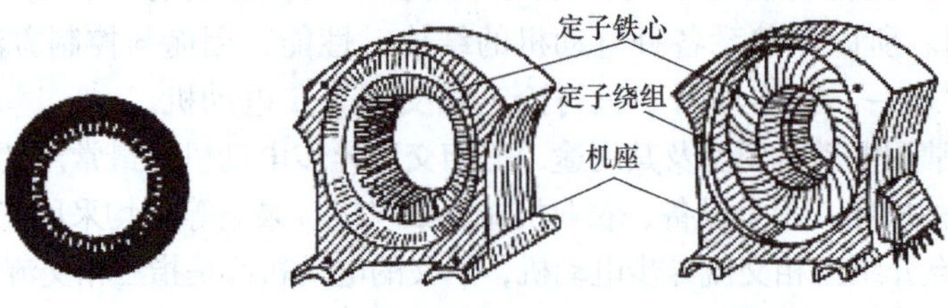

a)　　b)　　c)

图 1-3　三相交流异步电动机的定子

定子铁心采用 0.35～0.5mm 厚的硅钢片叠压而成，其目的是减少涡流损耗。定子铁心在内圆周上均匀分布一定形状和一定数量的槽，槽内嵌放三相绕组，绕组与铁心间有良好的绝缘。

定子绕组是三相交流异步电动机的电路，通入三相交流电后在电动机内产生旋转磁场。绕组一般用高强度漆包线绕制而成，嵌放在定子槽内，再按照一定的接线规律，相互连接成绕组。定子绕组通常有 6 根引出线，分别与接线盒内的三相绕组的 6 个端线相连，都引到机座侧面的接线盒中。按国家标准，6 个接线端中的首端分别用 U1、V1、W1 表示，尾端分别用 U2、V2、W2 表示。根据电动机的容量和需要，三相绕组可以是星形或三角形联结。三相交流异步电动机定子绕组的联结方式如图 1-4 所示。

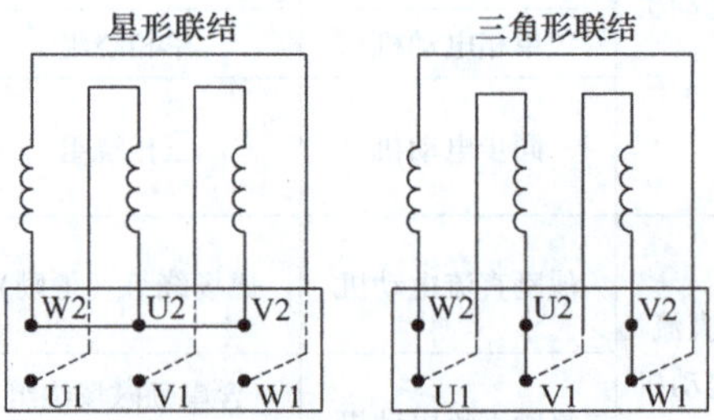

图 1-4　三相交流异步电动机定子绕组的联结方式

电动机机座的作用是固定和支撑定子铁心及端盖。中小型电动机一般用铸铁机座，大型电动机的机座用钢板焊接而成。

2. 转子

转子是三相交流异步电动机的转动部分。它在定子绕组旋转磁场的作用下产生感应电流，形成电磁转矩，通过联轴器或带轮带动其他机械设备做功。转子主要由转子铁心、转子绕组、轴承、风扇等构成。

转子铁心是构成电动机磁路的一部分，铁心槽内嵌放绕组。转子铁心一般由 0.5mm 厚彼此绝缘的导磁性能较好的硅钢片叠压而成。转子铁心固定在转轴或转子支架上。

三相交流异步电动机的转子绕组分为笼型转子和绕线转子两种。

（1）笼型转子

笼型转子在转子铁心的槽中放置裸铜条，在铁心两端槽的出口处用短路铜环（端环）把它们连接起来。如果去掉铁心，转子绕组的形状像一个鼠笼，故由此而得名，如图 1-5 所示。中小型电动机的笼型转子一般用熔化的铝浇铸在槽内而成，称为铸铝转子。在浇铸时，一般把转子的短路环和冷却用的风扇一齐用铝铸成。

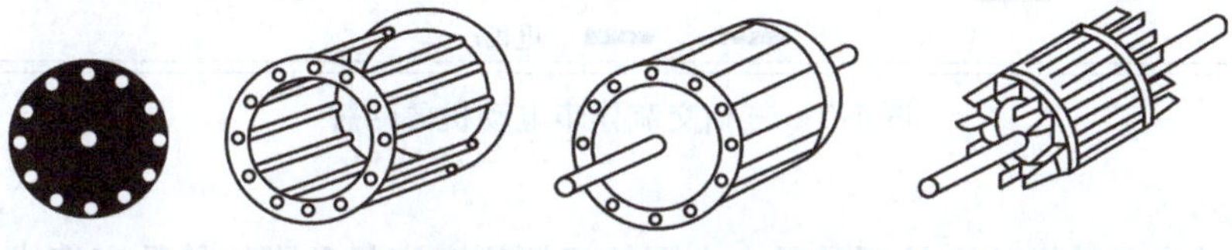

a) 转子冲片　　b) 笼型绕组　　c) 铜条转子　　d) 铸铝转子

图 1-5　三相交流异步电动机的笼型转子结构组成

（2）绕线转子

绕线转子用绝缘导线做成绕组，嵌放在转子铁心槽内，三相绕组做星形联结。绕组的三个出线端分别接到转轴的三个铜制集电环上，通过电刷与外电路的可变电阻器相连接，用于起动和调速。环与环之间、环与转轴之间都互相绝缘。其结构组成如图 1-6 所示。笼型和绕线转子只是结构不同，其工作原理是一样的。由于绕线转子三相交流异步电动机的结构复杂，价格较高，一般用于对起动或调速有较高要求的场合，如立式车床、起重机等。

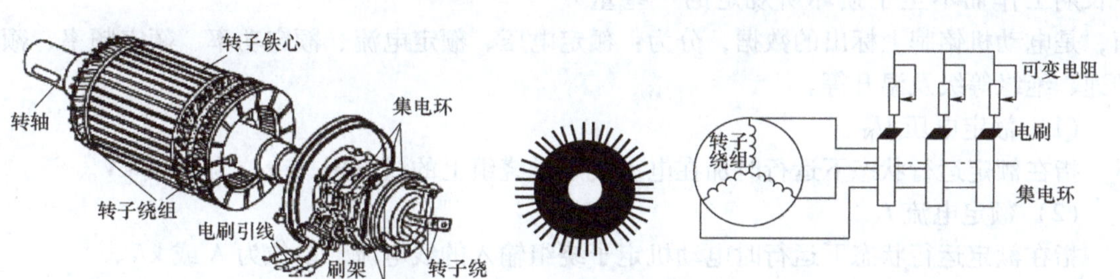

a) 绕线转子　　b) 硅钢片　　c) 转子电路图

图 1-6　三相交流异步电动机的绕线转子结构组成

三相交流异步电动机转轴的作用是支撑转子，使转子能在定子槽内腔均匀地旋转，传导三相交流异步电动机的输出转矩。

定子、转子之间的缝隙称为三相交流异步电动机的气隙，异步电动机的气隙是均匀的。气隙大小对异步电动机的运行性能和参数影响较大。励磁电流由电网供给，气隙越大，励磁电流也就越大，而励磁电流又属于无功性质，从而使电网的功率因数降低；气隙过小，则将引起装配困难，并导致运行不稳定。因此，异步电动机的气隙大小往往为机械条件所能允许达到的最小数值，中小型电动机一般为 0.1～1mm。

三、三相交流异步电动机的铭牌数据

在三相交流异步电动机的机座上都装有一块铭牌，如图 1-7 所示。铭牌上标出了该电动机的一些数据，要正确使用电动机，必须看懂铭牌，下面以 Y112M－4 型电动机为例来说明铭牌数据的含义。

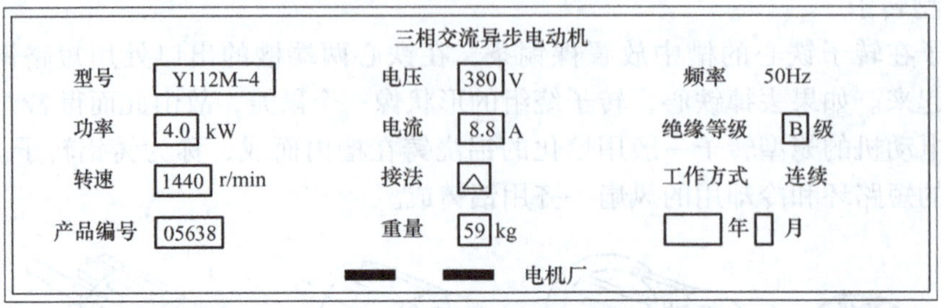

图 1-7 三相交流异步电动机的铭牌

1. 型号

三相交流异步电动机的产品型号是由大写的汉语拼音字母和阿拉伯数字组成的。型号中主要包括产品代号、设计序号、规格代号和特殊环境代号等。产品代号表示电动机的类型，设计序号表示电动机的设计顺序，用阿拉伯数字表示，规格代号用中心高、机座长度、铁心长度、功率、电压或极数表示。三相交流异步电动机型号含义举例说明如图 1-8 所示。

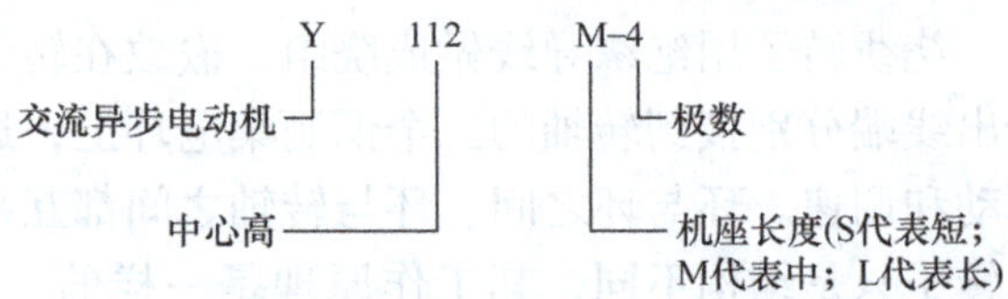

图 1-8 三相交流异步电动机型号含义

2. 额定值

额定值是电动机使用和维修的依据，是电动机制造厂对电动机在额定工作条件下长期工作而不至于损坏所规定的一些量值，是电动机铭牌上标出的数据，分为：额定电压、额定电流、额定功率、额定频率、额定转速、绝缘等级及温升等。

（1）额定电压 U_N

指在额定运行状态下运行时加在电动机定子绕组上的线电压，单位为 V 或 kV。

（2）额定电流 I_N

指在额定运行状态下运行时电动机定子绕组输入的线电流，单位为 A 或 kA。

（3）额定功率 P_N

指在额定运行状态下运行时转子轴上输出的机械功率，单位为 W 或 kW。

（4）接法

指电动机在额定电压下定子绕组的联结方法。若铭牌上写“接法△”、额定电压“380V”，表明电动机额定电压为 380V 时应接成△。若写“接法Y/△”、额定电压“380/220V”，表明电源线电压为 380V 时应连接成Y，电源线电压为 220V 时应连接成△。

（5）额定频率 f_N

指在额定运行状态下运行时电动机定子绕组所加电源的频率，单位为 Hz。国产异步电动机的额定频率为 50Hz。

（6）额定转速 n_N

指电动机在额定负载时的转子转速，单位为 r/min。

（7）绝缘等级及温升

绝缘等级是指电动机定子绕组所用的绝缘材料的耐热等级。绝缘材料的耐热等级有 A

级、E 级、B 级、F 级和 H 级 5 种常见的规格，见表 1-2。允许温升表示电动机发热时允许升高的温度。例如，允许温升为 80℃，意为当环境温度为 40℃时，电动机温度可再升高 80℃，即不可超过 120℃，否则电动机就要缩短使用寿命。

表 1-2　电动机允许温升与绝缘材料耐热等级关系　（单位：℃）

绝缘材料耐热等级	A	E	B	F	H
绝缘材料的允许温度	105	120	130	155	180
电动机的允许温升	60	75	80	100	125

（8）工作方式

指电动机运行的持续时间，分为连续运行、短时运行、断续运行 3 种。连续运行指电动机可按铭牌规定的各项额定值，不受时间限制连续运行。短时运行指电动机只能在规定的持续时间限值内运行，其时间限制有 10min、30min、60min 和 90min 四种。断续运行指电动机长期运行于一系列完全相同的周期条件下，周期时间为 10min，标准负载持续率有 15%、25%、40%、60% 四种，如标明 25% 表示电动机在 10min 为一个周期内运行 25% 时间，停车 75% 时间。

（9）防护等级

电动机外壳防护等级是用字母“IP”和其后面的两位数字表示的。“IP”为国际防护的缩写。IP 后面第 1 位数字代表第一种防护形式（防尘）的等级，共分 0 ~ 6 七个等级。第 2 个数字代表第二种防护形式（防水）的等级，共分 0 ~ 8 九个等级。数字越大，表示防护的能力越强。例如 IP44 表示电动机能防护直径大于 1mm 固体物入内，同时能防水入内。

四、三相交流异步电动机的拆装步骤

1. 三相交流异步电动机拆卸前的准备工作

1）准备好拆卸工具，特别是拉具、套筒等专用工具。

2）选择和清理拆卸现场。

3）了解待拆电动机的结构及故障情况。

4）做好标记。

① 标出电源线在接线盒中的相序。

② 标出联轴器或带轮在轴上的位置。

③ 标出机座在基础上的位置，整理并记录好机座垫片。

④ 拆卸端盖、轴承、轴承盖时，记录好哪些属负荷端，哪些属非负荷端。

5）拆除电源线和保护接地线，测定并记录绕组对地绝缘电阻，将测量结果填入表 1-3 中。

2. 三相交流异步电动机拆卸步骤

三相交流异步电动机的拆卸步骤如图 1-9 所示。

拆卸步骤包括：

1）用拉具从电动机轴上拆下带轮或联轴器。

2）用螺钉旋具等工具卸掉前轴承（负荷侧）外盖。

3）用螺钉旋具和撬棍等工具拆下前端盖。

4）用螺钉旋具等工具拆下风罩。

5）用撬棍等工具拆下风扇。

项目一
项目二
项目三
项目四
项目五
项目六
项目七
参考文献

6）用螺钉旋具等工具拆下后轴承（非负荷侧）外盖。

7）用螺钉旋具和撬棍拆下后端盖。

8）抽出转子。注意不应划伤定子，不应损伤定子绕组端口，平稳地将转子抽出。

9）拆下转子上前、后轴承和前、后轴承内盖。

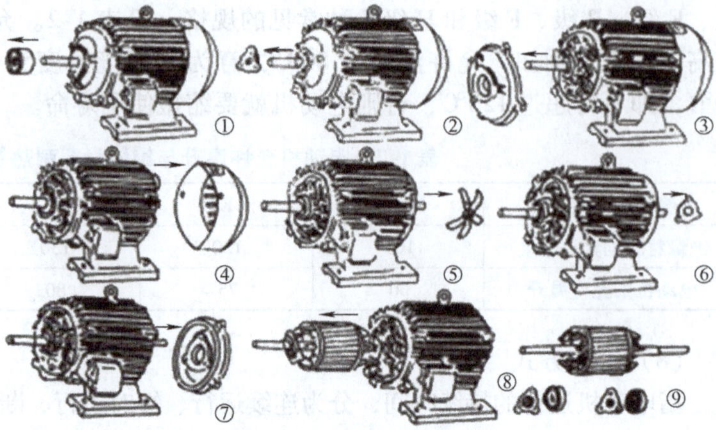

图 1-9 三相交流异步电动机的拆卸步骤

3. 装配前准备工作

1）认真检查装配场地是否清洁、装配工具是否齐备。

2）彻底清扫定、转子内部表面的尘垢，最后用汽油沾湿的棉布擦拭（汽油不能太多，以免浸入绕组内部破坏绝缘）。

3）用灯光检查气隙、通风沟、止口处和其他空隙有无杂质和漆瘤，如有，则必须清除干净。

4）检查槽楔、绑扎带、绝缘材料是否松动脱落，有无高出定子铁心内表面的地方，如有，应清除掉。

5）检查各相绕组冷态直流电阻是否基本相同，各相绕组对地绝缘电阻和相间绝缘电阻是否符合要求。

4. 三相交流异步电动机装配步骤

原则上按与拆卸相反的步骤进行电动机的装配。

5. 通电试车

接通电动机电源电路，通电试车，检查装配质量。

注意事项：为保证人身安全，在通电试车时，应认真执行安全操作规程的有关规定：一人监护，一人操作。

任务实施

三相交流异步电动机的拆装任务单见表 1-3。

表 1-3 三相交流异步电动机的拆装任务单

<table>
<tr><td colspan="3">项目一 三相交流异步电动机的拆装与检修</td><td>日期：</td></tr>
<tr><td>班级：</td><td colspan="2">学号：</td><td rowspan="2">指导教师签字：</td></tr>
<tr><td colspan="3">小组成员：</td></tr>
<tr><td colspan="4">任务一 三相交流异步电动机的拆装</td></tr>
<tr><td colspan="4">操作要求：1. 正确掌握常见电工工具的使用方法
2. 严格参照三相交流异步电动机的拆装步骤与要求
3. 良好的“7S”工作习惯</td></tr>
</table>

（续）

1. 工具、设备准备：

2. 制订工作计划及组员分工：

3. 工作现场安全准备、检查：

4. 三相交流异步电动机的拆装

拆卸项目（装配反序）	步　　骤	完成情况
拆卸前准备工作	（1）准备好拆卸工具	□完成□未完成
	（2）记录已知故障情况	□完成□未完成
	（3）标出电源线在接线盒中的相序	□完成□未完成
	（4）标出联轴器或带轮在轴上的位置	□完成□未完成
	（5）标出机座在基础上的位置，整理并记录好机座垫片	□完成□未完成
拆卸步骤	（1）用拉具从电动机轴上拆下带轮或联轴器	□完成□未完成
	（2）用螺钉旋具等工具卸掉前轴承（负荷侧）外盖	□完成□未完成
	（3）用螺钉旋具和撬棍等工具拆下前端盖	□完成□未完成
	（4）用螺钉旋具等工具拆下风罩	□完成□未完成
	（5）用撬棍等工具拆下风扇	□完成□未完成
	（6）用螺钉旋具等工具拆下后轴承（非负荷侧）外盖	□完成□未完成
	（7）用螺钉旋具和撬棍拆下后端盖	□完成□未完成
	（8）抽出转子。注意不应划伤定子，不应损伤定子绕组端口，平稳地将转子抽出	□完成□未完成
	（9）拆下转子上前、后轴承和前、后轴承内盖	□完成□未完成
装配前准备工作	（1）准备好装配工具	□完成□未完成
	（2）彻底清扫定、转子内部表面的尘垢	□完成□未完成
	（3）用灯光检查气隙、通风沟、止口处和其他空隙有无杂质和漆瘤，如有，则必须清除干净	□完成□未完成
	（4）检查槽楔、绑扎带、绝缘材料是否松动脱落，有无高出定子铁心内表面的地方，如有，应清除掉	□完成□未完成
	（5）检查各相绕组冷态直流电阻是否基本相同，各相绕组对地绝缘电阻和相间绝缘电阻是否符合要求	□完成□未完成
装配步骤	与拆卸步骤相反	□完成□未完成
通电试车	接通电动机电源电路，通电试车	□完成□未完成

5. 列举三相交流异步电动机的主要部件名称和作用，并对照要求检查部件破损情况

名　称	作　用	损坏情况	备　注

（续）

名　称	作　用	损坏情况	备　注

6. 总结本次任务重点和要点：

7. 本次任务所存在的问题及解决方法：

任务评价

三相交流异步电动机的拆装考核评价表见表1-4。

表1-4　三相交流异步电动机的拆装考核评价表

<table>
<tr><td colspan="4">项目一　三相交流异步电动机的拆装与检修</td><td colspan="4">日期：</td></tr>
<tr><td colspan="8">任务一　三相交流异步电动机的拆装</td></tr>
<tr><td colspan="3">自评：□熟练□不熟练</td><td>互评：□熟练□不熟练</td><td colspan="3">师评：□熟练□不熟练</td><td>指导教师签字：</td></tr>
<tr><td>评价内容</td><td colspan="7">作品（70分）</td></tr>
<tr><td>序号</td><td>主要内容</td><td>考核要求</td><td>评分细则</td><td>配分</td><td>自评</td><td>互评</td><td>师评</td></tr>
<tr><td>1</td><td>拆卸前的准备工作</td><td>准备好工具器材，做好拆卸前的有关记录工作</td><td>（1）工具准备不全，每少一样扣2分
（2）拆卸前的记录项目，每少一项扣2分</td><td>10分</td><td></td><td></td><td></td></tr>
<tr><td>2</td><td>拆卸过程</td><td>按正确拆卸顺序和工艺要点拆卸电动机</td><td>（1）拆卸过程的顺序，每错一处扣5分
（2）损坏有关部件者，每次扣10分
（3）每少拆一项扣5分</td><td>20分</td><td></td><td></td><td></td></tr>
<tr><td>3</td><td>装配前的准备工作</td><td>准备好工具器材，做好装配前有关部件的检查工作</td><td>（1）工具准备不全，每少一样扣2分
（2）装配前的项目检查，每少检一项扣2分</td><td>10分</td><td></td><td></td><td></td></tr>
<tr><td>4</td><td>装配过程</td><td>按正确的装配顺序和工艺要点装配电动机</td><td>（1）装配过程的顺序，每错一步扣5分
（2）损坏有关部件者，扣10分
（3）每少装或装错一项扣5分</td><td>20分</td><td></td><td></td><td></td></tr>
</table>

（续）

序号	主要内容	考核要求	评分细则	配分	自评	互评	师评
5	通电试车	电动机通电正常工作，且各项功能完好	（1）一次通电试车不转或有其他异常情况扣3分 （2）没有找到不转或其他异常情况的原因扣5分 （3）电动机开机烧电源，本项记0分	10分			
作品总分							
评价内容	职业素养与操作规范（30分）						
序号	主要内容	考核要求	评分细则	配分	自评	互评	师评
1	安全操作	（1）应穿工作服、绝缘鞋 （2）能按安全要求使用工具和仪表操作 （3）操作过程中禁止将工具或元件放置在高处等较危险的地方 （4）试车前，未获得教师允许不能通电	（1）没有穿戴防护用品扣5分 （2）操作前和完成后，未清点工具、仪表、耗材扣2分 （3）操作过程中造成自身或他人人身伤害则取消成绩 （4）未经教师允许私自通电试车取消成绩	10分			
2	规范操作	（1）拆装过程中工具与器材摆放规范 （2）拆装过程中产生的废弃物按规定处置	（1）拆装过程中，乱摆放工具、仪表、耗材，乱丢杂物扣5分 （2）完成任务后不按规定处置废弃物扣5分	10分			
3	文明操作	（1）操作完成后须清理现场 （2）在规定的工作范围内完成，不影响他人 （3）操作结束不得将工具等物品遗留在设备内或元件上 （4）爱惜公共财物，不损坏元件和设备	（1）操作完成后不清理现场扣5分 （2）操作过程中随意走动，影响他人扣2分 （3）操作结束后将工具等物品遗留在设备或元件上扣3分 （4）操作过程中，恶意损坏元件和设备，取消成绩	10分			
职业素养与操作规范总分							
任务总分							

任务二　三相交流异步电动机定子绕组首尾端的判别

任务描述

在维修三相交流异步电动机时，常常会遇到线端标记已丢失或标记模糊不清，导致无法辨识的情况。为了正确接线，就必须重新确定定子绕组的首尾端。可分别应用直流法、交流法与灯泡检测法 3 种方法判别三相交流异步电动机定子绕组的首尾端。

1. 任务目标

知识目标：

1）掌握判别三相交流异步电动机定子绕组首尾端的方法。

2）熟悉三相交流异步电动机定子绕组首尾端判别的步骤与要求。

能力目标：

1）能正确连接三相交流异步电动机首尾端测量电路。

2）能正确判别三相交流异步电动机首尾端。

素质目标：

1）培养学生安全操作、规范操作、文明生产的职业素养。

2）培养学生敬业奉献、精益求精的工匠精神。

3）培养学生科学分析和解决问题的能力。

2. 任务步骤

1）判别三相交流异步电动机定子绕组首尾端。

2）描述三相交流异步电动机工作原理。

3. 所需实训工具、仪表和器材

1）工具：螺钉旋具（十字槽、一字槽）等。

2）仪表：万用表（数字式或指针式均可）、电压表、电流表。

3）器材：三相交流异步电动机、单相调压器、编号 6 个。

知识准备

一、三相交流异步电动机的工作原理

1. 旋转磁场

（1）旋转磁场的产生

最简单的三相交流异步电动机的定子绕组如图 1-10 所示，三相绕组 U1-U2、V1-V2、W1-W2 在空间的位置彼此互差 120°，分别放在定子铁心槽中，接成星形。通入的三相对称电流如下：

$$i_U = I_m \sin\omega t$$

$$i_V = I_m \sin(\omega t - 120°)$$

$$i_W = I_m \sin(\omega t + 120°)$$

其波形如图 1-11 所示。

每相定子绕组中流过正弦交流电时，每相定子绕组都产生脉动磁场，下面来分析 3 个绕组所产生的合成磁场的情况。假定电流由绕组的始端流入、末端流出为正，反之为负。电流流入端用符号“⊗”表示，流出端用“⊙”表示。

当 $t=0$ 时，由三相电流的波形可见，U 相电流为零；W 相电流为正，电流从绕组首端 W1 流向末端 W2；V 相电流为负，电流从绕组末端 V2 流向首端 V1。此时由 3 个绕组产生的合成磁场如图 1-12a 所示。合成磁场的轴线正好位于 U 相绕组的轴线上，上为 S 极，下为 N 极。

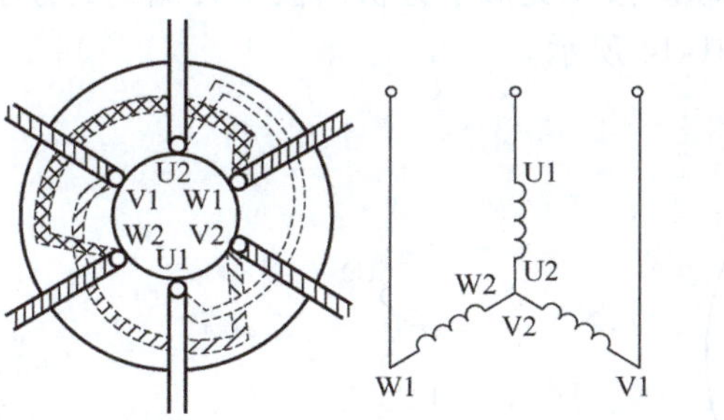

图 1-10　最简单的三相交流异步电动机的定子绕组

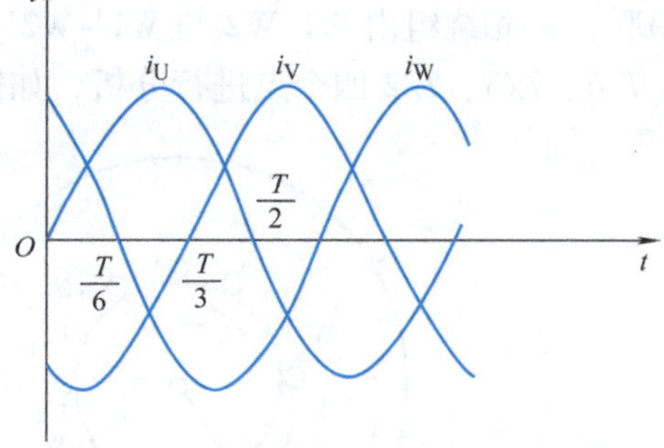

图 1-11　三相对称交流电的波形

当 $t=T/6$ 时，U 相电流为正，电流从 U1 端流向 U2 端；V 相电流为负，电流从绕组末端 V2 流向首端 V1；W 相电流为零。3 个绕组产生的合成磁场如图 1-12b 所示，合成磁场的 N、S 极的轴线在空间沿顺时针方向转了 60°。

当 $t=T/3$ 时，V 相电流为零；U 相电流为正，电流从绕组首端 U1 流向末端 U2；W 相电流为负，电流从 W2 流向 W1。其合成磁场如图 1-12c 所示，合成磁场比上一时刻又向前转过了 60°。

当 $t=T/2$ 时，用同样方法可得合成磁场比上一时刻又转过了 60°空间角。由此可见，当电流经过一个周期的变化时，合成磁场也沿着顺时针方向旋转一周，即合成磁场在空间旋转的角度为 360°，如图 1-12d 所示。

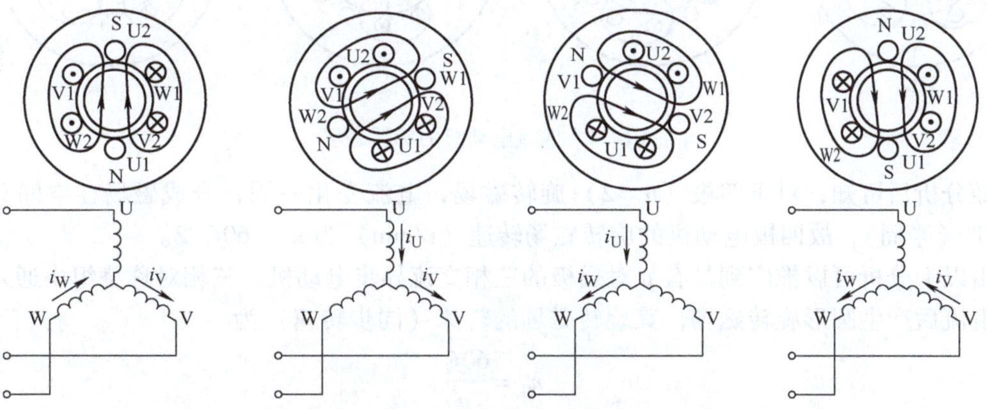

图 1-12　旋转磁场的产生原理图

由以上分析可知：当空间互差 120°的绕组通入对称三相交流电时，在空间中就产生了一个旋转磁场。

(2) 旋转磁场转速

根据上述分析，电流变化一周时，两极（$p=1$）的旋转磁场在空间旋转一周，若电流的频率为 f_1，即电流每秒变化 f_1 周，旋转磁场的频率也为 f_1。通常转速是以每分钟的转数来计算的，若以 n_1 表示旋转磁场的转速，则有 $n_1=60f_1$ (r/min)。

若定子绕组的每相都是由两个绕组串联而成，则绕组跨距约为 1/4 圆周，四极定子绕组接线图如图 1-13 所示。图中 U 相绕组由 U1-U2 与 U1′-U2′串联，V 相绕组由 V1-V2 与 V1′-V2′串联，W 相绕组由 W1-W2 与 W1′-W2′串联。按照类似于分析两极旋转磁场的方法，取 $t=0$、$T/6$、$T/3$、$T/2$ 四个点进行分析，如图 1-14 所示。

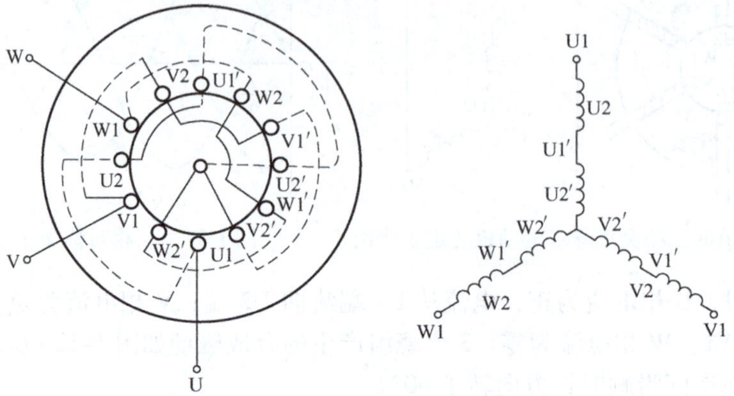

图 1-13 四极定子绕组接线图

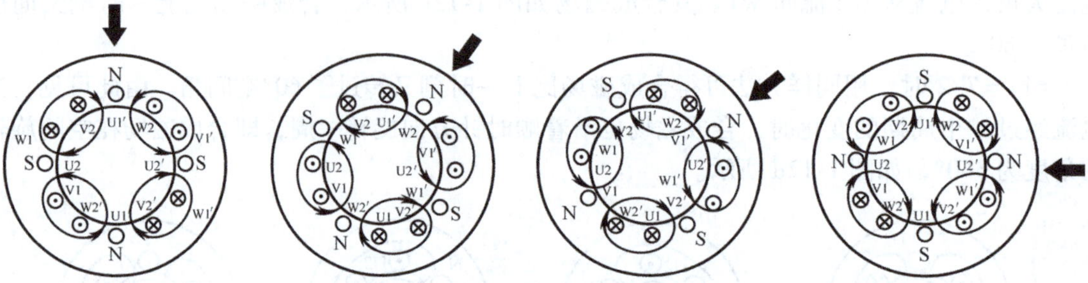

a) $t=0$ b) $t=T/6$ c) $t=T/3$ d) $t=T/2$

图 1-14 四极电动机的旋转磁场

经分析后可知，对于四极（$p=2$）旋转磁场，电流变化一周，合成磁场在空间只旋转了 180°（半周），故四极电动机的旋转磁场转速（r/min）为 $n_1=60f_1/2$。

由以上分析可以推广到具有 p 对磁极的三相交流异步电动机，三相对称绕组中通入三相对称电流后产生圆形旋转磁场，其旋转磁场的转速（同步转速）为

$$n_1=\frac{60f_1}{p}$$

式中，f_1 为电源频率（Hz）；p 为电动机磁极对数。

（3）旋转磁场的方向

由图 1-12 和图 1-14 可看出，当通入三相绕组中电流的相序为 $i_U \to i_V \to i_W$ 时，旋转磁场在空间沿绕组始端 U→V→W 方向旋转，即按顺时针方向旋转。若调换三相绕组中的任意两相电流相序，例如调换 V、W 两相，此时通入三相绕组的电流相序为 $i_U \to i_W \to i_V$，则旋转磁场按逆时针方向旋转。

由此可见，旋转磁场的方向由通入三相交流异步电动机三相对称绕组的电流相序决定，任意调换三相绕组中的两相电流相序，就可改变旋转磁场的方向。

2. 基本工作原理

（1）转动原理

如图 1-15 所示，三相交流异步电动机的定子铁心里嵌放着对称的三相绕组 U1-U2、V1-V2、W1-W2。转子是一个闭合的多相绕组笼型结构。图中定子、转子上的小圆圈表示定子绕组和转子导体。

由上述分析可知，当定子绕组接通对称三相电源后，绕组中便有三相电流通过，在空间产生了旋转磁场（n_1）。旋转磁场切割转子上的导体产生感应电动势和电流，此电流又与旋转磁场相互作用产生电磁转矩，使转子跟随旋转磁场同向转动，其原理图如图 1-15 所示。由于转子中的电流和所受的电磁力都是由电磁感应产生，所以这种电动机也称为感应电动机。

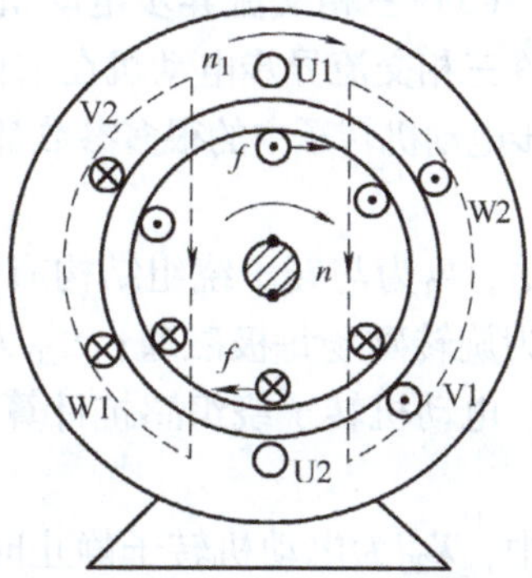

图 1-15　三相电动机转动原理图

（2）转差率

由以上分析可知，电动机转子的转速 n 恒小于旋转磁场的转速 n_1。因为只有这样，转子绕组才能产生电磁转矩，使电动机转动。如果 $n=n_1$，转子绕组与定子磁场之间便无相对运动，则转子绕组中无感应电动势和感应电流产生，也就没有电磁转矩了。只有当两者转速有差异时，才能产生电磁转矩，驱使转子转动。可见，转子转速 n 总是小于旋转磁场的转速 n_1，故这种电动机称为异步电动机。

同步转速 n_1 和转子转速 n 之差 n_1-n 与同步转速 n_1 的比值称为转差率，用字母 s 表示，则

$$s=\frac{n_1-n}{n_1}$$

转差率能反映异步电动机的各种运行情况：当电动机起动瞬间，$n=0$，转差率 $s=1$；当电动机转速接近同步转速（空载运行）时，$s\approx 0$。

由此可见，作为异步电动机，转速在 $0\sim n_1$ 范围内变化，其转差率 s 在 $0\sim 1$ 范围内变化。

异步电动机负载越大，转速越慢，其转差率就越大；反之，负载越小，转速越快，其转差率就越小。在正常运行范围内，转差率的数值较小，一般在 0.1～0.6 之间，即异步电动机的转速很接近同步转速。

异步电动机转子的转速可由转差率公式推算出，即

$$s=(1-s)n_1=(1-s)\frac{60f_1}{p}$$

同时，根据三相交流异步电动机转差率的大小和正负，电动机有以下三种运行状态：

1）电动机运行状态。当三相交流异步电动机转子转速范围为 $n_1>n>0$ 时，转差率范围为 $0<s\leqslant 1$。电动机转子就会在电磁转矩的驱动下旋转，电磁转矩即为驱动转矩，其转向与旋转磁场相同，此时，电动机从电网取得电功率转变成机械功率，由电动机转轴传输给负载。

2）发电机运行状态。当三相交流异步电动机转子转速范围为 $n>n_1$ 时，转差率范围为 $s<0$。此时电磁转矩方向与转子方向相反，起着制动作用，是制动转矩。为了克服电磁转矩的制动作用，而使电动机转子保持 $n>n_1$ 的速度继续旋转，电动机必须从原动机得到机械功率，把机械功率转变为电功率。

3）电磁制动状态。当三相交流异步电动机转子转速范围为 $n<0$ 时，转差率范围为 $s>1$。此时电磁转矩方向与电动机旋转方向相反，起着制动作用。电动机定子仍从电网吸收电功率，同时电动机转子从外力吸收机械功率，这两部分功率都在电动机内部以损耗的方式转化为热能消耗掉。

（3）三相交流异步电动机转子中与 s 有关的参数

三相交流异步电动机在结构和电磁关系上与变压器相似，经过分析和推导证明，三相交流异步电动机转子中的很多参数都与 s 有关。电动机转子绕组感应电动势的有效值计算公式如下：

$$E_2 = 4.44k_2 N_2 s f_1 \Phi = sE_{20}$$

式中，k_2为与转子绕组结构有关的系数，稍小于1；N_2为转子绕组每相匝数；f_1为电源频率；Φ 为旋转磁场每极磁通；E_{20}为转子绕组在静止时感应电动势有效值。

电动机转子绕组感抗计算公式为

$$X_2 = sX_{20}$$

式中，X_{20}为电动机转子静止时的感抗。

电动机转子的电流计算公式为

$$I_2 = \frac{E_2}{\sqrt{R_2^2 + X_2^2}} = \frac{sE_{20}}{\sqrt{R_2^2 + (sX_{20})^2}}$$

式中，R_2为转子电路电阻。

电动机转子功率因数计算公式为

$$\cos\varphi_2 = \frac{R_2}{\sqrt{R_2^2 + X_2^2}} = \frac{R_2}{\sqrt{R_2^2 + (sX_{20})^2}}$$

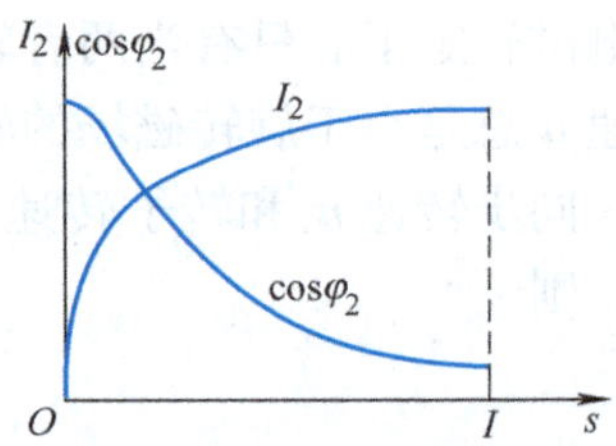

图 1-16　I_2、$\cos\varphi_2$与 s 的关系曲线

图 1-16 所示为三相交流异步电动机转子电流 I_2、功率因数 $\cos\varphi_2$与转差率 s 的关系曲线。由关系曲线图可见，电动机转子电路的电流 I_2随着 s 的增大而增大，静止时 I_2最大。与变压器电流变换的原理相似，电动机定子电路的电流 I_1也随 I_2的增大而增大。若电动机所加负载过大，会导致电动机停止（电动机堵转），此时，$n=0$，$s=1$，I_1和 I_2将达到最大值。

二、三相交流异步电动机的机械特性

1. 机械特性曲线的概念

在实际应用中，我们最关心的就是三相交流异步电动机在驱动时其转矩 T 和转速 n 的变化情况，即三相交流异步电动机的机械特性。图 1-17 是三相交流异步电动机的机械特性曲线，在特性曲线上，注意两个区域和三个转矩。

三相交流异步电动机稳定工作区和不稳定工作区在特性曲线上，以最大转矩 T_m 为界。当电动机工作在稳定区某一点时，电磁转矩 T 能与转轴上的负载转矩 T_L 相平衡而保持匀速转动。如果负载转矩 T_L变化，电磁转矩 T 将自动随之变化达到新的平衡而稳定运行。

当 $T_L=T_a$时，电动机匀速运行在 a 点，电磁转矩 $T=T_a$，转速为 n_a，当 T_L增大到 T_b时，在最初瞬间由于机械惯性作用，电动机转速仍为 n_a，电磁转矩不会立即改变，故 $T<T_L$，于是转速 n 下降，工作点将沿特性曲线下移，T 将自动增大，直到 $T=T_b$，电动机变稳定运行在 b 点，即在较低的转速下达到新的平衡。同理，当负载转矩 T_L减少时，工作点上移，电动机稳定在较高转速下运行，如图 1-18 所示。

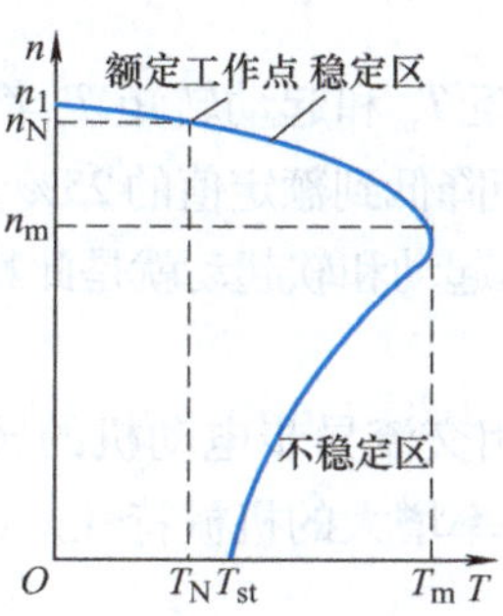

图 1-17　三相交流异步电动机的机械特性曲线

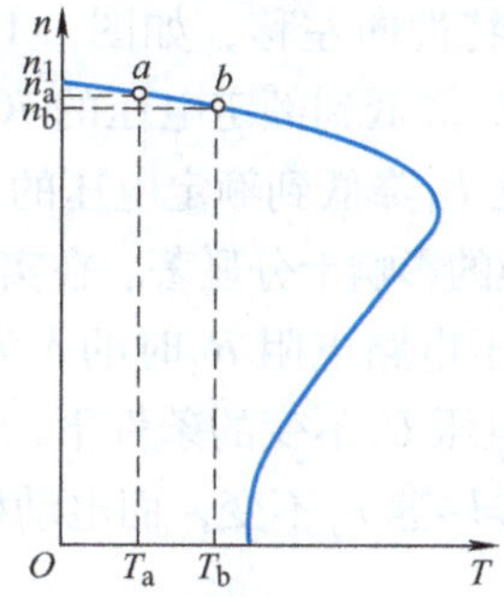

图 1-18　三相交流异步电动机自动适应机械负载变化曲线

如果电动机工作在不稳定区，则电磁转矩不能自动适应负载转矩的变化，例如，当负载转矩 T_L 增大而转速 n 降低时，电动机工作点将沿特性曲线下移，电磁转矩反而减少，电动机的转速会越来越低，直到停止转动（堵转）。

三相交流异步电动机的三个转矩分别为：

（1）额定转矩 T_N

额定转矩 T_N 是指三相交流异步电动机在额定电压下，以额定的转速运行，输出额定功率时其转轴输出的转矩。三相交流异步电动机的额定工作点通常在机械特性稳定区的中部，如图 1-17 所示。

为了避免电动机绕组出现过热现象，一般不允许电动机在超过额定转矩的情况下长期运行，但允许短时间过载运行。

（2）最大转矩 T_m

最大转矩 T_m 是电动机能够提供的极限转矩。由于 T_m 处在机械特性曲线稳定区与不稳定区的分界点，故电动机运行中的负载不可超过最大转矩，否则电动机的转速将越来越低，并导致堵转。堵转时电流最大，一般达额定电流的 4～7 倍，这样大的电流会使电动机绕组发热，甚至烧毁。所以，三相交流异步电动机在使用中应避免电动机堵转，一旦出现堵转应立即切断电源，并卸掉过重的负载。通常用过载系数 λ 表示电动机允许的瞬间过载的能力，即

$$\lambda = T_m / T_N$$

三相交流异步电动机的过载系数一般为 $\lambda = 1.8 \sim 2.2$。

（3）起动转矩 T_{st}

起动转矩 T_{st} 是电动机在接通电源起动的最初瞬间，$n=0$，$s=1$ 时的转矩。如果起动转矩小于负载转矩，即 $T_{st} < T_L$，则电动机不能起动。此时与电动机堵转一样，应立即切断电源。通常用起动系数 λ_{st} 表示电动机的起动能力，即

$$\lambda_{st} = T_{st} / T_N$$

三相交流异步电动机的起动能力不大，一般为 $\lambda_{st} = 0.8 \sim 2.2$；绕线转子三相交流异步电动机的转子绕组由于接有集电环电阻器，起动能力显著提高。

2. 影响三相交流异步电动机机械特性的两个重要因素

外加电源电压 U_1 和转子电路电阻 R_2 是影响电动机机械特性的两个重要因素。

（1）降低电源电压 U_1 时的人为机械特性

在保持转子电路电阻 R_2 不变的条件下，在同一转速（即转差率 s 相同）时，降低电源

电压 U_1 时，机械特性向左移，如图 1-19 所示。

当电源电压 U_1 降低到额定电压的 70% 时，最大转矩 T_m 和起动转矩 T_{st} 都降低到额定值的 49%；当电源电压 U_1 降低到额定电压的 50% 时，则转矩降低到额定值的 25%。可见，电源电压对电动机电磁转矩的影响十分显著。在实际应用中，减压起动和软起动就是此特性的典型应用。

（2）增大转子电路电阻 R_2 时的人为机械特性

在保持电源电压 U_1 不变的条件下，在绕线转子三相交流异步电动机的转子电路中串接电阻时，将得到同步转速 n_1 不变，而电动机稳定工作区斜率增大的机械特性，如图 1-20 所示。

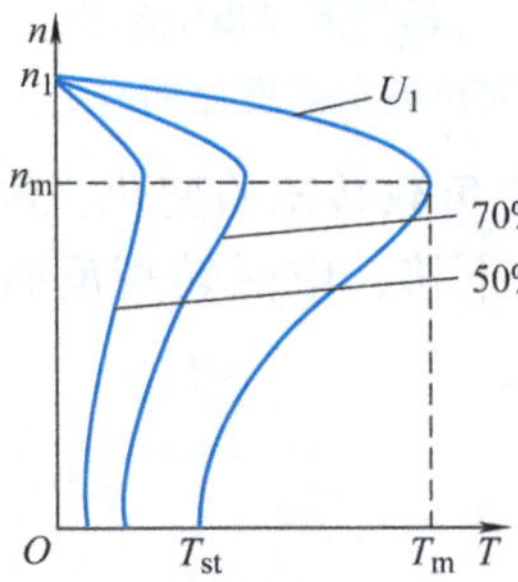

图 1-19 降低电源电压时人为机械特性

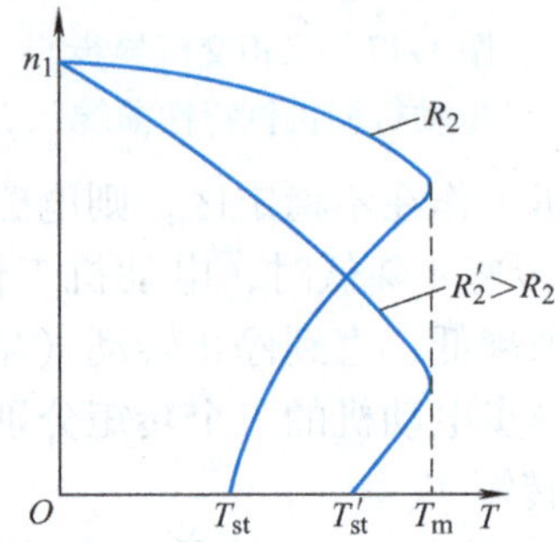

图 1-20 增大转子电路电阻时人为机械特性

在一定范围内增加绕线转子电动机转子电路的电阻 R_2，可以增大电动机起动转矩 T_{st}，而最大转矩 T_m 不变。起动转矩最大时可与最大转矩相等，即 $T_{st}=T_m$，若继续增大电动机转子电路电阻 R_2，起动转矩将开始减小。绕线转子三相交流异步电动机的起动与调速的设计正是利用这一机械特性。

三、三相交流异步电动机定子绕组首尾端的判别方法

1. 用低压交流电源与电压表判别定子绕组的首尾端

用低压交流电源与电压表判别定子绕组首尾端的步骤如下：

1）首先用万用表电阻档查明每相绕组的两个出线端，并做上标记。

2）将三相绕组中任意两相绕组相串联，另两端与电压表相连，如图 1-21a 所示。

3）将余下一相绕组与单相调压器或 36V 照明变压器的输出端相连接。

4）将调压器输出电压调到零，接通开关 S，调节输出电压，使输出电压逐渐升高，同时观察电压表有无读数，若电压表无读数，即电压表指针不偏转，说明连接在一起的两绕组的出线端同为首端或尾端。若电压表有读数，则说明连接在一起的两绕组出线端中一个是首端，一个是尾端。这样，可以将任意一端定为已知首端，其余 3 个端即可定出首尾端，并标注 U1U2、V1V2。

5）将确定出首尾端的其中一相绕组接调压器，另两相串联相接，再与电压表相连，如图 1-21b 所示。重复步骤第四步的过程，即可根据已知的一相首尾端，确定未知一相绕组的首尾端，并标上 W1W2。

2. 用 220V 交流电源和灯泡判别定子绕组的首尾端

注意应用 220V 交流电源这种方法判别时，通电时间应尽量短，以免绕组过热，破坏绝缘，有条件时，可用 36V 机床照明变压器及 36V 灯泡代替。

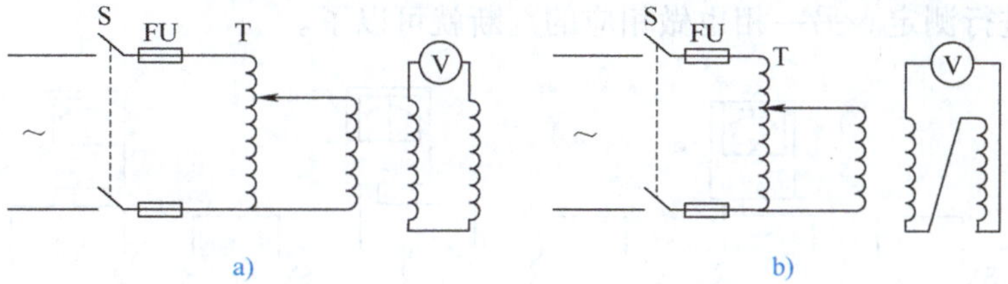

图 1-21　用低压交流电源与电压表判别定子绕组首尾端

1）可先用万用表查明每相绕组的两个出线端。也可将灯泡与 1 个出线端相串联后，再与其余 5 个出线端中的 1 个和电源相接，灯泡发光者为同一相的两出线端。同样办法测定两绕组后，余下一组不测自明。

2）将任意两绕组相串联，另两端接在电压相符的灯泡上（即用 36V 交流电源接 36V 灯泡），如图 1-22a 所示。

3）将另一相两出线端与 220V 交流电源相接，经指导教师检查许可后，方可通电进行实验。

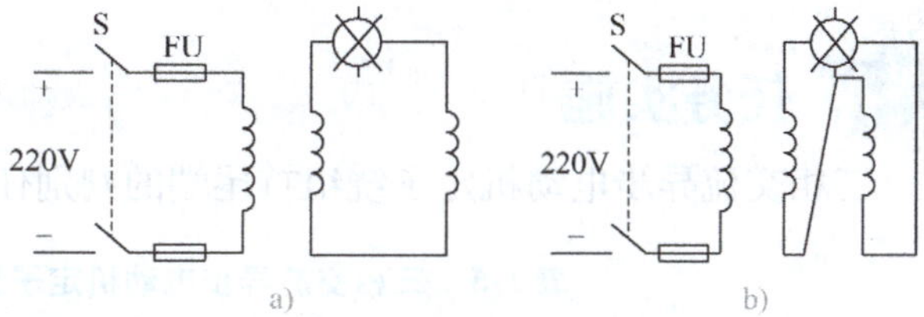

图 1-22　用交流电源与灯泡判别定子绕组首尾端

4）观察灯泡亮与不亮。若灯泡不亮，说明连在一起的两出线端同为首端或尾端。若灯泡亮，则说明连接在一起的两出线端中一个是首端，一个是尾端。可任意设定其中 1 个出线端为首端，即可确定出其余 3 个出线端的首端或尾端。将标记做好，即标上 U1U2、V1V2。做此项实验时，如果灯泡不亮，应改换接线，让灯泡亮起来，使实验成功的现象明显，增加可见度和可信度。

5）将已有标记的一相绕组与未知的一相绕组相串联，再连接好灯泡。将已有标记的另一相绕组接通电源，如图 1-22b 所示。重复上述第四步实验过程，即可确定未知一相绕组的首尾端。

3. 用低压直流电源和万用表判别定子绕组的首尾端

注意应用此方法时，接通电源时间应尽量短，若时间过长，极易损坏电源。

1）用万用表查明每相绕组的两个出线端。

2）将任意两相绕组串联后，接于万用表的直流毫安档。

3）将另一相绕组与直流电源相接，做短暂的接通与断开，如图 1-23a 所示。

4）在接通与断开电源的瞬间，观察万用表指针是否摆动，若万用表指针不摆动，将其串联的两绕组出线端调换一下，这时万用表指针应该有摆动，说明接在一起的两出线端中，一个是首端，一个是尾端。若调换端线后，接通或断开电源的瞬间，万用表指针仍不摆动，可能是各连接点有接触不良的地方，或者是万用表量程较大，做适当调整，万用表指针就能摆动了。

5）将确定出首尾端的一相绕组与未知首尾端的一相绕组相串联，再接万用表。将已确定出首尾端的另一相绕组接电源，如图 1-23b 所示。重复上述第四步实验过程，就可以确定出未知一相绕组的首尾端出线端。

6）如图 1-23c 所示，将万用表较小量程的毫安档与任意一相的两出线端相连，再把另一相绕组的两出线端通过开关 S 接电源，并指定准备接电源正极的绕组出线端为首端，接负极的为尾端。当电源开关 S 闭合时，如果万用表的指针右摆，则与万用表正极相连接的出线端是尾端，与万用表负极相连接的出线端是首端。如果万用表指针左摆，则调换电源正负极，使其右摆进行测定。另一相也做相应的判断就可以了。

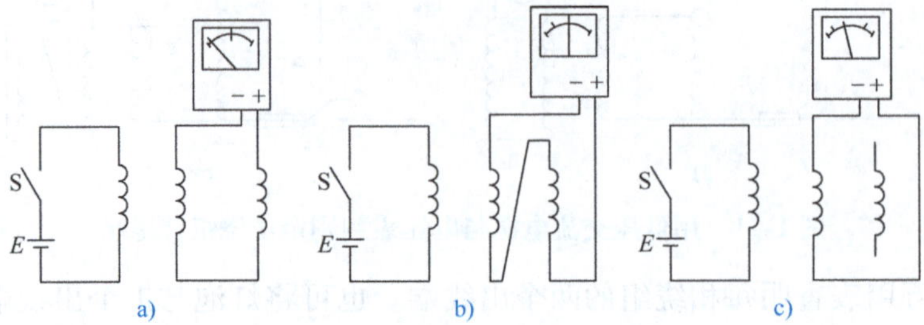

图 1-23 用低压直流电源与万用表判别定子绕组首尾端

任务实施

三相交流异步电动机定子绕组首尾端的判别任务单见表 1-5。

表 1-5 三相交流异步电动机定子绕组首尾端的判别任务单

项目一 三相交流异步电动机的拆装与检修		日期：
班级：	学号：	指导教师签字：
小组成员：		

任务二 三相交流异步电动机定子绕组首尾端的判别

操作要求：1. 正确掌握常见电工工具、仪表的使用方法

2. 严格按照三相交流异步电动机定子绕组首尾端的判别步骤与要求

3. 良好的“7S”工作习惯

1. 工具、设备准备：

2. 制订工作计划及组员分工：

3. 工作现场安全准备、检查：

4. 三相交流异步电动机定子绕组首尾端的判别

操作项目	步骤	完成情况
用低压交流电源与电压表判别定子绕组首尾端	(1) 标记每相绕组的两个出线端	□完成□未完成
用低压交流电源与电压表判别定子绕组首尾端	(2) 将三相绕组中任意两相绕组相串联，另两端与电压表相连	□完成□未完成
用低压交流电源与电压表判别定子绕组首尾端	(3) 将余下一相绕组与单相调压器或 36V 照明变压器的输出端相连接	□完成□未完成
用低压交流电源与电压表判别定子绕组首尾端	(4) 确定出两组首尾端，标记为 U1U2、V1V2	□完成□未完成
用低压交流电源与电压表判别定子绕组首尾端	(5) 确定出另一组首尾端，标记为 W1W2	□完成□未完成

（续）

操作项目	步骤	完成情况
用220V交流电源和灯泡判别定子绕组首尾端	（1）标记每相绕组的两个出线端	□完成□未完成
	（2）将任意两相绕组串联后，接于万用表的直流毫安档	□完成□未完成
	（3）将余下一相绕组出线端与220V交流电源相接，经指导教师检查许可后，方可通电进行实验	□完成□未完成
	（4）观察灯泡亮与不亮，确定出两组首尾端，标记为U1U2、V1V2	□完成□未完成
	（5）确定出另一组首尾端，标记为W1W2	□完成□未完成
用低压直流电源和万用表判别定子绕组首尾端	（1）标记每相绕组的两个出线端	□完成□未完成
	（2）将任意两相绕组串联后，接于万用表的直流毫安档	□完成□未完成
	（3）将另一相绕组与直流电源相接，做短暂的接通与断开，观察万用表指针是否摆动，确定两相绕组首尾端，标记为U1U2、V1V2	□完成□未完成
	（4）将未知绕组与已知的绕组串联，确定出未知绕组首尾端，标记为W1W2	□完成□未完成
	（5）将万用表较小量程的毫安档与任意一相的两出线端相连，再把另一相绕组的两出线端通过开关S接电源，确定各相绕组首尾端	□完成□未完成

5. 总结三相交流异步电动机的工作原理

6. 总结本次任务重点和要点：

7. 本次任务所存在的问题及解决方法：

任务评价

三相交流异步电动机定子绕组首尾端的判别考核评价表见表1-6。

表 1-6 三相交流异步电动机定子绕组首尾端的判别考核评价表

项目一 三相交流异步电动机的拆装与检修				日期：			
任务二 三相交流异步电动机定子绕组首尾端的判别							
自评：□熟练□不熟练		互评：□熟练□不熟练	师评：□熟练□不熟练		指导教师签字：		
评价内容	作品（70 分）						
序号	主要内容	考 核 要 求	评 分 细 则	配分	自评	互评	师评
1	用低压交流电源与电压表测定首尾端	（1）接线图接线正确 （2）会正确使用仪表 （3）判别结果正确	（1）接线错误，每错一处扣5 分 （2）不会使用仪表扣 10 分 （3）结果错误扣 30 分	30 分			
2	用交流电源与灯泡测定首尾端	（1）接线图接线正确 （2）会正确使用仪表 （3）判别结果正确	（1）接线错误，每错一处扣5 分 （2）不会使用仪表扣 10 分 （3）结果错误扣 20 分	20 分			
3	用低压直流电源与万用表测定首尾端	（1）接线图接线正确 （2）会正确使用仪表 （3）判别结果正确	（1）接线错误，每错一处扣5 分 （2）不会使用仪表扣 10 分 （3）结果错误扣 20 分	20 分			
作品总分							
评价内容	职业素养与操作规范（30 分）						
序号	主要内容	考 核 要 求	评 分 细 则	配分	自评	互评	师评
1	安全操作	（1）应穿工作服、绝缘鞋 （2）能按安全要求使用工具和仪表操作 （3）操作过程中禁止将工具或元件放置在高处等较危险的地方 （4）操作前，未获得教师允许不能通电	（1）没有穿戴防护用品扣5 分 （2）操作前和完成后，未清点工具、仪表、耗材扣 2 分 （3）操作过程中造成自身或他人人身伤害则取消成绩 （4）未经教师允许私自通电试车取消成绩	10 分			
2	规范操作	（1）操作过程中工具与器材摆放规范 （2）操作过程中产生的废弃物按规定处置	（1）操作过程中，乱摆放工具、仪表、耗材，乱丢杂物扣5 分 （2）完成任务后不按规定处置废弃物扣5 分	10 分			
3	文明操作	（1）操作完成后须清理现场 （2）在规定的工作范围内完成，不影响他人 （3）操作结束不得将工具等物品遗留在设备内或元件上 （4）爱惜公共财物，不损坏元件和设备	（1）操作完成后不清理现场扣5 分 （2）操作过程中随意走动，影响他人扣 2 分 （3）操作结束后将工具等物品遗留在设备或元件上扣 3 分 （4）操作过程中，恶意损坏元件和设备，取消成绩	10 分			
职业素养与操作规范总分							
任务总分							

任务三　三相交流异步电动机的检修

任务描述

三相交流异步电动机在长期运行时，可能会产生各种故障，需要及时分析故障原因，并进行相应处理。在完成检修电动机后，需要测试电动机的绝缘电阻才能投入运行。

1. 任务目标

知识目标：

1）掌握三相交流异步电动机绝缘电阻的测量方法。

2）掌握三相交流异步电动机典型故障原因分析与排除方法。

能力目标：

1）能正确测量三相交流异步电动机绝缘电阻。

2）能根据电动机故障现象分析故障原因，找到故障并排除。

素质目标：

1）培养学生安全操作、规范操作、文明生产的职业素养。

2）培养学生敬业奉献、精益求精的工匠精神。

3）培养学生科学分析和解决问题的能力。

2. 任务步骤

1）测量三相交流异步电动机绝缘电阻。

2）根据电动机故障现象分析故障原因，找到故障并排除。

3. 所需实训工具、仪表和器材

1）工具：螺钉旋具（十字槽、一字槽）、撬棍、套筒、锤子等。

2）仪表：万用表（数字式或指针式均可）、绝缘电阻表。

3）器材：三相交流异步电动机。

知识准备

一、三相交流异步电动机的起动

1. 三相交流异步电动机的起动性能

三相交流异步电动机接通三相电源后，开始起动，转速逐渐增大，一直到达稳定转速为止，这一过程称为起动过程。三相交流异步电动机的起动性能包括起动电流、起动转矩、起动时间和起动设备的经济性、可靠性等，其中最主要的是起动电流和起动转矩。

（1）起动电流

三相交流异步电动机起动时的瞬时电流叫起动电流。刚起动时，$s=1$，旋转磁场与转子相对转速最大，因而转子感应电动势最大。此感应电动势在闭合的绕组上产生一个很大的电流，定子电流随转子电流改变而相应地变化，所以电动机的起动电流很大，一般达到额定电流的 4 ~ 7 倍。起动电流大是不利的，主要危害如下：

1）使线路产生很大的电压降，致使电动机的输入电压下降太多，同时还要影响同一线路上其他负载的正常工作。由于电压降低，可能使正在工作的电动机停止，甚至可能烧坏电动机，使正在起动的电动机造成起动转矩太小而不能起动。

2）使电动机绕组铜耗过大，发热严重，加速电动机绝缘的老化。

3）绕组端部受电磁力的冲击，有发生变形的趋势。

（2）起动转矩

三相交流异步电动机的起动电流虽然很大，但起动转矩并不很大，一般只为额定转矩的1～2倍。如果起动转矩过小，则带负载起动就很困难，或虽可起动，但势必造成起动过程过长，使电动机发热。可见，为了限制起动电流，并得到适当的起动转矩，对不同容量、不同类型的电动机应采用不同的起动方法。

（3）对三相交流异步电动机起动的要求

1）起动转矩要足够大，以便加快起动过程，保证其能在一定负载下起动。

2）起动电流要尽可能小，以免影响到接在同一电网上其他电器设备的正常工作。

3）起动时所需的控制设备应尽量简单，力求操作和维护方便。

4）起动过程中的能量损耗尽量小。

2. 三相交流异步电动机的起动方法

（1）全压起动

全压起动是指在额定电压下，将三相交流异步电动机定子绕组直接接到电网上来起动电动机，因此又称直接起动，如图1-24所示。这是一种最简单的起动方式，这种方法的优点是简单易行，但缺点是起动电流太大，起动转矩 T_{st} 不大。

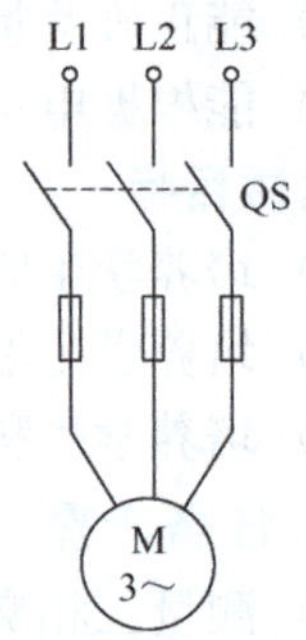

图1-24 三相交流异步电动机的直接起动

如果电源的容量足够大，而电动机的额定功率又不太大，则电动机的起动电流在电源内部及供电线路上所引起的电压降较小，对邻近电气设备的影响也较小，此时便可采用直接起动。

一般情况下，电源的容量能否允许电动机在额定电压下直接起动，可以用下面的经验公式来确定：

$$\frac{I_Q}{I_N} \leqslant \frac{3}{4} + \frac{S_N}{4P_N}$$

式中，I_Q 为起动电流，单位是A；I_N 为额定电流，单位是A；S_N 为电源变压器的额定容量，单位是kV·A；P_N 为电动机额定功率，单位是kW。

当计算结果不能满足上式时，应采用减压起动。一般情况下，10kW以上电动机不宜直接起动，应采用减压起动。

一般直接起动的条件是电动机的容量小于变压器容量的25%，且线路不太长，起动不频繁，周围负载允许的情况下可直接起动。

（2）减压起动

减压起动是在起动时利用起动设备，使加在电动机定子绕组上的电压 U_1 降低，此时磁通随 U_1 成正比地减小，其转子电动势 E_2、转子起动电流 I_{2Q} 和定子电路的起动电流 I_{1Q} 也随之减小。由于起动转矩 T_{st} 与定子端电压 U_1 的二次方成正比，因此采用减压起动时，起动转矩也将大大减小。因此，减压起动方法仅适用于电动机在空载或轻载情况下的起动，或对起动转矩要求不高的设备，如离心泵、通风机械等。

(3) 笼型异步电动机常用的减压起动方法

三相交流异步电动机中的笼型异步电动机常用的减压起动方法有以下几种:

1) 定子回路串电阻减压起动。定子串电阻或电抗减压起动是利用电阻或电抗的分压作用降低加到电动机定子绕组的电压，定子回路串电阻减压起动电路如图 1-25 所示。

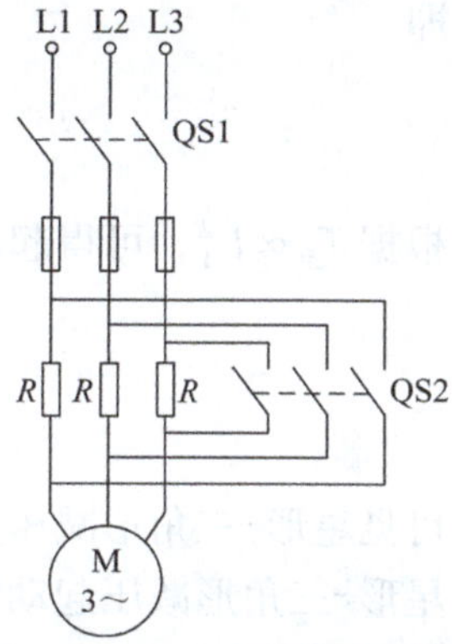

图 1-25　定子回路串电阻减压起动电路

如图 1-25 所示，R 为电阻，起动时，首先合上开关 QS1，此时起动电阻便接入定子回路中，电动机开始起动。待电动机接近额定转速时，迅速合上开关 QS2，此时电网电压全部施加于定子绕组上，起动过程完成。有时为了减小能量损耗，电阻也可以用电抗代替。采用定子回路串电阻减压起动时，虽然降低了起动电流，但也使起动转矩大大减小。当电动机的起动电压减少到 $1/K$ 时，由电网所供给的起动电流也减少到 $1/K$。由于起动转矩正比于电压的二次方，因此起动转矩便减少到 $1/K^2$。此法通常用于高压电动机。

定子回路串电阻或电抗减压起动的优点是：起动较平稳、运行可靠、设备简单。缺点是：起动时电能损耗较大，起动转矩随电压的二次方降低，只适合轻载起动。

2) 电动机星形-三角形（Y-△）转换减压起动。电动机星形-三角形（Y-△）转换减压起动只适用于定子绕组在正常工作时是三角形联结的电动机，其电路如图 1-26 所示。

起动时，首先合上开关 QS1，然后将开关 QS2 合在起动位置，此时定子绕组接成星形，定子每相的电压为 $U_1/3$（其中 U_1 为电网的额定线电压）。待电动机接近额定转速时，再迅速把转换开关 QS2 换接到运行位置，这时定子绕组改接成三角形，定子每相承受的电压便为 U_1，起动过程结束。

由图 1-27 可知，三角形联结时的起动电流为

$$I_{1Q}=\sqrt{3}I_{\triangle}$$

星形联结时的起动相电压为

$$U_{Y}=\frac{U_N}{\sqrt{3}}$$

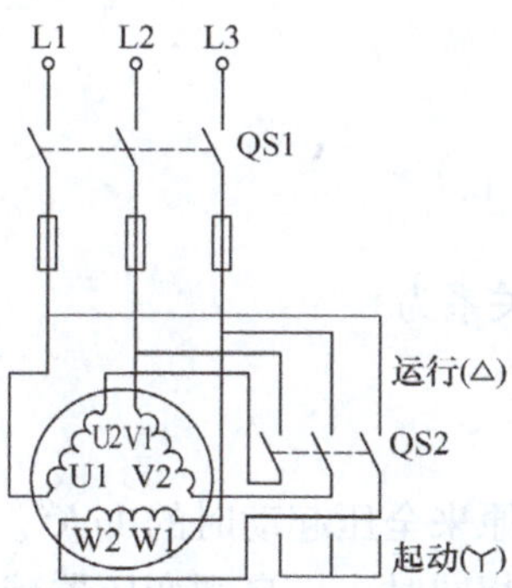

图 1-26　星形-三角形转换减压起动电路

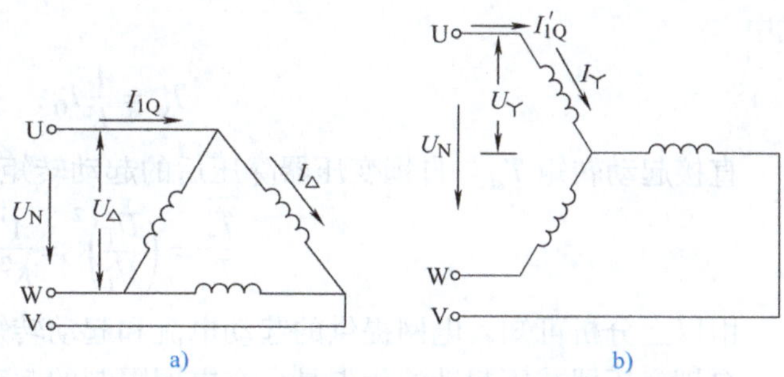

图 1-27　星形-三角形转换减压起动原理

于是得到星形联结起动时的起动电流和三角形联结起动时的电流关系为

$$\frac{I'_{1Q}}{I_{1Q}}=\frac{I_{\curlyvee}}{\sqrt{3}I_{\triangle}}$$

即

$$\frac{I'_{1Q}}{I_{1Q}}=\frac{U_{\curlyvee}}{\sqrt{3}\times U_{\triangle}}=\frac{U_N}{\sqrt{3}\times\sqrt{3}\times U_N}=\frac{1}{3}$$

根据 $T_{st}\propto U_1^2$，可得起动转矩的关系为

$$\frac{T'_{st}}{T_{st}}=\frac{U_{\curlyvee}^2}{U_{\triangle}^2}=\frac{\left(\frac{U_N}{\sqrt{3}}\right)^2}{U_N^2}=\frac{1}{3}$$

可见星形-三角形减压起动时，起动电流和起动转矩都将降为直接起动的1/3。

星形-三角形减压起动的优点是：设备简单、成本低、运行可靠、体积小、质量轻且检修方便，可谓物美价廉。所以Y系列容量等级在4kW以上的小型三相笼型异步电动机都设计成三角形联结，以便采用星形-三角形减压起动。其缺点是：只适用于正常运行时定子绕组为三角形联结的电动机，并且只有一种固定的降压比，起动转矩随电压的二次方降低，只适合轻载起动。

3）自耦变压器减压起动。这种起动方法是利用自耦变压器降低加到电动机定子绕组上的电压以减小起动电流。自耦变压器减压起动电路如图1-28所示。起动时开关投向起动位置，这时自耦变压器的一次绕组加全电压，降压后的二次电压加在电动机定子绕组上，电动机减压起动。当电动机转速接近稳定值时，把开关投向运行位置，自耦变压器被切除，电动机全压运行，起动过程结束。

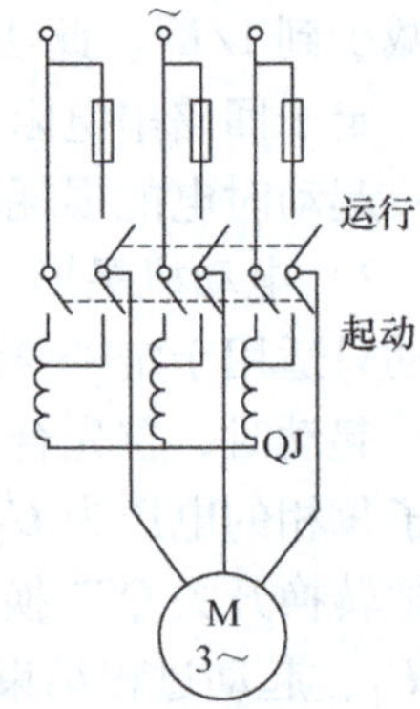

图1-28 自耦变压器减压起动电路

设自耦变压器的电压比为 K，经过自耦变压器降压后，加在电动机端点上的电压 U'_1 便为 U_1/K。此时电动机的最初起动电流 I'_1 便与电压成比例地减小，为额定电压下直接起动电流 I_Q 的 $1/K$。

根据变压器原理可知，由于电动机接在自耦变压器的低压侧，自耦变压器的高压侧接在电网上，故电网所供给的最初起动电流 I'_Q 为

$$I'_Q=\frac{1}{K}I'_1=\frac{1}{K^2}I_Q$$

式中

$$I'_Q=\frac{1}{K}I_Q$$

直接起动转矩 T_{st} 与自耦变压器降压后的起动转矩 T'_{st} 的关系为

$$\frac{T'_{st}}{T_{st}}=\left(\frac{U'_1}{U_1}\right)^2=\frac{1}{K^2}$$

由以上分析可知，电网提供的起动电流和起动转矩均为原来全压起动时的 $1/K^2$。

自耦变压器减压起动的优点是：在电网限制的起动电流相同时，用自耦变压器减压起动将比用其他减压起动方法获得的起动转矩更大。起动用自耦变压器的二次绕组一般有3个抽头（二次电压分别为电源电压的80%、60%、40%），用户可根据电网允许的起动电流和机械负载所需的起动转矩进行选配。其缺点是：自耦变压器体积大、质量大、价格高、需维护

检修。起动转矩随电压的二次方降低，只适合轻载起动。

4）延边三角形减压起动。延边三角形减压起动是在起动时把定子绕组的一部分接成三角形，剩下的另一部分接成星形，如图 1-29a 所示。从图形上看就是一个三角形三条边的延长，因此称为延边三角形。当起动完毕，再把绕组改接为原来的三角形联结，如图 1-29b 所示。

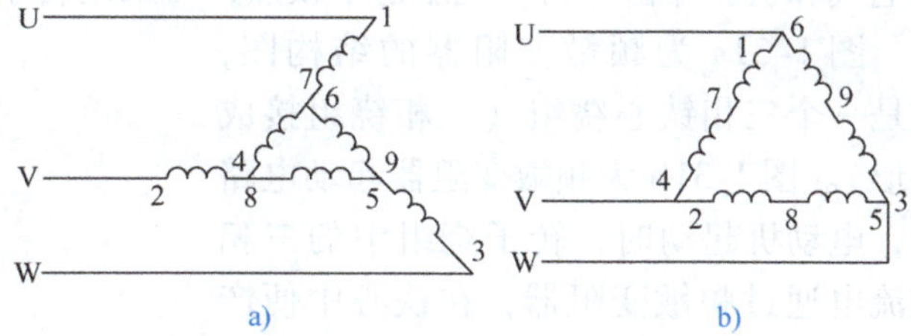

图 1-29　延边三角形减压起动原理

延边三角形联结实际上就是把星形联结和三角形联结结合在一起，因此，它每相绕组所承受的电压小于三角形联结时的电压，大于星形联结时的 $1/\sqrt{3}$ 线电压，介于两者之间，而究竟是多少，则取决于绕组中星形部分的匝数和三角形部分的匝数之比。改变抽头的位置，抽头越靠近尾端，起动电流与起动转矩降低得越多。该起动方法的缺点是定子绕组比较复杂。

（4）绕线转子三相交流异步电动机常用的减压起动方法

三相交流异步电动机中的绕线转子异步电动机常用的减压起动方法有以下几种：

1）转子电路串电阻起动。笼型异步电动机直接起动时，起动电流大，起动转矩不大。减压起动时，虽然减小了起动电流，但起动转矩也随之减小，因此笼型异步电动机只能用于空载或轻载起动。而绕线转子三相交流异步电动机，若转子电路串入适当的电阻，则既能限制起动电流，又能增大起动转矩，同时克服了笼型异步电动机起动电流大、起动转矩不大的缺点，这种起动方法适用于大中容量异步电动机重载起动。

为了在整个起动过程中得到较大的加速转矩，并使起动过程比较平稳，应在转子电路中串入多级对称电阻。起动时，随着转速的升高，逐段切除起动电阻，这与直流电动机电枢串电阻起动类似，称为电阻分级起动。如图 1-30 所示，绕线转子三相交流异步电动机是在转子电路中接入电阻来进行起动的，起动前将起动变阻器调至最大值的位置，当接通定子上的电源开关时，转子即开始慢速转动起来，随即把变阻器的电阻值逐渐减小到零，使转子绕组短接，电动机就进入工作状态。电动机切断电源停转后，还应将起动变阻器调回到起动位置。

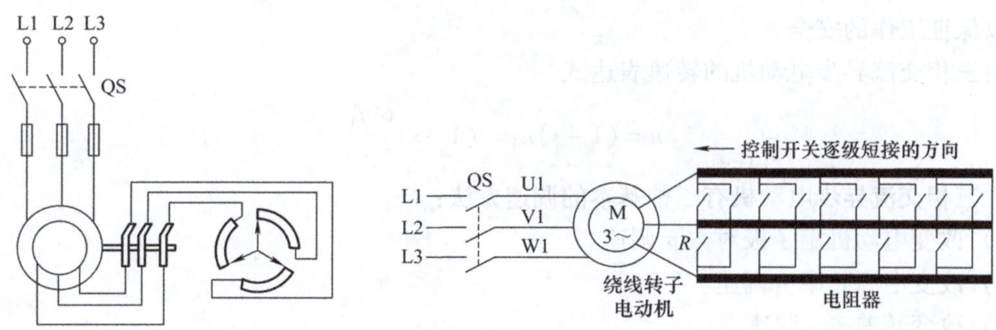

a) 电阻R可以均匀减少　　b) 电阻R逐级减少

图 1-30　转子电路串电阻起动原理

2）转子串频敏变阻器起动。绕线转子三相交流异步电动机采用转子串接电阻起动时，若想在起动过程中保持有较大的起动转矩且起动平稳，则必须采用较多的起动级数，这必然导致起动设备复杂化，而且在每切除一段电阻的瞬间，起动电流和起动转矩会突然增大，造成电气和机械冲击。为了克服这个缺点，可采用转子电路串频敏变阻器起动。

图 1-31a 为频敏变阻器的结构图，它是一个三相铁心绕组（三相绕组接成星形）。图 1-31b 为频敏变阻器起动电路图，电动机起动时，转子绕组中的三相交流电通过频敏变阻器，在铁心中便产生交变磁通，该磁通在铁心中产生很强的涡流，使铁心发热，产生涡流损耗，频敏变阻器绕组的等效电阻随着频率的增大而增加，由于涡流损耗与频率的二次方成正比，当电动机起动时（$s=1$），转子电流（即频敏变阻器绕组中通过的电流）频率（$f_2=f_1$）最高，因此频敏变阻器的电阻和感抗最大。起动后，随着转子转速的逐渐升高，转子电流频率（$f_2=sf_1$）便逐渐降低，于是频敏变阻器铁心中的涡流损耗及等效电阻也随之减少。实际上频敏变阻器就相当于一个电抗器，它的电阻是随交流电流频率的变化而变化的，故称频敏变阻器。

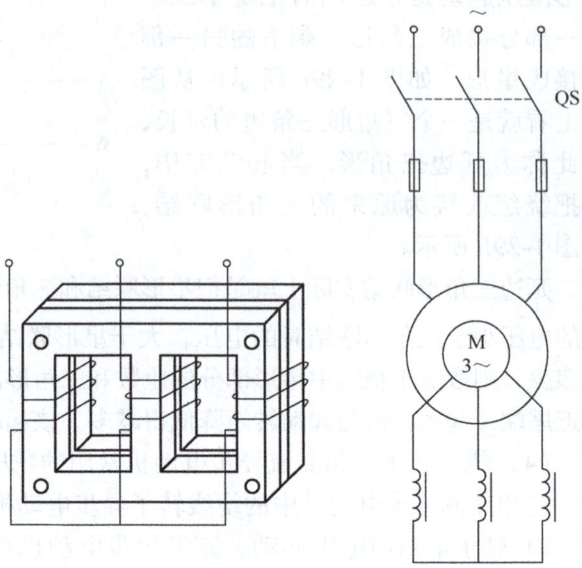

a) 频敏变阻器的结构图　　b) 频敏变阻器起动电路

图 1-31　绕线转子电路串频敏变阻器起动原理

由于频敏变阻器在工作时总存在一定的阻抗，因此在起动完毕后，可用接触器将频敏变阻器短接。频敏变阻器是一种静止的无触点变阻器，它具有结构简单、起动平滑、运行可靠、成本低廉、维护方便等优点。

二、三相交流异步电动机的调速

在工业生产中，有些生产机械在工作中需要调速，例如，金属切削机床需要按被加工金属的种类、切削工具的性质等来调节转速。此外，起重运输机械在快要停车时，应降低转速，以保证工作的安全。

由三相交流异步电动机的转速表达式

$$n=(1-s)n_1=(1-s)\frac{60f_1}{p}$$

可知，三相交流异步电动机有三种基本的调速方法：

1）改变电动机定子极对数 p 调速。

2）改变电源频率 f_1 调速。

3）改变转差率 s 调速。

1. 变频调速

改变电源的频率，可使电动机的转速随之变化。电源频率提高，电动机转速提高；电源频率下降，则电动机转速下降。当连续改变电源频率时，三相交流异步电动机的转速可以平滑地调节，这是一种较为理想的调速方法，能满足无级调速的要求，且调速范围大，调速性能与直流电动机相近。近年来，晶闸管变流技术的发展为获得变频电源提供了新的途径，使异步电动机的调频调速方法应用越来越广。

由于电网的交流电频率为50Hz，因此改变频率f_1调速需要专门的变频装置。变频装置可分为间接变频装置和直接变频装置两类。间接变频装置是先将工频交流电通过整流器变成直流，然后再经过逆变器将直流变成可控频率的交流电，通常称为交-直-交变频装置。直接变频装置是将工频交流电一次变换成可控频率的交流电，没有中间的直流环节，也称为交-交变频装置，目前应用较多的是间接变频装置。

2. 变极调速

当电源频率恒定，三相交流电动机的同步转速n_1与极对数成反比，所以改变电动机定子绕组的极对数，也可改变其转速。电动机定子绕组产生的磁极对数的改变，是通过改变绕组的接线方式得到的。现以图1-32来说明变极调速原理，图中只画出了一相绕组，这相绕组由两部分组成，即1U1-1U2和2U1-2U2。如果两部分反向串联，即1U1-1U2-2U2-2U1，则产生2个磁极，如图1-32a所示；如果两部分正向串联，即头尾相连，如1U1-1U2-2U1-2U2，则可产生4个磁极，如图1-32b所示。

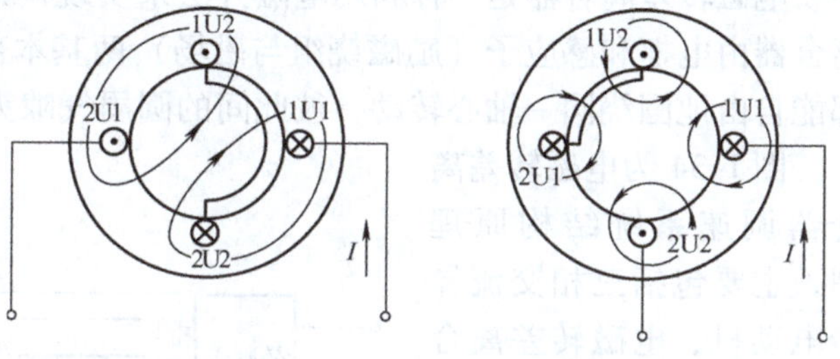

a) 产生2个磁极　　b) 产生4个磁极

图1-32　变极调速原理图

变极调速的电动机转子一般都是笼型的。笼型转子的极对数能自动随着定子极对数的改变而改变，使定、转子磁场的极对数总是相等。而绕线转子异步电动机则不然，当定子绕组改变极对数时，转子绕组也必须相应地以改变其接法使其极数与定子绕组的极数相等，所以绕线转子异步电动机很少采用变极调速。

变极调速具有操作简单、运行可靠、机械特性“硬”的特点。但是，变极调速只能是有级调速。不管三相绕组的接法如何，其极对数仅能改变一次。如图1-33所示，变极调速有两种典型方案：一种是Y/YY联结方式，定子绕组Y联结时是低速，YY联结时电动转速增大一倍，输出功率增大一倍，而输出转矩不变——恒转矩调速；另一种是△/YY联结方式，△联结时是低速，YY联结时电动机转速增大一倍，输出转矩减少一半，而输出功率不变——恒功率调速。

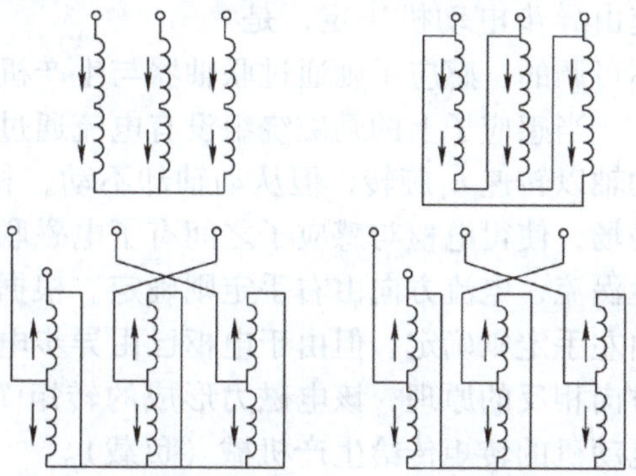
a) Y/YY联结方式　　b) △/YY联结方式

图1-33　双速电动机变极接线方式

3. 改变转差率调速

改变转差率调速方法有：改变电源电压调速、改变转子电路电阻调速、电磁转差离合器调速等。

（1）改变电源电压U_1调速

当改变外加电压时，由于$T_m \propto U_1^2$，所以最大转矩随外加电压U_1而改变，当负载转矩T_2不变，电压由U_1下降至U'_1时，转速将由n降为n'（转差率由s上升为s'），所以通过改变

电压 U_1 可实现调速。这种调速方法，当转子电阻较小时，能调节速度的范围不大；当转子电阻大时，调节范围较大，但又增大了损耗。

降压调速有较好的调速效果，主要应用在泵类负载（如通风机、电风扇等）上。注意：恒转矩负载不能应用，否则当电压调低时，电磁力矩变小，会引起电动机转速的较大变化甚至停转。

（2）改变转子电路电阻调速

改变异步电动机转子电路电阻，电阻越大，机械特性曲线越偏向下方。在一定的负载转矩下，电阻越大，转速越低。这种调速方法的优点是简单、易于实现；缺点是调速电阻中要消耗一定的能量，调速是有级的、不平滑。主要应用于小型绕线转子异步电动机调速中（例如起重机的提升设备）。

（3）电磁转差离合器调速

电磁转差离合器是一种利用电磁方法来实现调速的联轴器。如图1-34所示，电磁转差离合器由电枢和感应子（励磁绕组与磁场）两基本部分组成，这两部分没有机械上的连接，都能自由地围绕同一轴心转动，彼此间的圆周气隙为0.5mm。

图1-34为电磁转差离合器调速系统结构原理图，主要包括三相交流异步电动机、电磁转差离合器、直流电源、负载等。

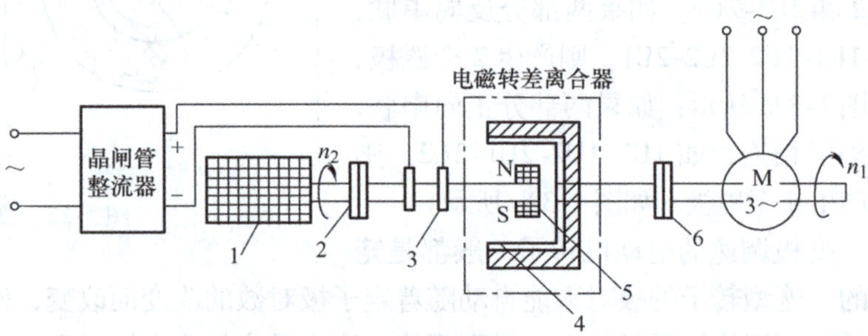

图1-34 电磁转差离合器调速系统结构原理图
1—负载 2、6—联轴器 3—集电环 4—电枢 5—磁极

一般情况下，电枢与三相交流异步电动机转轴连接，由电动机带动其旋转，称为主动部分，其转速由异步电动机决定，是不可调的；感应子则通过联轴器与生产机械固定连接，称为从动部分。

当感应子上的励磁绕组没有电流通过时，由于主动部分与从动部分之间无任何联系，主动轴以转速 n_1 旋转，但从动轴却不动，相当于离合器脱开。当通入励磁电流以后，建立了磁场，使得电枢与感应子之间有了电磁联系。当两者之间有相对运动时，便在电枢铁心中产生涡流，电流方向由右手定则确定。根据载流导体在磁场中受力的作用原理，电枢受力方向由左手定则确定。但由于电枢已由异步电动机拖动旋转，根据作用力与反作用力大小相等、方向相反的原理，该电磁力形成的转矩 T 迫使感应子连同负载与电枢同方向旋转，将异步电动机的转矩传给生产机械（负载）。

由上述电磁离合器工作原理可知，感应子的转速要小于电枢转速，即 $n_2 < n_1$，这一点与异步电动机的工作原理完全相同，故称这种电磁离合器为电磁转差离合器。由于电磁转差离合器本身不产生转矩与功率，只能与异步电动机配合使用，起着传递转矩的作用，通常将异步电动机和电磁转差离合器装成一体，故又统称为转差电动机或电磁调速异步电动机。

电磁调速异步电动机具有结构简单、可靠性好、维护方便等优点，而且通过控制励磁电流的大小可实现无级平滑调速，所以被广泛应用于机床、起重、冶金等生产机械上。

三、三相交流异步电动机的制动

当三相交流异步电动机与电源断开后，由于电动机的转动部分有惯性，所以电动机仍继续转动，要经过一段时间才能停转。但在某些生产机械上要求电动机能迅速停转，以提高生产率，为此，需要对电动机进行制动。

1. 能耗制动

能耗制动的方法是：将定子绕组从三相交流电源断开后，在定子绕组上立即加上直流励磁电源，同时在转子电路中串入制动电阻，其接线图如图 1-35a 所示。直流励磁电源能产生一个在空间不动的磁场，转子因惯性作用还未停止转动，运动的转子导体切割此恒定磁场，在其中便产生感应电动势，由于转子是闭合绕组，因此能产生电流，从而产生电磁转矩，此转矩与转子因惯性作用而旋转的方向相反，起制动作用，迫使转子迅速停下来，如图 1-35b 所示。这时储存在转子中的动能转变为转子铜损耗，以达到迅速停车的目的，故称这种制动方法为能耗制动。

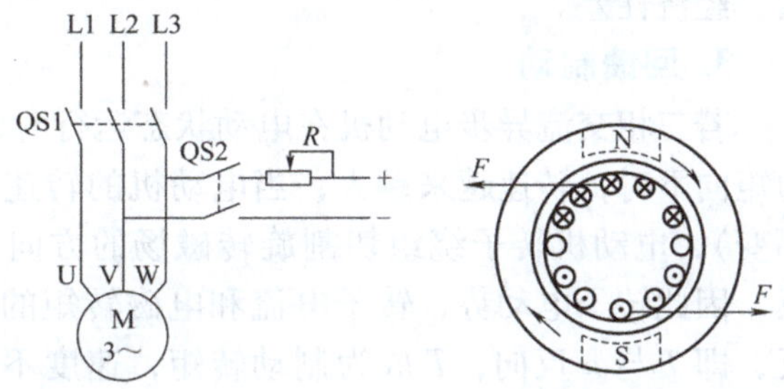

a) 能耗制动原理接线图　b) 能耗制动原理示意图

图 1-35　三相交流异步电动机能耗制动

能耗制动具有以下特点：

1）能使反抗性恒转矩负载准确停车。

2）制动平稳，但制动至较低转速时，制动转矩也较小，制动效果不理想。

3）制动时电动机不从电网吸取交流电能，只吸取少量的直流电能，制动较经济。

2. 反接制动

当三相交流异步电动机转子的旋转方向与定子旋转磁场的方向相反时，电动机便处于反接制动状态，反接制动分为两种情况：一是在电动状态下突然将电源两相反接，使定子旋转磁场的方向由原来的顺转子转向改为逆转子转向，这种情况下的制动称为电源两相反接的反接制动；二是保持定子磁场的转向不变，而转子在位能性负载作用下进入倒拉反转，这种情况下的制动称为倒拉反转的反接制动。

（1）电源反接制动

实现电源反接制动的方法是：将三相交流异步电动机任意两相定子绕组的电源进线对调，同时在转子电路中串入制动电阻，其接线图如图 1-36a 所示。反接制动前，电动机处于正向电动状态，以转速 n 逆时针旋转。电源反接制动时，把定子绕组的两相电源进线对调，同时在转子电路串入制动电阻 R，使电动机气隙旋转磁场方向反转，这时的电磁转矩方向与电动机惯性转矩方向相反，成为制动转矩，使电动机转速迅速下降，如图 1-36b 所示。当电动机转速为零时，立即切断电源。

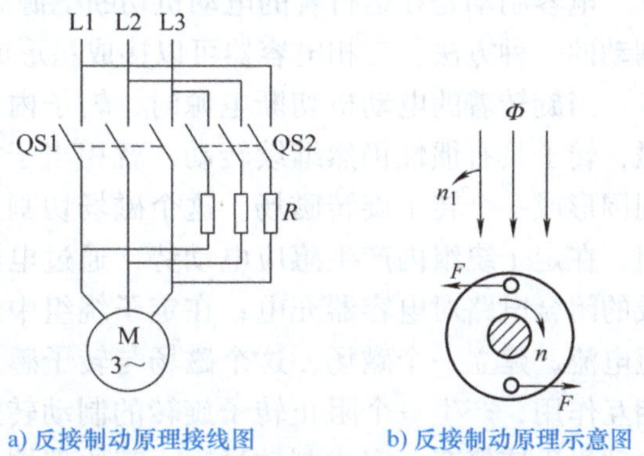

a) 反接制动原理接线图　b) 反接制动原理示意图

图 1-36　电源两相反接的反接制动

三相交流异步电动机的电源反接制动具有制动力大、制动迅速的特点；但制动时制动电流大，全部能量都消耗在转子电路的电阻上，因此制动时能耗大、经济性差。

（2）倒拉反接制动

这种制动是由外力使电动机转子的转向倒转，而电源的相序不变，这时产生的电磁转矩方向也不变，但与转子实际转向相反，故电磁转矩将使转子减速。这种制动方式主要用于以绕线转子异步电动机为动力的起重机械拖动系统中。

起重机下放重物时，外力使电动机转子的转向为顺时针，而电源产生的电磁转矩方向为逆时针，向上速度越来越小，直到为0；之后，电动机转子反转，进入倒拉反接制动状态，反向电磁转矩增大，直到提升转矩等于负载转矩，平稳下降重物。

倒拉反接制动具有能低速下放重物、安全性好的优点；但因为制动时 $s>1$，所以制动时，既要从电网吸能，又要从轴上吸取机械能转化为电能，全部消耗在转子电路上，故消耗大，经济性差。

3. 回馈制动

若三相交流异步电动机在电动状态运行时，由于某种原因（如下坡、下放物体），电磁力矩向下时，转速越来越大，当电动机的转速超过了同步转速（转向不变），电动机转子绕组切割旋转磁场的方向将与电动运行状态时相反，因此转子电动势、转子电流和电磁转矩的方向也与电动状态时相反，即 T 与 n 反向，T 成为制动转矩，速度不会继续升高，电动机便处于制动状态，这时电磁转矩由原来的驱动作用转为制动作用。同时，由于电流方向反向，电磁功率回送至电网，故称回馈制动。其原理图如图 1-37 所示。

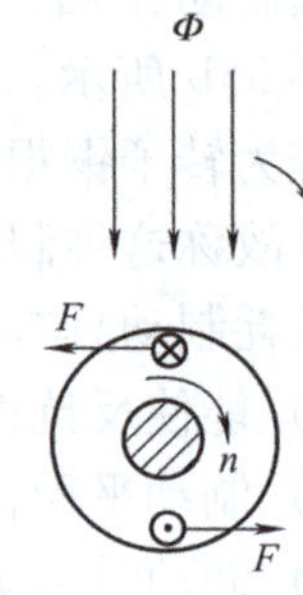

图 1-37 回馈制动原理图

回馈制动具有以下特点：

1）电动机转子的转速高于同步转速。

2）只能高速下放重物，安全性差。

3）制动时电动机不从电网吸取有功功率，反而向电网回馈有功功率，制动很经济。

4. 电容制动

电容制动是在运行着的电动机切断电源后，迅速在定子绕组的端线上接入电容器而实现制动的一种方法。三相电容器可以接成星形或三角形，与定子出线端组成闭合电路。

当旋转着的电动机切断电源时，转子内仍有剩磁，转子具有惯性仍然继续转动，就相当于在转子周围形成一个转子旋转磁场。这个磁场切割定子绕组，在定子绕组内产生感应电动势，通过电容器组成的闭合电路对电容器充电，在定子绕组中形成励磁电流，建立一个磁场，这个磁场与转子感应电流相互作用，产生一个阻止转子旋转的制动转矩，使电动机迅速停车，完成制动过程。其原理接线图如图 1-38 所示。

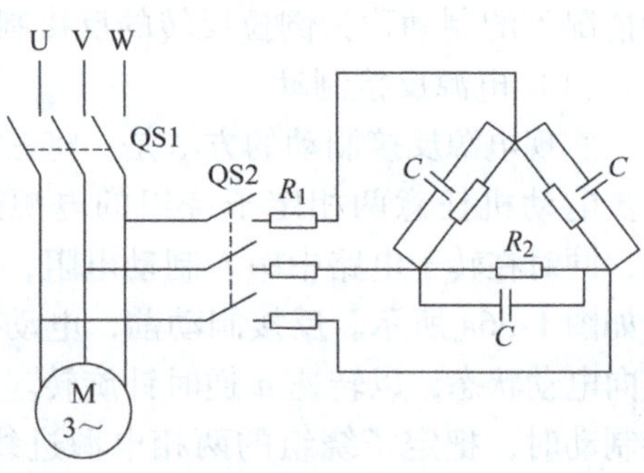

图 1-38 电容制动原理接线图

5. 机械制动

机械制动应用较普遍的是电磁抱闸制动，图 1-39 是电磁抱闸结构图。它的构成主要有两部分：一部分是电磁铁，另一部分是闸瓦制动器。闸瓦制动器包括弹簧、闸轮、杠杆、闸瓦和轴等。闸瓦与电动机装在同一根轴上。

电动机起动时，同时给电磁抱闸的电磁铁线圈通电，电磁铁的动铁心被吸合，通过一系列杠杆作用，动铁心克服弹簧拉力，迫使闸瓦和闸轮分开，闸轮可以自由转动，电动机就正常运转起来。当切断电动机电源时，电磁铁线圈的电源也同时被切断，动铁心和静铁心分离，闸瓦在弹簧作用下，把闸轮紧紧抱住，摩擦力矩将使闸轮迅速停止转动，电动机也就停止转动了。制动器的抱紧和松开由弹簧和电磁铁相互配合完成。调节弹簧可在一定范围内调节制动力矩，以便控制制动时间。

由于电磁铁和电动机共用一个电源和一个控制电路，只要电动机不通电，闸瓦总是把闸轮紧紧抱住，电动机总是制动着的。

电磁抱闸制动，制动力大，被广泛应用在起重设备上。它安全可靠，不会因突然断电而发生事故。不足之处是制动器磨损严重，快速制动时产生振动，另外电磁抱闸体积较大。

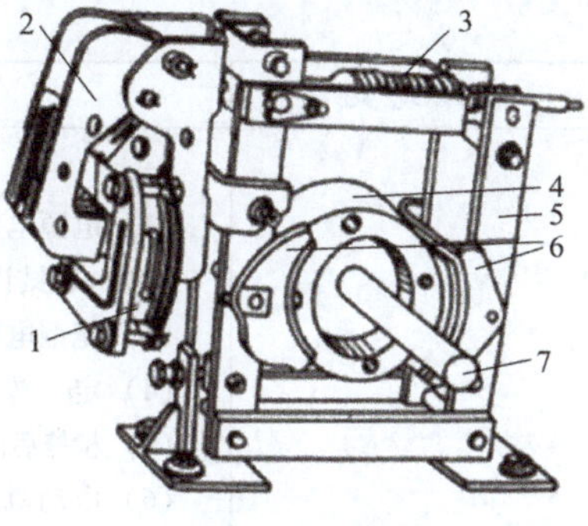

图 1-39 电磁抱闸结构图

1—电磁铁线圈 2—铁心 3—弹簧 4—闸轮 5—杠杆 6—闸瓦 7—轴

四、三相交流异步电动机常见故障检修

三相交流异步电动机经长期运行后，会发生各种故障。及时判断故障原因、进行相应处理，是防止故障扩大、保证设备正常运行的重要工作。三相交流异步电动机的常见故障现象与处理方法见表 1-7。

表 1-7 三相交流异步电动机常见故障现象与处理方法

故障现象	故障原因	处理方法
通电后三相交流异步电动机不起动，无异常声音，也无异味和冒烟	（1）无三相电源（至少两相断路） （2）熔丝熔断（至少两相熔断） （3）过电流继电器整定值调得过小，通电后即起作用，断开电路 （4）控制设备接线错误	（1）检查电源回路开关、熔丝、接线盒处是否有断点，予以修复 （2）检查熔丝型号、熔断原因，换新熔丝 （3）调节继电器整定值与电动机配合 （4）改正接线
通电后三相交流异步电动机不起动，然后熔丝熔断	（1）定子绕组相间短路 （2）电动机缺一相电源，或定子绕组一相反接 （3）检修后的电动机定子绕组接线错误 （4）定子绕组接地 （5）熔丝截面过小 （6）电源线短路或接地	（1）查出短路点，予以修复 （2）检查刀开关是否有一相未合好，或电源回路有一相断线，消除反接故障 （3）查出误接处，并予以更正 （4）消除接地 （5）更换熔丝 （6）消除接地点
通电后三相交流异步电动机不起动，电动机内有“嗡嗡”声	（1）绕组引出线末端接错或绕组内部接反 （2）定、转子绕组有断路（一相断线）或电源一相失电 （3）电动机负载过大或转子卡住 （4）电源回路接头松动，接触电阻大 （5）电源电压过低 （6）小型电动机装配太紧或轴承内油脂过硬 （7）轴承卡住	（1）检查绕组极性，判断绕组首末端是否正确 （2）查明断点，予以修复 （3）减轻电动机负载或查出并消除机械故障 （4）紧固松动的接线螺钉，用万用表判断各接头是否假接，予以修复 （5）检查是否把规定的△联结误接为Y联结，是否由于电源导线过细使压降过大，予以修正 （6）重新装配使之灵活，更换合格油脂 （7）修复轴承

（续）

故障现象	故障原因	处理方法
三相交流异步电动机额定负载运行时转速低于额定值	（1）电源电压过低（低于额定电压） （2）△联结误接为丫联结 （3）笼型电动机的转子断笼或脱焊 （4）定、转子局部绕组错接、反接 （5）检修后的电动机绕组里增加匝数过多 （6）电动机过载 （7）绕线电动机的集电环与电刷接触不良，从而使接触电阻增大，损耗增大，输出功率减少 （8）控制单元接线松动 （9）电源断相 （10）定子绕组的并联支路或并联导体断路 （11）绕线电动机转子电路串电阻过大 （12）机械损耗增加，从而使总负载转矩增大	（1）测量电源电压，设法改善 （2）检测接线方式，纠正接线错误 （3）采用焊接法或冷接法修补笼型电动机的转子断条 （4）查出误接处，予以改正 （5）恢复电动机的正确匝数 （6）减少电动机负载 （7）调整电刷压力，用细纱布磨好电刷与集电环的接触面 （8）检查控制回路的接线，特别是给定端与反馈接头的接线，保持接线正确可靠 （9）对于由于熔断器断路出现的断相运行，应检查出原因，处理所更换熔断器熔丝 （10）检查断路处并修复 （11）适当减少转子电路串接的变阻器阻值 （12）对于机械损耗过大的电动机，应检查损耗原因，处理故障
三相交流异步电动机三相电流相差大	（1）绕组首尾端接错 （2）重绕时，定子三相绕组匝数不相等 （3）电源电压不平衡 （4）绕组存在匝间短路、绕组反接等故障	（1）检查绕组首尾端接错处，并纠正 （2）重新绕制定子绕组，保证三相绕组匝数相同 （3）测量电源电压，设法消除不平衡 （4）查找匝间短路故障点，将反接绕组纠正，消除绕组故障
三相交流异步电动机空载、过载时，电流表指针不稳，摆动	（1）笼型转子导条开焊或断条 （2）绕线转子故障（一相熔断）或电刷与集电环短路装置接触不良	（1）查出断条，予以修复或更换转子 （2）检查绕线转子电路并加以修复
三相交流异步电动机空载电流大	（1）电源电压过高 （2）修复时，定子绕组匝数减少过多 （3）丫联结电动机误接为△联结 （4）电动机装配中，转子装反，使定子铁心未对齐，有效长度减短 （5）气隙过大或不均匀 （6）大修拆除旧绕组时，使用热拆法不当，使铁心烧坏	（1）检查电源，设法恢复额定电压 （2）重绕定子绕组，恢复正确匝数 （3）改接为丫联结 （4）重新装配 （5）更换新转子或调整气隙 （6）检查铁心或重新计算绕组，适当增加匝数
三相交流异步电动机运行时有异常响声	（1）轴承磨损或油内有砂粒等异物 （2）新修电动机的转子与定子绝缘纸或槽楔相擦 （3）定子、转子铁心松动 （4）轴承缺油 （5）风道填塞或风扇摩擦风罩 （6）定、转子铁心相摩擦	（1）更换轴承或清洗轴承 （2）修剪绝缘纸，削低槽楔 （3）检修定、转子铁心，固定松动的铁心 （4）加润滑油 （5）清理风道，重新安装风罩 （6）消除擦痕，必要时车小转子

（续）

故障现象	故障原因	处理方法
三相交流异步电动机运行时有异常响声	（7）电源电压过高或不平衡 （8）定子绕组错接或短路 （9）电动机安装基础不平 （10）转子不平衡 （11）轴承严重磨损 （12）电动机断相运行	（7）检查并调整电源电压 （8）消除定子绕组故障 （9）检查紧固螺栓及其他部件，保持平衡 （10）校正转子中心线 （11）更换磨损的轴承 （12）检查定子绕组供电回路，查出断相原因，做相应的处理
三相交流异步电动机运行中振动过大	（1）气隙不均匀 （2）由于磨损轴承间隙过大 （3）转子平衡 （4）铁心变形或松动 （5）轴承弯曲 （6）联轴器（带轮）中心未校正 （7）风扇不平衡 （8）机壳或基础强度不够 （9）电动机地脚螺栓松动 （10）笼型转子开焊、断路，绕线转子断路 （11）定子绕组故障	（1）调整气隙，使之均匀 （2）检修轴承，必要时更换 （3）校正转子动平衡 （4）校正重叠铁心 （5）校直轴承 （6）重新校正，使之符合规定 （7）检修风扇，校正平衡，纠正其几何形状 （8）进行加固 （9）紧固地脚螺栓 （10）修复转子绕组 （11）修复定子绕组
轴承过热	（1）润滑油脂过多或过少 （2）润滑油污染或混入铁屑 （3）轴承与轴颈或端盖配合不当（过松或过紧） （4）轴承盖内孔偏心，与轴相摩擦 （5）电动机两侧端盖或轴承未装平 （6）电动机与负载间联轴器未校正或皮带过紧 （7）轴承间隙过大或过小 （8）转轴弯曲使轴承受外力 （9）轴承损坏 （10）传动带过紧，联轴器装配不良	（1）调整润滑油，使其容量不超过润滑室容积的2/3 （2）更换清洁的润滑脂 （3）过松可用黏结剂修复，过紧应车、磨轴颈或端盖内孔，使之合适 （4）修理轴承盖，消除擦点 （5）重新装配 （6）重新校正，调整皮带张力 （7）更换新轴承 （8）校正电动机轴或更换转子 （9）更换轴承 （10）对于轴承装配不正，应将端盖或轴承盖装平，旋紧螺栓
三相交流异步电动机过热甚至冒烟	（1）电源电压过高，使铁心发热大大增加 （2）电源电压过低，电动机又带额定负载运行，电流过大使绕组发热 （3）铁心硅钢片间的绝缘损坏，使铁心涡流增大，损耗增大 （4）定、转子铁心相摩擦 （5）电动机过载或频繁起动 （6）笼型转子断条 （7）定子断相运行 （8）重绕后定子绕组浸漆不充分	（1）降低电源电压，若是电动机Y、△联结错误引起，则应改正接法 （2）提高电源电压或换粗供电导线 （3）检修铁心，排除故障 （4）消除擦点（调整气隙或锉、车转子） （5）降低负载或更换容量较大的电动机 （6）检查并消除转子绕组故障 （7）检查三相熔断器有无熔断及起动装置的三相触点是否接触良好，排除故障或更换 （8）采用二次浸漆及真空浸漆工艺

（续）

故障现象	故障原因	处理方法
三相交流异步电动机过热甚至冒烟	（9）电动机的通风不畅或积尘太多 （10）环境温度过高 （11）电动机风扇故障、通风不良 （12）定子绕组有短路或断路故障，定子绕组内部连接错误 （13）电动机受潮或浸漆后烘干不够	（9）检查风扇是否脱落，使空气流通，清理电动机内部的粉尘，改善散热 （10）采取降温措施，避免阳光直晒或更换绕组 （11）检查并修复风扇，必要时更换 （12）检查定子绕组的短路或断路点，进行局部修复或更换绕组，检修定子绕组，消除故障 （13）检查绕组受潮情况，必要时进行烘干处理
三相交流异步电动机外壳带电	（1）误将电源线与接地线搞错 （2）电动机的引出线破损 （3）电动机绕组绝缘老化或损坏，对机壳短路 （4）电动机受潮，绝缘能力降低	（1）检测电源线与接地线，纠正接线 （2）修复引出线端口的绝缘 （3）用绝缘电阻表测量绝缘电阻是否正常，决定受潮程度。若较严重，则应进行干燥处理 （4）对绕组绝缘严重损坏的，应及时更换

五、三相交流异步电动机的绝缘电阻测量

1. 测量前检查

1）测量前先将绝缘电阻表进行一次开路和短路试验，检查绝缘电阻表是否良好。试验时先将两连接线开路，摇动手柄，指针应指在“∞”位置，然后将两连接线短路一下，轻轻摇动手柄，指针应指“0”，否则说明绝缘电阻表有故障，需要检修。

2）被测对象的表面应清洁、干燥，以减小误差。

3）在测量前必须切断电源，并将被测设备充分放电，以防止发生人身和设备事故以及得到精确的测量结果。

2. 测量过程

1）测量时，应把绝缘电阻表放平稳。L端接被测物，E端接地，摇动手柄的速度应由慢逐渐加快，并保持速度在120r/min左右。如果被测设备短路，指针摆到“0”点应立即停止摇动手柄，以免烧坏仪表。

2）读数并记录结果。读数的时间以绝缘电阻表达到一定转速1min后读取的测量结果为准。

3. 测量后工作

拆线时先将被测设备对地短路放电再停止绝缘电阻表的转动。未放电前禁止用手触及被测物或直接进行拆线工作，以防触电。

任务实施

三相交流异步电动机的检修任务单见表1-8。

表 1-8 三相交流异步电动机的检修任务单

<table>
<tr><td colspan="2">项目一　三相交流异步电动机的拆装与检修</td><td>日期：</td></tr>
<tr><td>班级：</td><td>学号：</td><td rowspan="2">指导教师签字：</td></tr>
<tr><td colspan="2">小组成员：</td></tr>
<tr><td colspan="3">任务三　三相交流异步电动机的检修</td></tr>
<tr><td colspan="3">操作要求：1. 正确掌握常见电工工具、仪表的使用方法
2. 严格按照三相交流异步电动机的检修步骤与要求
3. 良好的“7S”工作习惯</td></tr>
<tr><td colspan="3">1. 工具、设备准备：</td></tr>
<tr><td colspan="3">2. 制订工作计划及组员分工：</td></tr>
<tr><td colspan="3">3. 工作现场安全准备、检查：</td></tr>
<tr><td colspan="3">4. 三相交流异步电动机的检修</td></tr>
</table>

<table>
<tr><td>拆卸项目（装配反序）</td><td colspan="2">步　骤</td><td>完 成 情 况</td></tr>
<tr><td rowspan="3">测量前检查</td><td colspan="2">（1）测量前先将绝缘电阻表进行一次开路和短路试验，检查绝缘电阻表是否良好</td><td>□完成□未完成</td></tr>
<tr><td colspan="2">（2）被测对象的表面应清洁、干燥，以减小误差</td><td>□完成□未完成</td></tr>
<tr><td colspan="2">（3）在测量前必须切断电源，并将被测设备充分放电，以防止发生人身和设备事故以及得到精确的测量结果</td><td>□完成□未完成</td></tr>
<tr><td rowspan="3">测量过程</td><td colspan="2">（1）测量时，应把绝缘电阻表放平稳。L 端接被测物，E 端接地，摇动手柄的速度应由慢逐渐加快，并保持速度在 120r/min 左右。如果被测设备短路，指针摆到“0”点应立即停止摇动手柄，以免烧坏仪表</td><td>□完成□未完成</td></tr>
<tr><td colspan="2">（2）读数并记录结果。读数的时间以绝缘电阻表达到一定转速 1min 后读取的测量结果为准</td><td>□完成□未完成</td></tr>
<tr><td colspan="2">（3）拆线时先将被测设备对地短路放电再停止绝缘电阻表的转动。未放电前禁止用手触及被测物或直接进行拆线工作，以防触电</td><td>□完成□未完成</td></tr>
<tr><td>电动机型号</td><td></td><td>电动机状态</td><td></td></tr>
<tr><td>绝缘电阻表电压等级</td><td></td><td>绝缘电阻表量程</td><td></td></tr>
<tr><td>当日温度</td><td></td><td>当日湿度</td><td></td></tr>
<tr><td>绝缘电阻</td><td>第一次：</td><td>第二次：</td><td>第三次：</td></tr>
</table>

（续）

5. 对电动机人为地设置故障，通电运行，记录故障现象，分析故障原因及故障点
典型故障1：通电后电动机不起动，无异常声音
典型故障2：通电后电动机不起动，有“嗡嗡”声
典型故障3：电动机运行过程中振动大
6. 总结本次任务重点和要点：
7. 本次任务所存在的问题及解决方法：

任务评价

三相交流异步电动机的检修考核评价表见表1-9。

表1-9 三相交流异步电动机的检修考核评价表

<table>
<tr><td colspan="5">项目一 三相交流异步电动机的拆装与检修</td><td colspan="4">日期：</td></tr>
<tr><td colspan="9">任务三 三相交流异步电动机的检修</td></tr>
<tr><td colspan="3">自评：□熟练□不熟练</td><td>互评：□熟练□不熟练</td><td colspan="3">师评：□熟练□不熟练</td><td colspan="2">指导教师签字：</td></tr>
<tr><td>评价内容</td><td colspan="8">作品（70分）</td></tr>
<tr><td>序号</td><td>主要内容</td><td>考 核 要 求</td><td>评 分 细 则</td><td>配分</td><td>自评</td><td>互评</td><td>师评</td></tr>
<tr><td>1</td><td>绝缘电阻测量</td><td>（1）操作步骤正确
（2）会正确使用仪表
（3）测量结果正确
（4）测量结果分析</td><td>（1）不按步骤操作扣5分
（2）不会正确使用仪表扣10分
（3）测量结果不正确，每个扣5分
（4）结果错误，不会分析原因扣5分</td><td>30分</td><td></td><td></td><td></td></tr>
</table>

（续）

序号	主要内容	考核要求	评分细则	配分	自评	互评	师评
2	典型故障排除	（1）正确描述故障现象 （2）正确分析故障原因 （3）能找出故障点 （4）排除故障	（1）故障描述不完整，每个扣2分 （2）分析故障原因错误扣5分 （3）未找出故障点，每个扣5分 （4）不能排除故障扣10分 （5）1次试车不成功扣5分；2次试车不成功扣10分；3次不成功本项得分为0 （6）开机烧电源或其他线路，本项记0分	40分			
作品总分							
评价内容	职业素养与操作规范（30分）						
序号	主要内容	考核要求	评分细则	配分	自评	互评	师评
1	安全操作	（1）应穿工作服、绝缘鞋 （2）能按安全要求使用工具和仪表操作 （3）操作过程中禁止将工具或元件放置在高处等较危险的地方 （4）操作前，未获得教师允许不能通电	（1）没有穿戴防护用品，扣5分 （2）操作前和完成后，未清点工具、仪表、耗材扣2分 （3）操作过程中造成自身或他人人身伤害则取消成绩 （4）未经教师允许私自通电试车取消成绩	10分			
2	规范操作	（1）操作过程中工具与器材摆放规范 （2）操作过程中产生的废弃物按规定处置	（1）操作过程中，乱摆放工具、仪表、耗材，乱丢杂物扣5分 （2）完成任务后不按规定处置废弃物扣5分	10分			
3	文明操作	（1）操作完成后须清理现场 （2）在规定的工作范围内完成，不影响其他人 （3）操作结束不得将工具等物品遗留在设备内或器件上 （4）爱惜公共财物，不损坏元件和设备	（1）操作完成后不清理现场扣5分 （2）操作过程中随意走动，影响他人扣2分 （3）操作结束后将工具等物品遗留在设备或元件上扣3分 （4）操作过程中，恶意损坏元件和设备，取消成绩	10分			
职业素养与操作规范总分							
任务总分							

项目拓展训练

电动机故障检修案例1：哪些原因会造成三相交流异步电动机断相？断一相后电动机会出现什么故障现象？断相有什么危害？应怎样处理？

分析研究：三相交流异步电动机断相的可能原因主要有：电动机的定子绕组一相断线或电动机的电源电缆、进线一相断线；三相电动机电源的熔断器一相熔断或一相接触不良；三相电动机的开关、刀开关一相接触不良或一相断开等。

三相交流异步电动机断一相后出现的故障现象是：原来停着的电动机发生断相时，一旦通电不但起动不起来，而且还会发出“嗡嗡”作响的声音，用手拨一下电动机转子的轴，也许电动机能慢慢转动起来；正常运转的电动机，发生断相运行时，若负载不是很大，电动机会继续转动，很难发现是否是断相运行了。

三相交流异步电动机断相运行的危害：若电动机一相断电后仍带额定负载运行，电动机的转子、定子电流将增大，电动机的转子、定子损耗都会显著增加，电动机的发热加剧而造成过热，严重时将烧毁电动机。

运行中的电动机断相后线电流的变化情况：对绕组为星形联结的电动机系列，运行中若一相断线，则另两相的电流会增大，由于$I_{相}=I_{线}$，线电流也增大；对绕组为三角形联结的电动机系列，当电动机重载或满载的情况下，运行中断一相，则另两相的电流同样会增大。但是当电动机轻载（如58%）的情况时，当电动机一相断路，其线电流不会超过电动机的额定值，而某一相的相电流可能超过电动机的额定值（约为额定值的1.5倍），运行时间稍长，电动机会烧坏。

检查处理：加强对运行中设备的巡视以及电动机运行参数的监视，发现电动机发生断相运行时，应尽快起动备用设备运行，及时对发生故障的电动机进行检查处理。正确地选配热继电器作为电动机运行中过载或断相保护装置：对绕组为星形联结的电动机系列，用普通两相或三相热继电器即可正常保护；对绕组为三角形联结的电动机系列，则应装设带断相保护装置的三相热继电器进行过载和断相保护。

电动机故障检修案例2：在选择电动机时，其中电动机额定转速的选择由哪些因素确定？

分析研究：电动机的额定功率大小取决于额定转矩与额定转速的乘积。其中额定转矩的大小又取决于额定磁通与额定电流的乘积。因为额定磁通的大小决定了铁心材料的多少，额定电流的大小决定了绕组用铜的多少，所以电动机的体积是由额定转矩决定的，可见电动机的额定功率正比于它的体积与额定转速的乘积。对于额定功率相同的电动机来说，额定转速越高，体积越小；对于体积相同的电动机来说，额定转速越高，额定功率越大。电动机的用料和成本都与体积有关，额定转速越高，用料越少，成本越低，这就是电动机大都制成具有较高额定转速的缘故。

大多数工作机构的转速都低于电动机的额定转速，因此需要采用传动机构进行减速。当传动机构已经确定时，电动机的额定转速只能根据工作机构要求的转速来确定。为了使过渡过程的能量损耗最小且时间最短，应该选择合适的转速比。过渡过程的能量损耗最小和时间最短的条件是运动系统的动能最小。当转速比小时，电动机的额定转速低，电动机的体积大，因而飞轮矩大；当转速比大时，电动机的额定转速高，电动机的体积小，因而飞轮矩小。在这两种情况下，选择合适的转速比，才能使过渡过程的能量损耗最小和时间最短，符合这种条件的转速比称为最佳速比。

检查处理：为了使电力拖动系统具有最佳速比，传动机构的设计应当同电动机的额定转速选择结合起来进行，还应综合考虑电动机和生产机械两方面的因素来确定。

1）对不需要调速的高、中速生产机械，可选择相应额定转速的电动机，从而省去减速传动机构。

2）对不需要调速的低速生产机械，可选用相应的低速电动机或者传动比较小的减速机构。

3）对经常起动、制动和反转的生产机械，选择额定转速时则应主要考虑缩短起动、制动时间以提高生产率，起动、制动时间的长短主要取决于电动机的飞轮矩和额定转速，应选择较小的飞轮矩和额定转速。

4）对调速性能要求不高的生产机械，可选用多速电动机或者选择额定转速稍高于生产机械的电动机配以减速机构，也可以采用电气调速的电动机拖动系统，在可能的情况下，应优先选用电气调速方案。

5）对调速性能要求较高的生产机械，应使电动机的最高转速与生产机械的最高转速相适应，可以直接采用电气调速。

练习题

一、选择题

1. 转子铁心一般用（　　）mm 厚的硅钢片冲制叠压而成。

A. 0.35　　B. 0.5　　C. 1.0　　D. 2

2. 三相交流异步电动机按照绕组的特点分为两种，分别是（　　）。

A. 笼型异步电动机和绕线转子异步电动机　　B. 异步电动机和同步电动机

C. 交流电动机和直流电动机　　D. 异步电动机与特种电动机

3. 一台三相 2 极 50Hz 的三相交流异步电动机，其同步转速为（　　）r/min。

A. 3000　　B. 1500　　C. 1000　　D. 750

4. 三相交流异步电动机的电磁转矩与（　　）。

A. 电压成正比　　B. 电压二次方成正比

C. 电压成反比　　D. 电压二次方成反比

5. 改变三相交流异步电动机的电源相序是为了使电动机（　　）。

A. 改变旋转方向　　B. 改变转速　　C. 改变功率　　D. 减压起动

6. 把运行中的三相交流异步电动机三相定子绕组出线端的任意两相电源接线对调，电动机的运行状态变为（　　）。

A. 反接制动　　B. 反转运行

C. 先是反接制动随后是反转运行　　D. 停转

7. 三相交流异步电动机旋转磁场的转速与（　　）有关。

A. 负载大小　　B. 电源频率

C. 定子绕组上电压大小　　D. 三相转子绕组所串电阻的大小

8. 三相交流异步电动机调速方法不包括哪种？(　　)

A. 改变频率　　B. 改变极对数　　C. 改变转差率　　D. 改变电压

9. 三相交流异步电动机变极调速的方法一般只适应于(　　)。

A. 笼型异步电动机　　B. 绕线转子异步电动机

C. 同步电动机　　D. 滑差电动机

10. 三相交流异步电动机起动瞬间的转差率是(　　)。

A. 1　　B. 0.02　　C. 大于1　　D. 小于1

二、判断题

1. 三相交流异步电动机不管其转速如何改变，定子绕组上的电压、电流的频率及转子绕组中电动势、电流的频率总是固定不变的。(　　)

2. 交流电动机由于通入的是交流电，因此它的转速也是不断变化的，而直流电动机其转速是恒定不变的。(　　)

3. 三相交流异步电动机只有转子转速和磁场转速存在差异时，才能运行。(　　)

4. 三相交流异步电动机的电磁转矩与电源电压的二次方成正比，因此电压越高电磁转矩越大。(　　)

5. 三相交流异步电动机转子电路的频率随转速的改变而改变，转速越高，则频率越高。(　　)

6. 三相交流异步电动机的额定功率指的是电动机轴上输出的机械功率。(　　)

7. 三相交流异步电动机在空载下起动，起动电流小；在满载下起动，起动电流大。(　　)

8. 三相交流异步电动机的转速与磁极对数有关，磁极对数越多转速越高。(　　)

9. 转差率 s 是分析三相交流异步电动机运行性能的一个重要参数，当电动机转速越快时，则对应的转差率也就越大。(　　)

10. 三相交流异步电动机在运行时，由于某种原因，定子的一相绕组断路，电动机还能继续运行，但是电动机处于很危险的状态，电动机很容易烧坏。(　　)

三、问答题

1. 三相交流异步电动机的特点是什么？

2. 简述三相交流异步电动机的主要结构、各部分的作用及工作原理。

3. 三相交流异步电动机名称中“异步”“感应”“笼型”的含义是什么？

项目二

常用低压电器的认识与检测

项目导入

机床设备一般都由电动机拖动，由于不同的运动形式对电动机控制程序的要求不同，所以必须配备一定的控制元件，以达到控制目的。各种不同的低压电气元件可以起到不同的控制作用，利用低压电气元件可以组成电气控制电路，实现对电动机的控制，满足机床设备的控制要求。

某工厂从设备上拆下来一批低压电器，需要项目组帮忙检修，确认这些低压电器能否正常使用。

项目要求：熟悉常用低压电气元件的外形特点和文字符号；理解低压电器的基本结构、工作原理与安装方法；了解低压电器主要参数的意义及选择方法；掌握低压电器典型故障原因分析与故障排除方法。

本项目共包括六个任务：低压断路器的拆装与检测、熔断器的拆装与检测、热继电器的拆装与检测、时间继电器的拆装与检测、交流接触器的拆装与检测、按钮的拆装与检测。本项目所含知识点如图 2-1 所示。

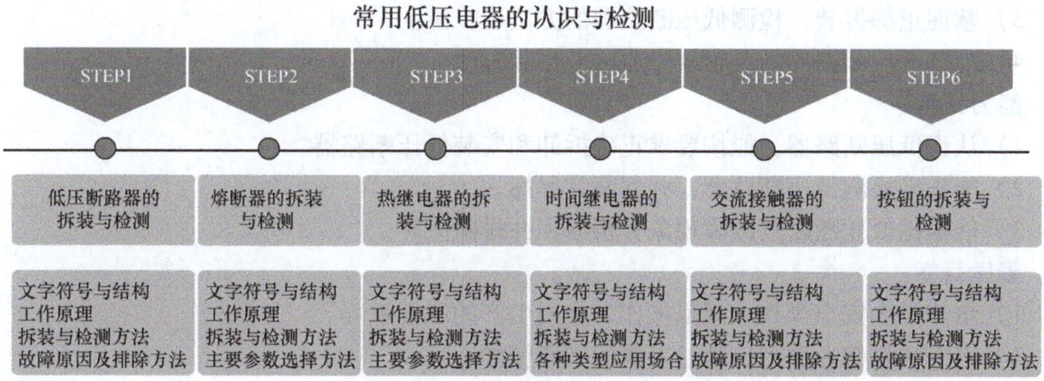

图 2-1　项目二知识点

学有所获

通过完成本项目，学生应达到以下目标：

知识目标：

1. 熟悉常见低压电器的外形特点、图形符号、文字符号与基本结构。
2. 理解常见低压电器的工作原理与安装方法。
3. 掌握低压电器的拆装与检测方法。
4. 了解低压电器的主要参数及选择方法。

5. 理解低压电器常见故障原因及排除方法。

能力目标：

1. 能正确区分常见低压电器，会根据要求正确拆卸和安装低压电器。
2. 能正确检测低压电器，判断其好坏。
3. 能根据参数要求选择合适规格的低压电器。
4. 能正确分析低压电器故障原因，并会排除故障。

素质目标：

1. 培养学生安全操作、规范操作、文明生产的职业素养。
2. 培养学生敬业奉献、精益求精的工匠精神。
3. 培养学生科学分析和解决实际问题的能力。

任务一 低压断路器的拆装与检测

任务描述

按照步骤拆卸和装配低压断路器，检测低压断路器的好坏，根据低压断路器故障现象分析故障原因并排除。

1. 任务目标

知识目标：

1）熟悉低压断路器的外形特点、文字符号与基本结构。
2）理解低压断路器的工作原理与安装方法。
3）掌握正确拆装、检测低压断路器的方法及步骤。
4）理解低压断路器的典型故障原因及排除方法。

能力目标：

1）认识低压断路器，能按要求正确拆卸和安装低压断路器。
2）能正确检测低压断路器，并判断其好坏。
3）能根据低压断路器故障现象分析原因并排除故障。

素质目标：

1）培养学生安全操作、规范操作、文明生产的职业素养。
2）培养学生敬业奉献、精益求精的工匠精神。
3）培养学生科学分析和解决问题的能力。

2. 任务步骤

1）按照步骤拆卸和安装低压断路器。
2）检测低压断路器的好坏。
3）根据低压断路器故障现象分析故障原因并排除。

3. 所需实训工具、仪表和器材

1）工具：螺钉旋具（十字槽、一字槽）、镊子、尖嘴钳、钢丝钳等。
2）仪表：万用表（数字式或指针式均可）、绝缘电阻表。
3）器材：低压断路器若干个。

知识准备

一、低压电器的分类与作用

低压电器指工作在交流电压1200V、直流电压1500V及其以下的电器，其作用是对供电系统进行开关、控制、保护和调节。

输配电系统和控制系统中用到的低压电器种类繁多，按用途和控制对象分为低压配电电器和低压控制电器两大类；按动作原理分为手动电器和自动电器；按结构特点分为有触点电器和无触点电器；目前，有触点电器仍占大多数，随着电子技术的发展，无触点电器的应用也日趋广泛。

1. 低压电器按用途和控制对象分类

（1）低压配电电器

低压配电电器主要用于低压配电系统和动力回路。常用的低压配电电器有：

1）刀开关：包括负荷开关、板形刀开关，主要用于电路的隔离。

2）转换开关：包括组合开关、转换开关，用于两种以上电源的切换。

3）断路器：包括限流断路器、漏电保护开关，主要用于线路的过载、短路或欠电压保护。

4）熔断器：包括瓷插式、螺旋式熔断器，用于线路或电器设备的过载和短路保护。

（2）低压控制电器

低压控制电器主要用于电力传输系统中。常用的低压控制电器有：

1）接触器：包括交流和直流两种，主要用于远距离频繁起动或控制电动机、接通和分断正常工作的电路。

2）继电器：包括中间、时间、电流、电压、速度各种继电器，主要用于控制其他电器或作为主电路的保护装置。

3）主令电器：包括按钮、限位开关、微动开关、万能转换开关，主要用于接通和分断控制电路。

4）其他控制电器：包括起动器、控制器、电阻器、变阻器、电磁铁，种类很多，主要起控制电压、调速、起重和牵引等作用。

2. 低压电器按动作原理分类

（1）手动电器

手动电器的动作是由工作人员手动操纵的，如刀开关、组合开关以及按钮等。

（2）自动电器

自动电器是按照操作指令或参量变化信号自动动作，如接触器、继电器、熔断器和行程开关等。

3. 低压电器按结构特点分类

（1）有触点电器

有触点电器具有可分离的动触点和静触点系统，利用动、静触点的接触与分断，来实现对电路的通断控制。

（2）无触点电器

无触点电器没有触点系统，主要利用半导体器件的开关效应来实现电路的通断控制。

4. 低压电器按工作环境分类

（1）一般用途低压电器

一般用途低压电器是指用于海拔高度不超过2000m，环境温度为－25～40℃，空气相对湿度为90%，安装倾斜度不大于5°，无爆炸危险的介质以及无显著摇动和冲击振动场所的低压电器。

（2）特殊用途低压电器

特殊用途低压电器是指在特殊环境和特殊工作条件下使用的各类低压电器，是在一般用途低压电器的基础上派生而成的，如防爆电器、船舶电器、化工电器、热带电器、高原电器、牵引电器等。

二、常用低压电器的组成与主要技术参数

1. 常用低压电器的组成

从结构上看，低压电器大都由两个基本部分组成，即电磁机构和触点系统。下面以电磁式电器为例予以介绍。

（1）电磁机构

电磁机构又称为磁路系统，其主要作用是将电磁能转化为机械能并带动触点动作从而接通或断开电路。电磁机构的结构形式如图2-2所示。

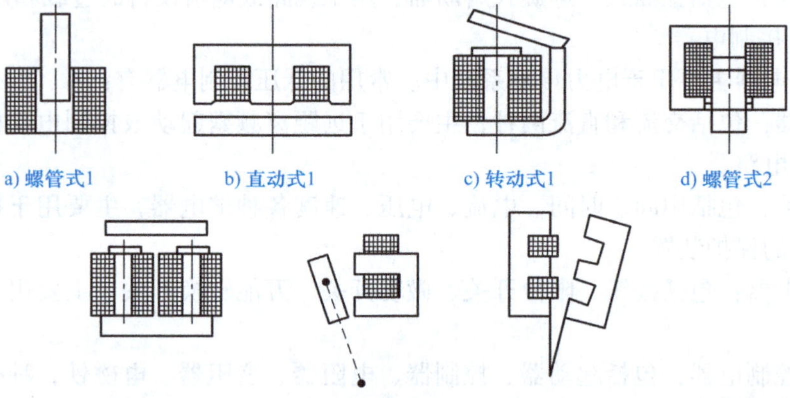

图2-2 电磁机构的结构形式

电磁机构由动铁心（衔铁）、静铁心和电磁线圈三部分组成，其工作原理是：当电磁线圈通电后，线圈电流产生磁场，衔铁获得足够的电磁吸力，克服弹簧的反作用力与静铁心吸合。

（2）触点系统

触点是有触点电器的执行部分，通过触点的闭合、断开控制电路的通断。触点的结构形式有桥式和指式两种，如图2-3所示。

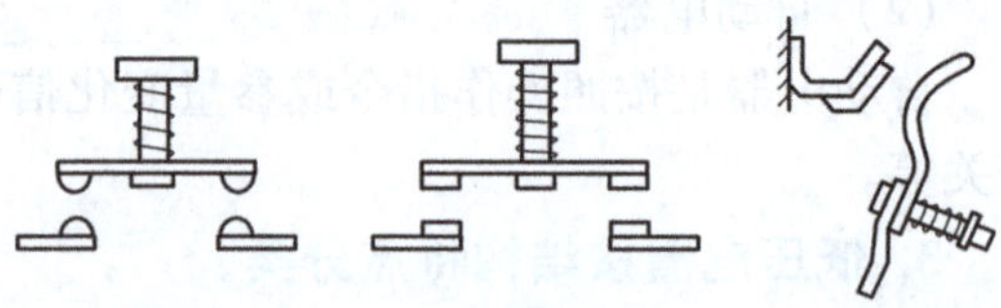

图2-3 触点的结构形式

（3）灭弧系统

1）电弧的概念。开关电器切断电流电路时，触点间电压大于10V，电流超过80mA时，触点间会产生蓝色的光柱，即电弧。

2）电弧的危害如下：

① 电弧延长了切断故障的时间。

② 电弧的高温能将触点烧坏。

③ 高温引起电弧附近电气绝缘材料烧坏。

④ 形成飞弧可造成电源短路事故。

3）灭弧措施。常见的灭弧措施有吹弧、拉弧、长弧割短弧、多断口灭弧、利用介质灭弧、改善触点表面材料等方法。常采用的灭弧装置有灭弧罩、灭弧栅和磁吹灭弧装置，如图 2-4 所示。

a) 磁吹灭弧装置　b) 灭弧罩　c) 灭弧栅

图 2-4　灭弧装置

2. 常用低压电器的主要技术参数

（1）额定绝缘电压

额定绝缘电压是电器最大的额定工作电压，是由电器的结构、材料、耐电压等因素决定的名义电压值。

（2）额定工作电压

额定工作电压是指低压电器在规定条件下长期工作时，能保证电气元件正常工作的电压值，通常是指电气元件主触点的额定电压。有电磁机构的控制电器还规定了吸引线圈的额定电压值。

（3）额定工作电流

额定工作电流是保证电气元件能正常工作的电流值。同一电气元件在不同的使用条件下，有不同的额定工作电流等级。

（4）额定发热电流

额定发热电流是指在规定的条件下，电气元件长期工作，各部分的温度不超过规定的极限值时，所能承受的最大电流值。

（5）通断能力

低压电气元件的通断能力是指在规定的条件下，能可靠接通和分断的最大电流。低压电气元件的通断能力与电气元件的额定工作电压、负载性质、灭弧方法有密切的关系。

（6）电气寿命与机械寿命

低压电气元件的电气寿命是指电气设备保持或基本保持原有性能的时间。机械寿命是电器的抗机械磨损能力，可用有关产品标准规定的空载循环（即主触点不通电流）次数来表征。

三、开关电器的应用

开关是最为普通的电器之一，其作用是分合电路、开断电流。常用的开关有刀开关、组合开关等。

1. 刀开关

刀开关是一种手动配电电器，主要用来隔离电源或手动接通与断开交直流电路，也可用于不频繁地接通与分断负载，如小型电动机、电炉等。

刀开关是最经济但技术指标偏低的一种开关。刀开关也称开启式负荷开关。

（1）刀开关的结构、图形与文字符号

刀开关的结构主要有与操作瓷柄相连的动触刀、静触点刀座、熔丝、进线及出线座，这些导电部分都固定在瓷底板上，且用胶盖盖着。所以当闸刀合上时，操作人员不会触及带电部分。刀开关的外形与结构图如图 2-5 所示。

胶盖还具有下列保护作用：

1）将各极隔开，防止因极间飞弧导致电源短路。

2）防止电弧飞出盖外，灼伤操作人员。

3）防止金属零件掉落在闸刀上形成极间短路。熔丝的装设，又提供了短路保护功能。

刀开关的图形与文字符号如图 2-6 所示。

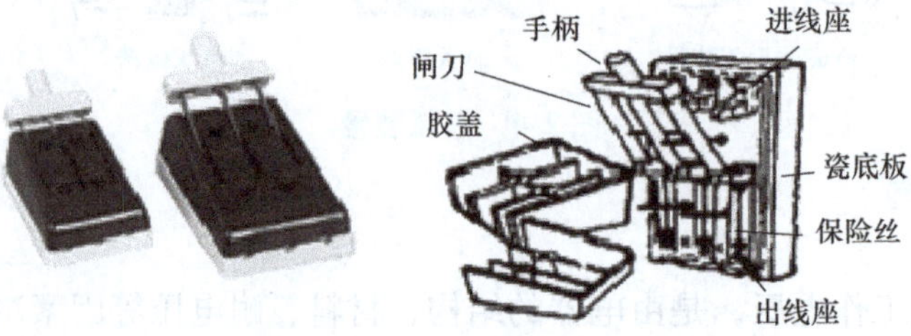

图 2-5 刀开关的外形与结构图

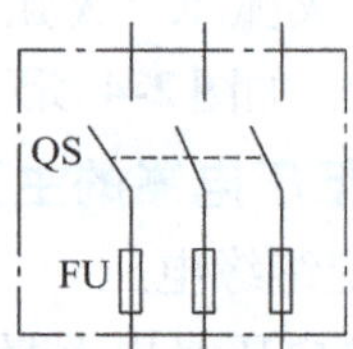

图 2-6 刀开关的图形与文字符号

（2）刀开关技术参数与选择

刀开关种类很多，有两极的（额定电压 250V）和三极的（额定电压 380V），额定电流由 10A 至 100A 不等，其中 60A 及以下的才可用来控制电动机。常用的刀开关型号有 HK1、HK2 系列。表 2-1 列出了 HK2 系列胶盖刀开关的部分技术数据。

表 2-1 HK2 系列胶盖刀开关的部分技术数据

额定电压/V	额定电流/A	极数	最大分断电流（熔断器极限分断电流）/A	控制电动机功率/kW	机械寿命/万次	电寿命/万次
250	10	2	500	1.1	10000	2000
	15	2	500	1.5		
	30	2	1000	3.0		
380	15	3	500	2.2	10000	2000
	30	3	1000	4.0		
	60	3	1000	5.5		

正常情况下，刀开关一般能接通和分断其额定电流，因此，对于普通负载可根据负载的额定电流来选择刀开关的额定电流。对于用刀开关控制电动机时，考虑其起动电流可达 4 ~7 倍的额定电流，宜选择刀开关的额定电流为电动机额定电流的 3 倍左右。

（3）使用刀开关时的注意事项

1）将其垂直地安装在控制屏或开关板上，不可随意搁置。

2）进线座应在上方，接线时不能把它与出线座搞反，否则在更换熔丝时将会发生触电事故。

3）更换熔丝前必须先拉开闸刀，并换上与原熔丝规格相同的新熔丝，同时还要防止新熔丝受到机械损伤。

4）若胶盖和瓷底座损坏或胶盖失落，刀开关就不可以再使用，以防止产生安全事故。

2. 封闭式开关熔断器组

封闭式开关熔断器组也称封闭式负荷开关，它由安装在铸铁或钢板制成的外壳内的刀式触点、灭弧系统、熔断器以及操作机构等组成，封闭式开关熔断器组的外形与结构图如图 2-7 所示。

与刀开关相比它有以下特点：

1）触点设有灭弧室（罩），电弧不会喷出，可不必顾虑会发生相间短路事故。

2）熔丝的分断能力高，一般为 5kA，高者可达 50kA 以上。

3）操作机构为储能合闸式，且有机械联锁装置。前者可使开关的合闸和分闸速度与操作速度无关，从而改善开关的动作性能和灭弧性能；后者则保证了在合闸状态下打不开箱盖及箱盖未关妥前合不上闸，提高了安全性。

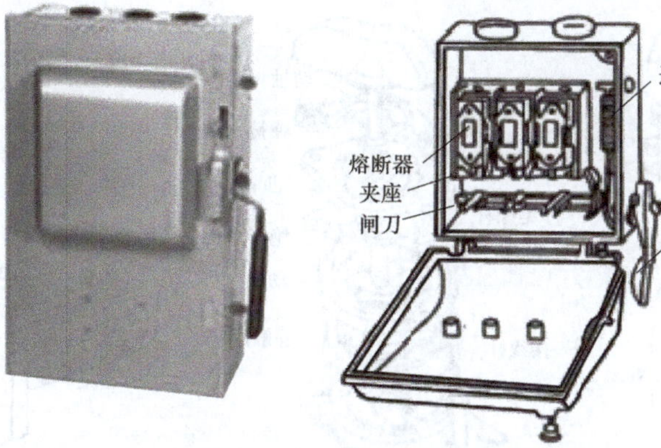

图 2-7　封闭式开关熔断器组的外形与结构图

4）有坚固的封闭外壳，可保护操作人员免受电弧灼伤。

封闭式开关熔断器组有 HH3、HH4、HH10、HH11 等系列，其额定电流有 10A 到 400A 可供选择，其中 60A 及以下的可用于电动机的全压起动控制开关。

用封闭式开关熔断器组控制电加热和照明电路时，其额定电流可按电路的额定电流选择。用于控制电动机时，由于开关的通断能力为 $4I_N$，而电动机全压起动电流却在 4 ~7 倍额定电流以上，故开关的额定电流应为电动机额定电流的 1.5 倍以上。

封闭式开关熔断器组选择的两条原则：

① 结构形式的选择。应根据封闭式开关熔断器组的作用和装置的安装形式来选择是否带灭弧装置。如开关用于分断负载电流时，应选择带灭弧装置的封闭式开关熔断器组。

② 额定电流的选择。额定电流一般应等于或大于所分断电路中各个负载电流的总和。对于电动机负载，应考虑其起动电流，所以应选比额定电流大一级的封闭式开关熔断器组。

3. 转换开关和万能转换开关

（1）转换开关

转换开关又称组合开关，是一种多档位、多触点并能够控制多回路的主令电器。转换开关实质上是一种特殊刀开关，一般刀开关的操作手柄是在垂直安装面的平面内向上或向下转动，而组合开关的操作手柄则是在平行于安装面的平面内向左或向右转动。组合开关多用在机床电气控制电路中，作为电源的引入开关，也可以用作不频繁地接通和断开电路、换接电源和负载以及控制 5kW 以下的小容量电动机的正反转和星形、三角形起动等。HZ10 系列组合开关的外形、符号与结构如图 2-8 所示。

（2）万能转换开关

万能转换开关是比组合开关有更多的操作位置和触点，能够接多个电路的一种手动控制电器。由于档位和触点多，万能转换开关可控制多个电路，能适应复杂线路的要求，图 2-9 为 LW12 型万能转换开关，它是由多组相同结构的触点叠装而成，在触点盒的上方有操作机构。由于扭转弹簧的储能作用，操作呈现了瞬时动作的性质，故触点分断迅速，不受操作速度的影响。

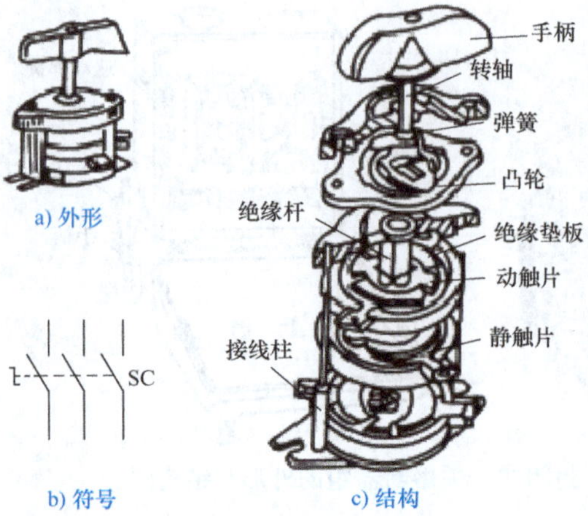

图2-8 HZ10 系列组合开关的外形、符号与结构

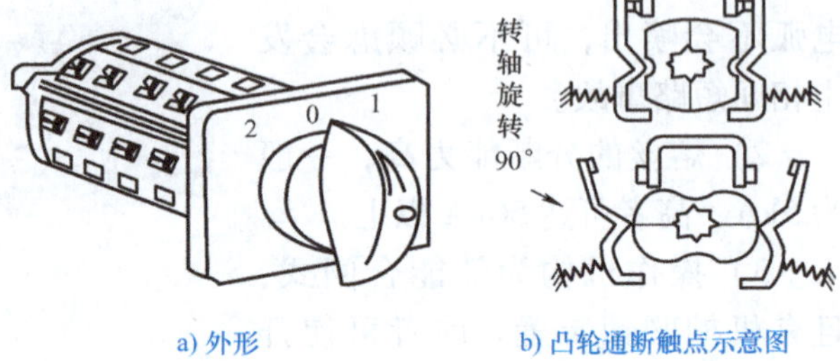

图 2-9 LW12 型万能转换开关

万能转换开关的画法如图 2-10 所示。图中虚线表示操作位置，不同操作位置的各对触点通断状态与触点下方或右侧对应，规定用与虚线相交位置上的涂黑圆点表示接通，没有涂黑圆点表示断开。另一种是用触点通断状态表来表示，表中以“+”（或“×”）表示触点闭合，“-”（或无记号）表示分断。

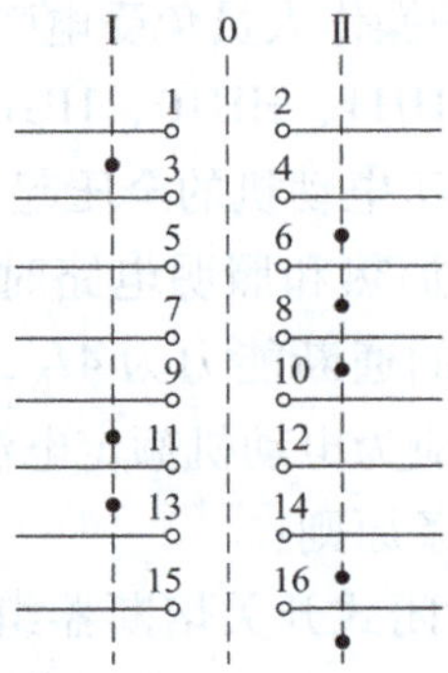

触点标号	Ⅰ	0	Ⅱ
1–2	×		
3–4			×
5–6			×
7–8			×
9–10	×		
11–12	×		
13–14			×
15–16			×

图 2-10 万能转换开关的画法

四、低压断路器认识

1. 低压断路器概述

低压断路器又称自动空气开关，它既能带负荷通断电路，又能在失电压、短路和过负荷时自动跳闸，保护线路和电气设备。它是低压配电网络和电力拖动系统中常用的重要保护电器之一。

（1）DZ 系列断路器的结构和工作原理

DZ5-20 型塑壳式低压断路器的外形结构如图 2-11 所示。断路器主要由动触点、静触点、灭弧装置、操作机构、热脱扣器及外壳等部分组成。

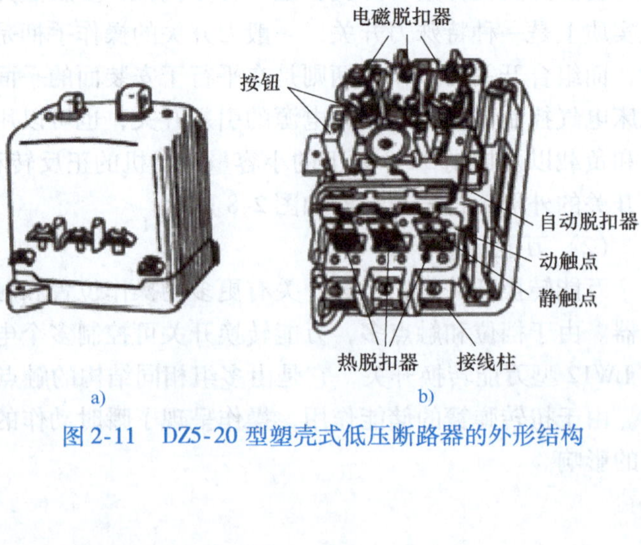

图 2-11 DZ5-20 型塑壳式低压断路器的外形结构

断路器的工作原理图如图 2-12 所示，在正常情况下，断路器的主触点是通过操作机构手动或电动合闸的。若要正常切断电路，应操作分励脱扣器 4。断路器的自动分断，

是由过电流脱扣器 3、热脱扣器 5 和失电压脱扣器 6 完成的。当电路发生短路或过电流故障时，过电流脱扣器 3 衔铁被吸合，使自由脱扣机构 2 的钩子脱开，断路器触点分离，及时有效地切断高达数十倍额定电流的故障电流。当线路发生过载时，过载电流通过热脱扣器 5 使触点断开，从而起到过载保护作用。当电网电压过低或为零时，失电压脱扣器 6 的衔铁被释放，自由脱扣机构 2 动作，使断路器触点分离，从而在过电流与零压、欠电压时保证了电路及电路中设备的安全。根据不同的用途，断路器可配备不同的脱扣器。断路器的图形与文字符号如图 2-13 所示。

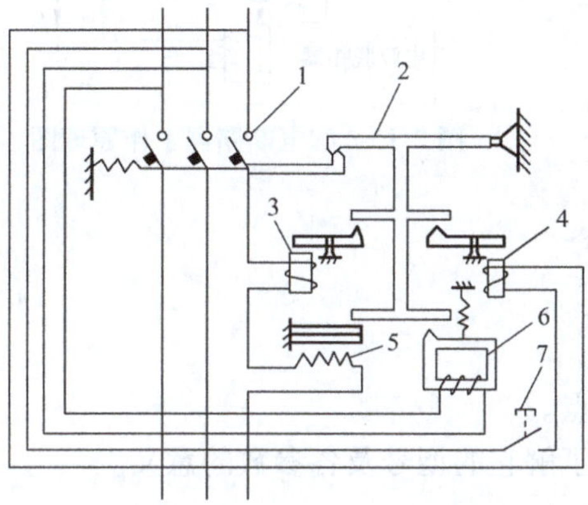

图 2-12　断路器的工作原理图

1—主触点　2—自由脱扣机构　3—过电流脱扣器
4—分励脱扣器　5—热脱扣器　6—失电压脱扣器　7—按钮

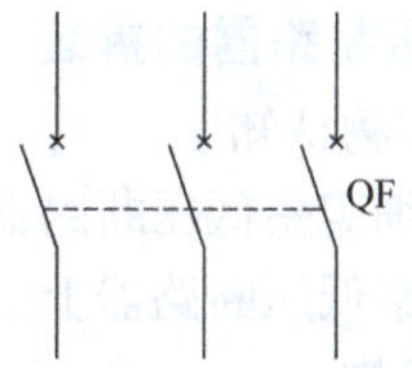

图 2-13　断路器的图形与文字符号

（2）低压断路器型号

低压断路器型号的含义如图 2-14 所示。

2. 低压断路器的选用

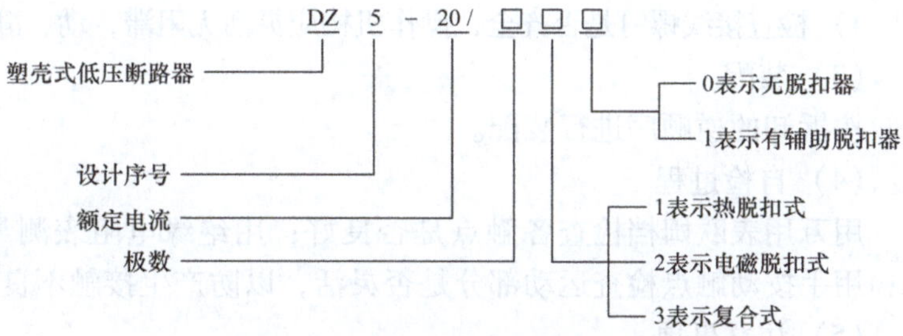

图 2-14　低压断路器型号的含义

1）断路器的额定电压和额定电流应不小于电路的额定电压和最大工作电流。

2）热脱扣器的整定电流与所控制负载的额定电流一致。电磁脱扣器的瞬时脱扣整定电流应大于负载电路正常工作时的最大电流。对于单台电动机来说，电磁脱扣器的瞬时脱扣整定电流 I_Z 可按下式计算：

$$I_Z \geqslant kI_q$$

式中，k 为安全系数，一般取 1.5～1.7；I_q 为电动机的起动电流。

对于多台电动机来说，I_Z 可按下式计算：

$$I_Z \geqslant kI_{qmax}$$

式中，k 也可取 1.5～1.7；I_{qmax} 为其中一台起动电流最大的电动机的起动电流。

3. 带漏电保护的断路器

1）漏电断路器作用：主要用于当发生漏电或人身触电时，能迅速切断电源，保障人身安全，防止触电事故。有的漏电保护器还兼有过载、短路保护，用于不频繁起、停电动机。

2）漏电断路器的工作原理：当正常工作时，不论三相负载是否平衡，通过零序电流互感器主电路的三相电流相量之和均等于零，故其二次绕组中无感应电动势产生，漏电保护器处于闭合状态。如果发生漏电或触电事故，三相电流相量之和便不再等于零，而等于某一电流值 I_s。I_s 会通过人体、大地、变压器中性点形成回路，这样零序电流互感器二次侧产生与 I_s 对应的感应电动势加到脱扣器上，当 I_s 达到一定值时，脱扣器动作，推动主开关的锁扣，分断主电路。漏电断路器工作原理图如图 2-15 所示。

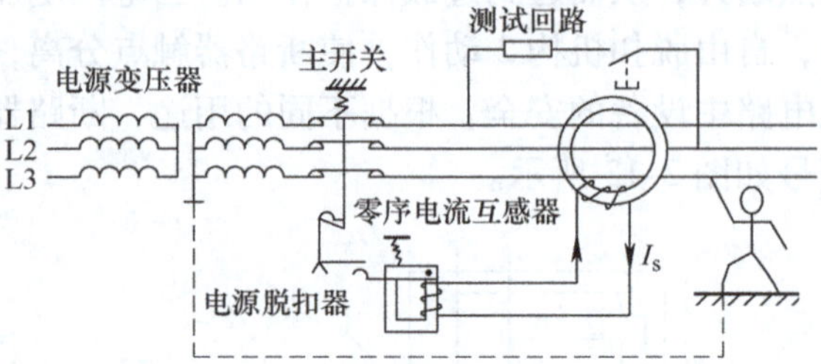

图 2-15 漏电断路器工作原理图

五、低压断路器的拆装与检测

1. 低压断路器的拆装

（1）实物认知

1）仔细观察低压断路器的外形、结构特点。

2）观察低压断路器上的铭牌及说明书，了解它的型号及各参数的意义。

（2）拆卸

拆卸低压断路器，检查以下项目：

1）用手按压各触点，观察各触点的分断情况。

2）检查触点的磨损程度，磨损严重时应更换触点。若不需更换，则清除触点表面上烧毛的颗粒。

3）检查触点压力弹簧及反作用弹簧是否变形或弹力不足，如有需要则更换弹簧。

4）检查接线螺钉是否齐全，操作机构应灵活无阻滞，动、静触点应分、合迅速，松紧一致。

（3）装配

按拆卸的逆顺序进行装配。

（4）自检过程

用万用表欧姆档检查各触点是否良好；用绝缘电阻表测量各触点对地电阻是否符合要求；用手按动触点检查运动部分是否灵活，以防产生接触不良、振动和噪声。

（5）注意事项

1）拆卸过程中，应备有盛放零件的容器，以免丢失零件。

2）拆装过程中不允许硬撬，以免损坏电器。

2. 低压断路器的检测

（1）外观检测

观察低压断路器外观有无损伤，检查接线螺钉是否齐全，操作机构是否灵活无阻滞，动、静触点是否分、合迅速，松紧一致。

（2）接触电阻检测

1）操作低压断路器，将低压断路器的操作机构打到“on”方向，此时，低压断路器是闭合状态，各触点应全部接通。用万用表电阻档测量每相触点之间的接触电阻，显示电阻值应为0。

2）将低压断路器的操作机构打到“off”方向，低压断路器是断开状态，此时，各触点应全部断开。用万用表电阻档测量每相触点之间的接触电阻，显示电阻值应为无穷大。

（3）绝缘电阻检测

用万用表测量低压断路器每两相触点之间的绝缘电阻。

3. 低压断路器常见故障现象与处理方法

低压断路器常见故障现象与处理方法见表2-2。

表2-2　低压断路器常见故障现象与处理方法

故障现象	可能原因	处理方法
手动操纵断路器，触点不能闭合	（1）失电压脱扣器无电压或线圈烧坏 （2）储能弹簧变形，导致闭合力减小 （3）反作用弹簧力过大 （4）机构不能复位再扣	（1）加上电压或更换线圈 （2）更换储能弹簧 （3）重新调整 （4）调整脱扣器至规定值
电动操纵断路器，触点不能闭合	（1）电源电压不符或容量不够 （2）电磁铁拉杆行程不够 （3）电动机操作定位开关失灵 （4）控制器中整流管或电容器损坏	（1）更换电源 （2）重新调整或更换拉杆 （3）重新调整 （4）更换整流管或电容器
触点闭合后断相	（1）断路器一相连杆断裂 （2）限流断路器拆开机构的可拆连杆之间的角度变大 （3）锁扣杆不到位	（1）更换连杆 （2）调整角度至原技术条件规定的值 （3）调整连杆在方轴部位的锁扣杆角度
分励脱扣器不能使断路器分断	（1）线圈短路 （2）电源电压过低 （3）脱扣器整定值太大	（1）更换线圈 （2）调整电源电压至额定值 （3）重新调整脱扣值或更换断路器
欠电压脱扣器不能使断路器分断	（1）弹簧力变小 （2）若属于储能释放，则储能弹簧力变小 （3）机构卡死	（1）调整弹簧 （2）调整储能弹簧 （3）消除卡死原因
电动机起动时，断路器立即分断	（1）过电流脱扣器瞬时整定电流太小 （2）空气式脱扣器阀门失灵或橡胶膜破裂	（1）调整过电流脱扣器瞬时整定电流 （2）修复阀门或更换橡胶膜
断路器工作一段时间后分断	（1）电流脱扣器长延时整定值不符 （2）热元件或半导体延时电路元器件损坏	（1）重新调整 （2）更换热元件或延时电路元器件
欠电压脱扣器噪声大	（1）弹簧力太大 （2）铁心工作面有污物 （3）短路环断裂 （4）连接导线紧固螺钉松动	（1）调整弹簧 （2）清除污物 （3）更换衔铁或铁心 （4）更换断路器紧固螺钉
辅助触点不通	（1）辅助开关动触桥卡死或脱落 （2）辅助开关传动杆断裂或滚轮脱落	（1）重新调整、装配 （2）更换传动杆或滚轮，或更换整个辅助开关
半导体过电流脱扣器误动作使断路器断开	（1）半导体自身故障 （2）周围强磁场引起半导体脱扣器误触发	（1）按脱扣器电路原理检查故障，并予以修复 （2）检查脱扣器误触发原因，并采取相应的屏蔽措施或改进电路

任务实施

低压断路器的拆装与检测任务单见表2-3。

表 2-3　低压断路器的拆装与检测任务单

<table>
<tr><td colspan="2">项目二　常用低压电器的认识与检测</td><td colspan="2">日期：</td></tr>
<tr><td>班级：</td><td>学号：</td><td colspan="2">指导教师签字：</td></tr>
<tr><td colspan="2">小组成员：</td><td colspan="2"></td></tr>
<tr><td colspan="4">任务一　低压断路器的拆装与检测</td></tr>
<tr><td colspan="4">操作要求：1. 正确掌握常见电工工具的使用方法
2. 严格参照低压电器检测步骤与要求
3. 良好的“7S”工作习惯</td></tr>
<tr><td colspan="4">1. 工具、设备准备：</td></tr>
<tr><td colspan="4">2. 制订工作计划及组员分工：</td></tr>
<tr><td colspan="4">3. 工作现场安全准备、检查：</td></tr>
<tr><td colspan="4">4. 低压断路器的拆装</td></tr>
<tr><td>操作项目</td><td colspan="2">步　　骤</td><td>完成情况</td></tr>
<tr><td rowspan="2">实物认知</td><td colspan="2">（1）仔细观察低压断路器的外形、结构特点</td><td>□完成□未完成</td></tr>
<tr><td colspan="2">（2）看低压断路器上的铭牌及说明书，了解它的型号及各参数的意义</td><td>□完成□未完成</td></tr>
<tr><td rowspan="3">拆卸、检测内容</td><td colspan="2">（1）检查接线螺钉是否齐全，操作机构是否灵活无阻滞</td><td>□完成□未完成</td></tr>
<tr><td colspan="2">（2）动、静触点是否分、合迅速，松紧一致</td><td>□完成□未完成</td></tr>
<tr><td colspan="2">（3）检查触点的磨损程度，磨损严重时应更换触点。若不需更换，则清除触点表面上烧毛的颗粒</td><td>□完成□未完成</td></tr>
<tr><td rowspan="3">装配后自检</td><td colspan="2">（1）用万用表欧姆档检查各触点是否良好</td><td>□完成□未完成</td></tr>
<tr><td colspan="2">（2）用绝缘电阻表测量各触点对地电阻是否符合要求</td><td>□完成□未完成</td></tr>
<tr><td colspan="2">（3）用手按动触点检查运动部分是否灵活，以防产生接触不良、振动和噪声</td><td>□完成□未完成</td></tr>
</table>

<table>
<tr><td colspan="6">拆装结果记录</td></tr>
<tr><td>型号</td><td></td><td>极数</td><td></td><td>额定电流</td><td></td></tr>
<tr><td colspan="2">部件名称</td><td colspan="2">作用</td><td colspan="2">外观是否正常</td></tr>
<tr><td colspan="2"></td><td colspan="2"></td><td colspan="2"></td></tr>
<tr><td colspan="2"></td><td colspan="2"></td><td colspan="2"></td></tr>
<tr><td colspan="2"></td><td colspan="2"></td><td colspan="2"></td></tr>
<tr><td colspan="2"></td><td colspan="2"></td><td colspan="2"></td></tr>
</table>

（续）

5. 低压断路器的检测

操作项目	步骤	完成情况
外观检测	（1）观察外观无损伤	□完成□未完成
	（2）检查接线螺钉是否齐全，操作机构应灵活无阻滞，动、静触点应分、合迅速，松紧一致	□完成□未完成
接触电阻检测	（1）将低压断路器的操作机构打到“on”方向，用万用表电阻档测量每相触点之间的电阻	□完成□未完成
	（2）将低压断路器的操作机构打到“off”方向，用万用表电阻档测量每相触点之间的电阻	□完成□未完成
绝缘电阻检测	用万用表测量每两相触点之间的电阻	□完成□未完成

检测记录

型号			极数		
外观	□正常 □不正常		操作机构	□灵活 □不灵活	
分闸时触点接触电阻			合闸时触点接触电阻		
L1	L2	L3	L1	L2	L3
相间绝缘电阻					
L1－L2		L2－L3		L3－L1	

6. 若在检测过程中低压断路器出现故障，请列举故障现象、故障原因及处理方法

故障现象	可能原因	处理方法	备注

7. 总结本次任务重点和要点：

8. 本次任务所存在的问题及解决方法：

任务评价

低压断路器的拆装与检测的考核评价表见表 2-4。

表 2-4 低压断路器的拆装与检测考核评价表

<table>
<tr><td colspan="4">项目二 常用低压电器的认识与检测</td><td colspan="4">日期：</td></tr>
<tr><td colspan="8">任务一 低压断路器的拆装与检测</td></tr>
<tr><td colspan="3">自评：□熟练□不熟练</td><td>互评：□熟练□不熟练</td><td colspan="2">师评：□熟练□不熟练</td><td colspan="2">指导教师签字：</td></tr>
<tr><td>评价内容</td><td colspan="7">作品（70 分）</td></tr>
<tr><td>序号</td><td>主要内容</td><td>考核要求</td><td>评分细则</td><td>配分</td><td>自评</td><td>互评</td><td>师评</td></tr>
<tr><td>1</td><td>实物认知</td><td>认识低压断路器，知道低压断路器型号及各参数的意义</td><td>（1）不认识低压断路器扣 5 分
（2）型号与参数意义不熟练扣 5～10 分</td><td>10 分</td><td></td><td></td><td></td></tr>
<tr><td>2</td><td>拆卸和装配</td><td>准备好工具器材，做好拆卸的有关记录工作</td><td>（1）拆卸步骤及方法不正确，每次扣 5 分
（2）拆装不熟练扣 5～10 分
（3）丢失零部件，每件扣 10 分
（4）拆卸不能组装扣 15 分
（5）损坏零部件扣 20 分</td><td>20 分</td><td></td><td></td><td></td></tr>
<tr><td>3</td><td>检测</td><td>按正确步骤和要求检测低压断路器，做好检测的有关记录工作</td><td>（1）未进行检测扣 30 分
（2）检测步骤及方法不正确，每次扣 5 分
（3）检测结果不正确，每次扣 5 分
（4）扩大故障（无法修复）扣 30 分</td><td>30 分</td><td></td><td></td><td></td></tr>
<tr><td>4</td><td>故障原因分析与处理</td><td>能根据故障现象，分析故障原因，找到正确的处理方法</td><td>（1）不能进行故障原因分析扣 10 分
（2）分析原因不正确扣 5～10 分
（3）处理方法不正确扣 5～10 分</td><td>10 分</td><td></td><td></td><td></td></tr>
<tr><td colspan="5">作品总分</td><td></td><td></td><td></td></tr>
<tr><td>评价内容</td><td colspan="7">职业素养与操作规范（30 分）</td></tr>
<tr><td>序号</td><td>主要内容</td><td>考核要求</td><td>评分细则</td><td>配分</td><td>自评</td><td>互评</td><td>师评</td></tr>
<tr><td>1</td><td>安全操作</td><td>（1）应穿工作服、绝缘鞋
（2）能按安全要求使用工具和仪表操作
（3）操作过程中禁止将工具或元件放置在高处等较危险的地方
（4）拆装后，按要求进行自检</td><td>（1）没有穿戴防护用品扣 5 分
（2）操作前和完成后，未清点工具、仪表、耗材扣 2 分
（3）操作过程中造成自身或他人人身伤害则取消成绩
（4）元件拆装完不自检扣 10 分</td><td>10 分</td><td></td><td></td><td></td></tr>
</table>

（续）

序号	主要内容	考 核 要 求	评 分 细 则	配分	自评	互评	师评
2	规范操作	（1）操作过程中工具与器材摆放规范 （2）操作过程中产生的废弃物按规定处置	（1）操作过程中，乱摆放工具、仪表、耗材，乱丢杂物扣5分 （2）完成任务后不按规定处置废弃物扣5分	10分			
3	文明操作	（1）操作完成后须清理现场 （2）在规定的工作范围内完成，不影响其他人 （3）操作结束不得将工具等物品遗留在设备内或元件上 （4）爱惜公共财物，不损坏元件和设备	（1）操作完成后不清理现场扣5分 （2）操作过程中随意走动，影响他人扣2分 （3）操作结束后将工具等物品遗留在设备或元件上扣3分 （4）操作过程中，恶意损坏元件和设备，取消成绩	10分			
职业素养与操作规范总分							
任务总分							

任务二　熔断器的拆装与检测

任务描述

按照步骤拆卸和装配熔断器，检测熔断器的好坏，分析故障原因，根据给定的参数选择合适规格的熔断器。

1. 任务目标

知识目标：

1）熟悉熔断器的外形特点、图形符号、文字符号与基本结构。
2）理解熔断器的工作原理与安装方法。
3）掌握正确拆装与检测熔断器的方法及步骤。
4）了解熔断器的主要参数及选择方法。

能力目标：

1）认识熔断器，能按要求正确拆卸和安装熔断器。
2）能正确检测熔断器，并判断其好坏。
3）能根据参数要求选择合适规格的熔断器。

素质目标：

1）培养学生安全操作、规范操作、文明生产的职业素养。
2）培养学生敬业奉献、精益求精的工匠精神。
3）培养学生科学分析和解决问题的能力。

2. 任务步骤

1）按照步骤拆卸和安装熔断器。

项目一
项目二
项目三
项目四
项目五
项目六
项目七
参考文献

2）检测熔断器的好坏，分析故障原因。

3）根据给定的参数选择合适规格的熔断器。

3. 所需实训工具、仪表和器材

1）工具：螺钉旋具（十字槽、一字槽）、镊子、尖嘴钳、钢丝钳等。

2）仪表：万用表（数字式或指针式均可）、绝缘电阻表。

3）器材：根据实际情况准备插入式熔断器、螺旋式熔断器若干个。

知识准备

一、熔断器认识

熔断器是低压配电网络和电力拖动系统中主要用作短路保护的电器。熔断器是串联在被保护电路中的，当电路电流超过一定值时，熔体因发热而熔断，使电路被切断，从而起到保护作用。熔体的热量与通过熔体电流的二次方及持续通电时间成正比，当电路短路时，电流很大，熔体急剧升温，立即熔断；当电路中电流值等于熔体额定电流时，熔体不会熔断，所以熔断器可用于短路保护。

1. 熔断器的结构、类型与用途

常用的熔断器外形如图 2-16 所示。

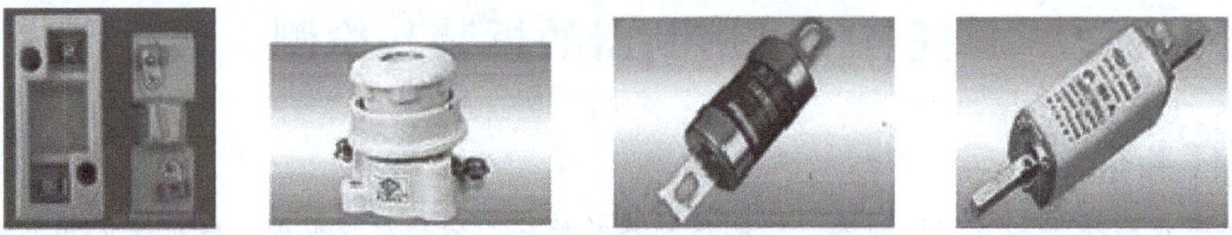

a) 瓷插式　b) 螺旋式　c) 无填料密封管式　d) 有填料密封管式

图 2-16　常用的熔断器外形

RC1A 系列熔断器如图 2-16a 所示，它结构简单，由熔断器瓷底座和瓷盖两部分组成。熔丝用螺钉固定在瓷盖内的铜闸片上，使用时将瓷盖插入底座，拔下瓷盖便可更换熔丝。由于该熔断器使用方便、价格低廉从而应用广泛。RC1A 系列熔断器主要用于交流 380V 及以下的电路末端作线路和用电设备的短路保护，在照明线路中还可起过载保护作用。RC1A 系列熔断器额定电流为 5～200A，极限分断能力较差，由于该熔断器为半封闭结构，熔丝熔断时有声光现象，易燃易爆的工作场合应禁止使用。

RL1 系列熔断器如图 2-16b 所示，它由瓷帽、瓷套、熔断管和瓷座等组成，其结构如图 2-17 所示。熔断管内装有石英砂、熔丝和带小红点的熔断指示器。当从瓷帽玻璃窗口观测到带小红点的熔断指示器自动脱落时，表示熔丝熔断了。熔断管的额定电压为交流 500V，额定电流为 2～200A。该熔断器常用于机床控制电路（但安装时注意上下

a)　b)

图 2-17　RL1 系列熔断器结构

接线端接法）。

RM10 系列熔断器如图 2-16c 所示，它由熔断管、熔体及插座组成。熔断管为钢纸制成，两端为黄铜制成的可拆式管帽，管内熔体为变截面的熔片，更换熔体较为方便。RM10 系列熔断器的极限分断能力比 RC1A 系列熔断器有所提高，适用于小容量配电设备。

RT0 系列熔断器如图 2-16d 所示，它由熔断管、熔体及插座组成。熔断管为白瓷质的，与 RM10 熔断器类似，但管内填充石英砂，石英砂在熔体熔断时起灭弧作用，在熔断管的一端还设有熔断指示器。该系列熔断器的分断能力比同容量的 RM10 系列熔断器大 2.5 ~4 倍。RT0 系列熔断器适用于短路电流大的电路或有易燃气体的场所。

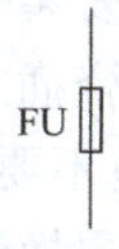

图 2-18　熔断器的图形与文字符号

熔断器的图形与文字符号如图 2-18 所示。

2. 熔断器型号的含义

熔断器型号的含义如图 2-19 所示。

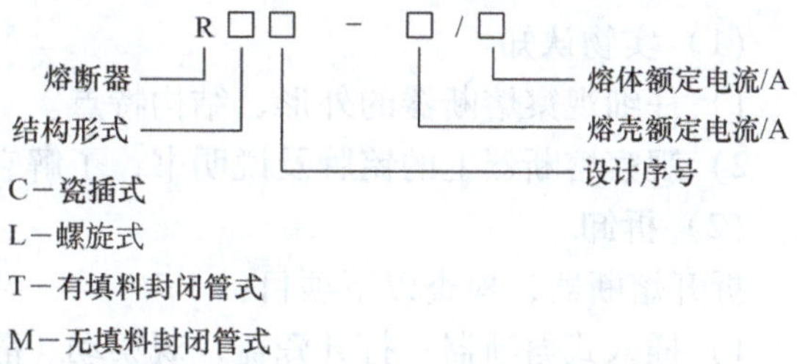

图 2-19　熔断器型号的含义

3. 熔断器的选用

对熔断器的要求是：在电气设备正常运行时，熔断器不应熔断；在出现短路时，应立即熔断；在电流发生正常变动（如电动机起动过程）时，熔断器不应熔断；在用电设备持续过载时，应延时熔断。对熔断器的选用主要包括类型选择和熔体额定电流的确定。

选择熔断器的类型时，主要依据负载的保护特性和短路电流的大小。例如，用于保护照明和电动机的熔断器，一般是考虑它们的过载保护，这时，希望熔断器的熔化系数适当小些。所以容量较小的照明线路和电动机宜采用熔体为铅锌合金的 RC1A 系列熔断器，而大容量的照明线路和电动机，除过载保护外，还应考虑短路时分断短路电流的能力。当短路电流较小时，可采用熔体为锡质的 RC1A 系列或熔体为锌质的 RM10 系列熔断器。用于车间低压供电线路的保护熔断器，一般是考虑短路时的分断能力。当短路电流较大时，宜采用具有高分断能力的 RL1 系列熔断器。当短路电流相当大时，宜采用有限流作用的 RT0 系列熔断器。

熔断器的额定电压要大于或等于电路的额定电压。熔断器的额定电流要依据负载情况而选择：

1）电阻性负载或照明电路，这类负载起动过程很短，运行电流较平稳，一般按负载额定电流的 1 ~1.1 倍选用熔体的额定电流，进而选定熔断器的额定电流。

2）电动机等感性负载，这类负载的起动电流为额定电流的 4 ~7 倍，一般选择熔体的额定电流为电动机额定电流的 1.5 ~2.5 倍。这样来说，熔断器难以起到过载保护作用，而只能用作短路保护，过载保护应用热继电器才行。

对于多台电动机，要求

$$I_{FU} \geqslant (1.5 \sim 2.5) I_{Nmax} + \sum I_N$$

式中，I_{FU} 为熔体额定电流（A）；I_{Nmax} 为最大一台电动机的额定电流（A）。

3）为防止发生越级熔断，上、下级（供电干、支线）熔断器间应有良好的协调配合，为此，应使上一级（供电干线）熔断器的熔体额定电流比下一级（供电支线）大 1 ~2 个级差。

4. 熔断器的使用注意事项及维护

1）应正确选用熔体和熔断器。对不同性质的负载，如照明电路、电动机电路的主电路和控制电路等，应尽量分别保护，装设单独的熔断器。

2）安装螺旋式熔断器时，必须注意将电源线接到瓷底座的下接线端，以保证安全。

3）瓷插式熔断器安装熔丝时，熔丝应顺着螺钉旋紧方向绕过去，同时应注意不要划伤熔丝，也不要把熔丝绷紧，以免减小熔丝截面尺寸或插断熔丝。

4）更换熔体时应切断电源，并应换上相同额定电流的熔体，不能随意加大熔体。

二、熔断器的拆装与检测

1. 熔断器的拆装

（1）实物认知

1）仔细观察熔断器的外形、结构特点。

2）观察熔断器上的铭牌及说明书，了解它的型号及各参数的意义。

（2）拆卸

拆开熔断器，检查以下项目：

1）插入式熔断器：打开瓷盖，观察动、静触点的螺钉是否齐全、牢固，熔体选择是否合适；瓷盖闭合后是否牢固，不易脱落。

2）螺旋式熔断器：旋开瓷帽，观察熔体、进线端、出线端螺钉是否齐全、牢固；瓷帽旋紧后是否牢固，不易脱落。

（3）装配

按拆卸的逆顺序进行装配。

（4）自检过程

用万用表欧姆档检查各触点是否良好；用绝缘电阻表测量各触点对地电阻是否符合要求；用手按动触点检查运动部分是否灵活，以防产生接触不良、振动和噪声。

（5）注意事项

1）拆卸过程中，应备有盛放零件的容器，以免丢失零件。

2）拆装过程中不允许硬撬，以免损坏电器。

2. 熔断器的检测

（1）插入式熔断器的检测

合上瓷盖，用万用表电阻档测量输入端和输出端之间的接触电阻，显示电阻值约为0。打开瓷盖，用万用表电阻档测量输入端和输出端之间的接触电阻，显示电阻值为无穷大。

（2）螺旋式熔断器的检测

旋上瓷帽，用万用表电阻档测量输入端和输出端的接触电阻，显示电阻值约为0。旋开瓷帽，用万用表电阻档测量输入端和输出端的接触电阻，显示电阻值为无穷大。

任务实施

熔断器的拆装与检测任务单见表2-5。

表 2-5　熔断器的拆装与检测任务单

项目二　常用低压电器的认识与检测		日期：
班级：	学号：	指导教师签字：
小组成员：		

任务二　熔断器的拆装与检测

操作要求：1. 正确掌握常见电工工具的使用方法
2. 严格参照低压电器检测步骤与要求
3. 良好的“7S”工作习惯

1. 工具、设备准备：

2. 制订工作计划及组员分工：

3. 工作现场安全准备、检查：

4. 熔断器的拆装

操作项目	步　骤	完成情况
实物认知	（1）仔细观察熔断器的外形、结构特点	□完成□未完成
	（2）看熔断器上的铭牌及说明书，了解它的型号及各参数的意义	□完成□未完成
拆卸、检测内容	（1）插入式熔断器：打开瓷盖，观察动、静触点的螺钉是否齐全、牢固，熔体选择是否合适；瓷盖闭合后是否牢固，不易脱落	□完成□未完成
	（2）螺旋式熔断器：旋开瓷帽，观察熔体、进线端、出线端螺钉是否齐全、牢固；瓷帽旋紧后是否牢固，不易脱落	□完成□未完成
装配后自检	（1）用万用表欧姆档检查各触点是否良好	□完成□未完成
	（2）用绝缘电阻表测量各触点对地电阻是否符合要求	□完成□未完成

拆装结果记录

型号与名称		额定电流	

部件名称	作用	外观是否正常

5. 熔断器的检测

操作项目	步骤	完成情况
插入式熔断器的检测	（1）合上瓷盖，用万用表电阻档测量输入端和输出端之间的接触电阻 （2）打开瓷盖，用万用表电阻档测量输入端和输出端之间的接触电阻	□完成□未完成
螺旋式熔断器的检测	（1）旋上瓷帽，用万用表电阻档测量输入端和输出端的接触电阻 （2）旋开瓷帽，用万用表电阻档测量输入端和输出端的接触电阻	□完成□未完成

（续）

插入式熔断器检测记录			
型号		额定电流	
触点螺钉	□齐全 □不齐全	瓷盖闭合程度	□牢固 □不牢固
取下瓷盖 （不装熔体）	输入端和输出端接触电阻	合上瓷盖 （装入熔体）	输入端和输出端接触电阻
螺旋式熔断器检测记录			
型号		额定电流	
触点螺钉	□齐全 □不齐全	瓷帽旋紧程度	□牢固 □不牢固
旋开瓷帽 （不装熔体）	输入端和输出端接触电阻	旋上瓷帽 （装入熔体）	输入端和输出端接触电阻

6. 在不同应用场合，需要选用熔断器熔体额定电流，请根据熔体的选用方法，将选用结果列举出来

应用场合	选用类型	选用熔体额定电流标准（倍）	备注
电能表出线端			
保护单台电动机			
保护多台电动机			
保护配电变压器			

7. 总结本次任务重点和要点：

8. 本次任务所存在的问题及解决方法：

任务评价

熔断器的拆装与检测的考核评价表见表2-6。

表2-6 熔断器的拆装与检测考核评价表

项目二 常用低压电器的认识与检测				日期：			
任务二 熔断器的拆装与检测							
自评：□熟练□不熟练		互评：□熟练□不熟练		师评：□熟练□不熟练		指导教师签字：	
评价内容	作品（70分）						
序号	主要内容	考核要求	评分细则	配分	自评	互评	师评
1	实物认知	认识熔断器，知道熔断器型号及各参数的意义	（1）不认识熔断器扣5分 （2）型号与参数意义不熟练扣5～10分	10分			
2	拆卸和装配	准备好工具器材，做好拆卸的有关记录工作	（1）拆卸步骤及方法不正确，每次扣5分 （2）拆装不熟练扣5～10分 （3）丢失零部件，每件扣10分 （4）拆卸不能组装扣15分 （5）损坏零部件扣20分	20分			

（续）

序号	主要内容	考核要求	评分细则	配分	自评	互评	师评
3	检测	按正确步骤和要求检测熔断器，做好检测的有关记录工作	（1）未进行检测扣30分 （2）检测步骤及方法不正确，每次扣5分 （3）检测结果不正确，每次扣5分 （4）扩大故障（无法修复）扣30分	30分			
4	选择熔体电流等级	能根据不同场合，选择合适的熔体电流等级	（1）选择熔体方法错误扣10分 （2）选择熔体电流等级错误扣10分 （3）分析选择方法时不严谨扣5分	10分			
作品总分							
评价内容	职业素养与操作规范（30分）						
序号	主要内容	考核要求	评分细则	配分	自评	互评	师评
1	安全操作	（1）应穿工作服、绝缘鞋 （2）能按安全要求使用工具和仪表操作 （3）操作过程中禁止将工具或器件放置在高处等较危险的地方 （4）拆装后，未按要求进行自检	（1）没有穿戴防护用品扣5分 （2）操作前和完成后，未清点工具、仪表、耗材扣2分 （3）操作过程中造成自身或他人人身伤害则取消成绩 （4）元件拆装完不自检扣10分	10分			
2	规范操作	（1）操作过程中工具与器材摆放规范 （2）操作过程中产生的废弃物按规定处置	（1）操作过程中，乱摆放工具、仪表、耗材，乱丢杂物扣5分 （2）完成任务后不按规定处置废弃物扣5分	10分			
3	文明操作	（1）操作完成后须清理现场 （2）在规定的工作范围内完成，不影响其他人 （3）操作结束不得将工具等物品遗留在设备内或元件上 （4）爱惜公共财物，不损坏元件和设备	（1）操作完成后不清理现场扣5分 （2）操作过程中随意走动，影响他人扣2分 （3）操作结束后将工具等物品遗留在设备或元件上扣3分 （4）操作过程中，恶意损坏元件和设备，取消成绩	10分			
职业素养与操作规范总分							
任务总分							

任务三 热继电器的拆装与检测

任务描述

按照步骤拆卸和装配热继电器，检测热继电器的好坏，根据给定的参数选择合适规格的热继电器。

1. 任务目标

知识目标：

1）熟悉热继电器的外形特点、图形符号、文字符号及基本结构。

2）理解热继电器的工作原理与安装方法。

3）掌握正确拆装与检测热继电器的方法及步骤。

4）了解热继电器的主要参数及选择方法。

能力目标：

1）认识热继电器，并能按要求正确拆卸和安装热继电器。

2）能正确检测热继电器，并判断其好坏。

3）能根据参数要求选择合适规格的热继电器。

素质目标：

1）培养学生安全操作、规范操作、文明生产的行为。

2）培养学生敬业奉献、精益求精的工匠精神。

3）培养学生科学分析和解决问题的能力。

2. 任务步骤

1）按照步骤拆卸和安装热继电器。

2）检测热继电器的好坏。

3）根据给定的参数选择合适规格的热继电器。

3. 所需实训工具、仪表和器材

1）工具：螺钉旋具（十字槽、一字槽）、镊子、尖嘴钳、钢丝钳等。

2）仪表：万用表（数字式或指针式均可）、绝缘电阻表。

3）器材：根据实际情况准备热继电器若干个。

知识准备

一、热继电器的认识

1. 热继电器的结构及工作原理

热继电器是利用电流的热效应原理来保护设备，使之免受长期过载的危害，主要用于电动机的过载保护、断相保护、三相电流不平衡运行的保护及其他电气设备发热状态的控制。它的外形、结构和原理图如图 2-20 所示。

热继电器主要由热元件、双金属片和触点三部分组成。当电动机过载时，流过热元件的电流增大，热元件产生的热量使双金属片向上弯曲，经过一定时间后，弯曲位移增大，推动导板将常闭触点断开。常闭触点是串接在电动机的控制电路中的，控制电路断开使接触器的线圈断电，从而断开电动机的主电路。若要使热继电器复位，则按下复位按钮即可。由于热惯性，当电路短路时热继电器不能立即动作使电路断开，因此不能做短路保护。同理，在电动机起动或短时过载时，热继电器也不会动作，这可避免电动机不必要的停车。每一种电流等级的热元件，都有一定的电流调节范围，一般应调节到与电动机额定电流相等，以便更好地起到过载保护作用。

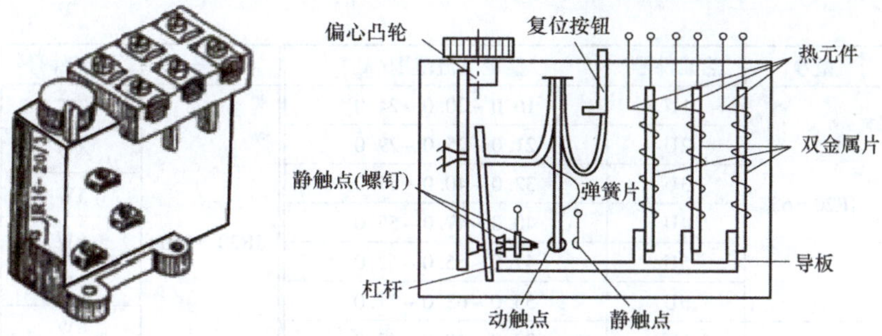

a) 外形　b) 内部结构和原理示意图

图 2-20　热继电器的外形、结构和原理图

热继电器的图形与文字符号如图 2-21 所示。

2. 热继电器型号及主要技术参数

（1）热继电器型号的含义

常用的热继电器有 JR16、JR20 等系列，热继电器型号的含义如图 2-22 所示。

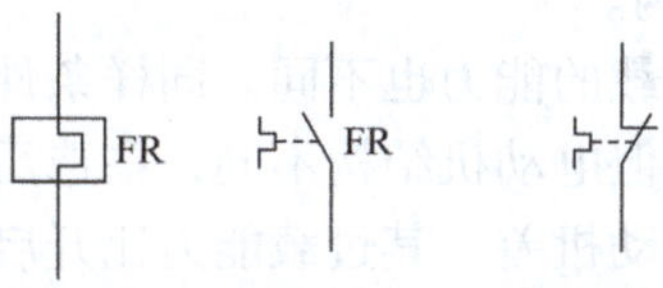

a) 热元件　b) 常开触点　c) 常闭触点

图 2-21　热继电器的图形与文字符号

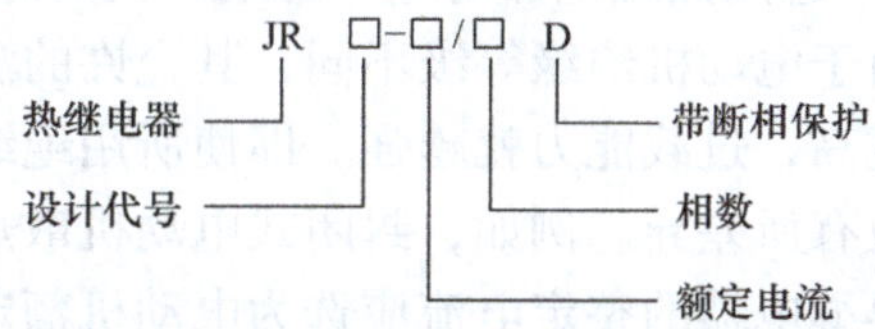

图 2-22　热继电器型号的含义

（2）主要技术参数

JR20 系列热继电器的额定电流有 10A、16A、25A、63A、160A、250A、400A 及 630A 共 8 级，其电流整定范围见表 2-7。

表 2-7　JR20 系列热继电器的电流整定范围

型号	热元件号	整定电流范围/A	型号	热元件号	整定电流范围/A
JR20－10	1R	0.1～0.13～0.15	JR20－10	14R	7.0～8.6～10.0
	2R	0.15～0.19～0.23		15R	8.6～10.0～11.6
	3R	0.23～0.29～0.35	JR20－16	1S	3.6～4.5～5.4
	4R	0.35～0.44～0.53		2S	5.4～6.7～8.0
	5R	0.53～0.67～0.8		3S	8.0～10.0～12.0
	6R	0.8～1.0～1.2		4S	10.0～12.0～14.0
	7R	1.2～1.5～1.8		5S	12.0～14.0～16.0
	8R	1.8～2.2～2.6		6S	14.0～16.0～18.0
	9R	2.6～3.2～3.8	JR20－25	1T	7.8～9.7～11.6
	10R	3.2～4.0～4.8		2T	11.6～14.3～17.0
	11R	4.0～5.0～6.0		3T	17.0～21.0～25.0
	12R	5.0～6.0～7.0		4T	21.0～25.0～29.0
	13R	6.0～7.2～8.4			

（续）

型号	热元件号	整定电流范围/A
JR20－63	1U	16.0～20.0～24.0
	2U	21.0～25.0～29.0
	3U	32.0～40.0～47.0
	4U	40.0～47.0～55.0
	5U	47.0～55.0～62.0
	6U	55.0～63.0～71.0
JR20－160	1W	33.0～40.0～47.0
	2W	47.0～55.0～63.0
JR20－160	3W	63.0～74.0～84.0
	4W	74.0～86.0～98.0
	5W	85.0～100.0～115.0
	6W	100.0～115.0～130.0
	7W	115.0～132.0～150.0
	8W	130.0～150.0～170.0
	9W	144.0～160.0～176.0

3. 热继电器的选用

热继电器的保护对象是电动机，故选用时应了解电动机的技术性能、起动情况、负载性质以及电动机允许过载能力等。

1）选用热继电器时应考虑电动机的起动电流和起动时间。

电动机的起动电流一般为额定电流的4～7倍。对于不频繁起动、连续运行的电动机，在起动时间不超过6s的情况下，可按电动机的额定电流选用热继电器。

2）选用热继电器时应考虑电动机的绝缘等级及结构。

由于电动机绝缘等级不同，其允许的温升和承受过载的能力也不同。同样条件下，绝缘等级越高，过载能力就越强。即使所用绝缘材料相同，但电动机结构不同，在选用热继电器时也应有所差异。例如，封闭式电动机散热比开启式电动机差，其过载能力比开启式电动机低，热继电器的整定电流应选为电动机额定电流的60%～80%。

3）长期稳定工作的电动机选用热继电器时有以下要求：选用时可按电动机的额定电流选用。使用时要将热继电器的整定电流调至电动机的额定电流值。

4）当用热继电器做电动机断相保护时，应考虑电动机的接法。

对于星形联结的电动机，当电动机某相断线时，其余未断相绕组的电流与流过热继电器电流的增加比例相同。一般的三相式热继电器，只要整定电流调节合理，是可以对星形联结的电动机实现断相保护的。对于三角形联结的电动机，当电动机某相断线时，流过未断相绕组的电流与流过热继电器的电流增加比例不同。也就是说，流过热继电器的电流不能反映断相后绕组的过载电流，因此，一般的热继电器，即使是三相式，也不能为三角形联结的三相交流异步电动机的断相运行提供充分保护。此时，应选用JR20型或T系列这类有差动断相保护机构的热继电器。

5）应考虑具体工作情况。

若要求电动机不允许随便停机，以免遭受经济损失，只有发生过载事故时，方可考虑让热继电器脱扣，此时选取热继电器的整定电流应比电动机额定电流偏大一些。

热继电器只适用于对不频繁起动、轻载起动的电动机进行过载保护。对于点动，重载起动，正、反转频繁转换以及频繁通断的电动机，如起重电动机，则不宜采用热继电器做过载保护。

二、热继电器的拆装与检测

1. 热继电器的拆装

（1）实物认知

1）仔细观察热继电器的外形、结构特点。

2）观察热继电器上的铭牌及说明书，了解它的型号及各参数的意义。

（2）拆卸

拆开热继电器，检查以下项目：

1）用万用表测量各个常开、常闭触点的阻值。

2）检查触点的磨损程度，磨损严重时应更换触点。若不需更换，则清除触点表面上烧毛的颗粒。

3）用螺钉旋具打开后盖板，用手拨动触点，观察内部连杆装置带动触点动作情况。

4）检查接线螺钉是否齐全，操作机构是否灵活无阻滞，动、静触点是否分、合迅速，松紧一致。

（3）装配

按拆卸的逆顺序进行装配。

（4）自检过程

用万用表欧姆档检查各触点是否良好；用绝缘电阻表测量各触点对地电阻是否符合要求；检查复位按钮是否正常，电流调节孔能否正常工作。

（5）注意事项

1）拆卸过程中，应备有盛放零件的容器，以免丢失零件。

2）拆装过程中不允许硬撬，以免损坏电器。

2. 热继电器的检测

（1）外观检测

观察热继电器热元件及动、静触点的螺钉是否齐全、牢固，动、静触点是否活动灵活，外壳有无损伤等。

（2）功能检测

1）用万用表电阻档测量热元件电阻值，显示电阻值约为0。

2）当热继电器不动作时，用万用表电阻档测量常闭触点输入端和输出端是否接通，显示电阻值是否约为0。常开触点输入端和输出端是否不通，显示电阻值是否为无穷大。

3）当热继电器动作时（按住过载测试钮），用万用表电阻档测量输入端和输出端之间的接触电阻，显示电阻为无穷大。

3. 热继电器常见故障现象与处理方法

热继电器常见故障现象与处理方法见表2-8。

表2-8　热继电器常见故障现象与处理方法

故障现象	可能原因	处理方法
热继电器误动作	（1）整定值偏小 （2）电动机起动时间过长 （3）反复短时工作，操作次数过多 （4）强烈的冲击振动 （5）连接导线太细	（1）合理调整整定值，如继电器额定电流或热元件型号不符合要求，应予更换 （2）从电路上采取措施，起动过程中使热继电器短接 （3）调换合适的热继电器 （4）选用带防冲装置的专用热继电器 （5）调换合适的连接导线

（续）

故障现象	可能原因	处理方法
热继电器不动作	（1）整定值偏大 （2）触点接触不良 （3）热元件烧断或脱掉 （4）运动部分卡阻 （5）导板脱出 （6）连接导线太粗	（1）合理调整整定值，如热继电器额定电流或热元件号不符合要求，应予更换 （2）清理触点表面 （3）更换热元件或补焊 （4）排除卡阻现象，但用户不得随意调整，以免造成动作特性变化 （5）重新放入，推动几次看其动作是否灵活 （6）调换合适的连接导线
热元件烧断	（1）负载侧短路，电流过大 （2）反复短时工作，操作次数过多 （3）机械故障，在起动过程中热继电器不能动作	（1）检查电路，排除短路故障及更换热元件 （2）调换合适的热继电器 （3）排除机械故障及更换热元件

任务实施

热继电器的拆装与检测任务单见表2-9。

表2-9 热继电器的拆装与检测任务单

项目二 常用低压电器的认识与检测		日期：
班级：	学号：	指导教师签字：
小组成员：		
任务三 热继电器的拆装与检测		
操作要求：1. 正确掌握常见电工工具的使用方法 2. 严格参照低压电器检测步骤与要求 3. 良好的“7S”工作习惯		
1. 工具、设备准备：		
2. 制订工作计划及组员分工：		
3. 工作现场安全准备、检查：		
4. 热继电器的拆装		

操作项目	步骤	完成情况
实物认知	（1）仔细观察热继电器的外形、结构特点	□完成□未完成
	（2）看热继电器上的铭牌及说明书，了解它的型号及各参数的意义	□完成□未完成
拆卸、检测内容	（1）用万用表测量各个常开、常闭触点的阻值	□完成□未完成
	（2）检查触点的磨损程度，磨损严重时应更换触点。若不需更换，则清除触点表面上烧毛的颗粒	□完成□未完成
	（3）用螺钉旋具打开后盖板，用手拨动触点，观察内部连杆装置带动触点动作情况	□完成□未完成
	（4）检查接线螺钉是否齐全，操作机构是否灵活无阻滞，动、静触点是否分、合迅速，松紧一致	□完成□未完成

（续）

操作项目	步　　骤	完成情况
装配后自检	（1）用万用表欧姆档检查各触点是否良好	□完成□未完成
	（2）用绝缘电阻表测量各触点对地电阻是否符合要求	□完成□未完成
	（3）检测复位按钮是否正常	□完成□未完成
	（4）检测电流调节孔能否正常工作	□完成□未完成

拆装结果记录			
型号与名称		整定电流值	
热元件电阻值	L1 相	L2 相	L3 相
部件名称	作用		外观是否正常

5. 热继电器的检测

操作项目	步　　骤	完成情况
外观检测	（1）观察热继电器热元件及动、静触点的螺钉应齐全、牢固	□完成□未完成
	（2）动、静触点是否活动灵活，外壳有无损伤等	□完成□未完成
	（3）外壳有无损伤等	□完成□未完成
热元件检测	用万用表电阻档测量热元件电阻值	□完成□未完成
功能检测	（1）当热继电器不动作时，用万用表电阻档测量常闭触点输入端和输出端、常开触点输入端和输出端接触电阻	□完成□未完成
	（2）当热继电器动作时（按住过载测试钮），用万用表电阻档测量常闭触点输入端和输出端、常开触点输入端和输出端接触电阻	□完成□未完成

热继电器检测记录					
型号		触点数量		额定电流	
触点螺钉	□齐全　□不齐全		触点灵活程度	□灵活　□不灵活	
触点好坏检测					
初始状态			按下过载测试钮		
95－96 电阻值	97－98 电阻值		95－96 电阻值	97－98 电阻值	

6. 在不同应用场合，需要选用热继电器热元件整定电流范围，请根据选用方法将选用结果列举出来

应用场合	选用类型	选用热元件整定电流范围（倍）	备注
星形联结电动机			
三角形联结电动机			
频繁起动电动机			
正、反转运行电动机			
点动运行电动机			
重载起动电动机			

7. 总结本次任务重点和要点：

8. 本次任务所存在的问题及解决方法：

任务评价

热继电器的拆装与检测的考核评价表见表2-10。

表2-10 热继电器的拆装与检测考核评价表

项目二 常用低压电器的认识与检测				日期：			
任务三 热继电器的拆装与检测							
自评：□熟练□不熟练		互评：□熟练□不熟练		师评：□熟练□不熟练		指导教师签字：	
评价内容	作品（70分）						
序号	主要内容	考核要求	评分细则	配分	自评	互评	师评
1	实物认知	认识热继电器，知道热继电器型号及各参数的意义	（1）不认识热继电器扣5分 （2）型号与参数意义不熟练扣5～10分	10分			
2	拆卸和装配	准备好工具器材，做好拆卸的有关记录工作	（1）拆卸步骤及方法不正确，每次扣5分 （2）拆装不熟练扣5～10分 （3）丢失零部件，每件扣10分 （4）拆卸不能组装扣15分 （5）损坏零部件扣20分	20分			
3	检测	按正确步骤和要求检测热继电器，做好检测的有关记录工作	（1）未进行检测扣30分 （2）检测步骤及方法不正确，每次扣5分 （3）检测结果不正确，每次扣5分 （4）扩大故障（无法修复）扣30分	30分			
4	选择热继电器热元件整定电流	能根据不同场合，选择合适的热元件整定电流	（1）选择热元件方法错误扣10分 （2）选择热元件整定电流错误扣10分 （3）分析选择方法时不严谨扣5分	10分			
作品总分							
评价内容	职业素养与操作规范（30分）						
序号	主要内容	考核要求	评分细则	配分	自评	互评	师评
1	安全操作	（1）应穿工作服、绝缘鞋 （2）能按安全要求使用工具和仪表操作 （3）操作过程中禁止将工具或元件放置在高处等较危险的地方 （4）拆装后，未按要求进行自检	（1）没有穿戴防护用品扣5分 （2）操作前和完成后，未清点工具、仪表、耗材扣2分 （3）操作过程中造成自身或他人人身伤害则取消成绩 （4）元件拆装完不自检扣10分	10分			

（续）

序号	主要内容	考核要求	评分细则	配分	自评	互评	师评
2	规范操作	（1）操作过程中工具与器材摆放规范 （2）操作过程中产生的废弃物按规定处置	（1）操作过程中，乱摆放工具、仪表、耗材，乱丢杂物扣5分 （2）完成任务后不按规定处置废弃物扣5分	10分			
3	文明操作	（1）操作完成后须清理现场 （2）在规定的工作范围内完成，不影响其他人 （3）操作结束不得将工具等物品遗留在设备内或元件上 （4）爱惜公共财物，不损坏元件和设备	（1）操作完成后不清理现场扣5分 （2）操作过程中随意走动，影响他人扣2分 （3）操作结束后将工具等物品遗留在设备或元件上扣3分 （4）操作过程中，恶意损坏元件和设备，取消成绩	10分			
职业素养与操作规范总分							
任务总分							

任务四　时间继电器的拆装与检测

任务描述

按步骤拆卸和装配时间继电器，检测时间继电器的好坏，根据控制对象要求选择时间继电器类型。

1. 任务目标

知识目标：

1）熟悉时间继电器的外形特点、图形符号、文字符号与基本结构。

2）理解时间继电器的工作原理与安装方法。

3）掌握正确拆装与检测时间继电器的方法及步骤。

4）理解时间继电器的类型及应用场合。

能力目标：

1）认识时间继电器，能按要求正确拆卸和安装时间继电器。

2）能正确检测时间继电器，并判断其好坏。

3）能根据控制要求选择时间继电器类型。

素质目标：

1）培养学生安全操作、规范操作、文明生产的职业素养。

2）培养学生敬业奉献、精益求精的工匠精神。

3）培养学生科学分析和解决问题的能力。

2. 任务步骤

1）按照步骤拆卸和安装时间继电器。

2）检测时间继电器的好坏。

3）根据控制对象要求选择时间继电器类型。

3. 所需实训工具、仪表和器材

1）工具：螺钉旋具（十字槽、一字槽）、镊子、尖嘴钳、钢丝钳等。

2）仪表：万用表（数字式或指针式均可）、绝缘电阻表。

3）器材：时间继电器若干个。

知识准备

一、继电器的认识

继电器主要用于控制与保护电路中，可进行信号转换。继电器具有输入电路（感应元件）和输出电路（执行元件），当感应元件中的物理量（如电流、电压、温度、压力、速度）变化到某一定值时，继电器动作，执行元件便接通或断开控制回路。继电器种类繁多，常用的有电流继电器、电压继电器、中间继电器、时间继电器、温度继电器、压力继电器、计数继电器和频率继电器等。电流继电器、电压继电器、中间继电器都属于电磁式电器，其结构和工作原理与接触器相似，都是由电磁系统、触点系统、释放弹簧组成，只是感应元件接收的物理量信号不同。

1. 电流继电器

电流继电器是根据输入线圈的电流大小而动作的电气元件。电流继电器有过电流继电器（用符号 $I>$ 表示）和欠电流继电器（用符号 $I<$ 表示），如图 2-23 所示。

（1）过电流继电器（$I>$）

当电路发生短路或过电流，并且流过继电器线圈的电流超过了继电器线圈的整定值时，立即分断控制电路。

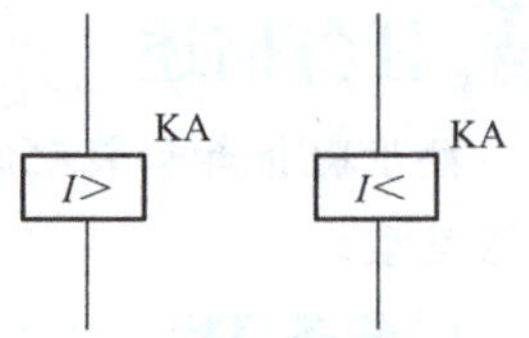

图 2-23 过电流、欠电流继电器线圈符号

（2）欠电流继电器（$I<$）

当电路的电流值过低，并且流过继电器线圈的电流低于继电器线圈的整定值时，立即分断控制电路。

2. 电压继电器

电压继电器是根据输入线圈的电压大小而动作的电气元件。电压继电器有过电压继电器（用符号 $U>$ 表示）和欠电压继电器（用符号 $U<$ 表示），如图 2-24 所示。

（1）过电压继电器（$U>$）

当加在继电器电压线圈的电压大于继电器整定电压值时，过电压继电器动作，分断控制电路的电源。

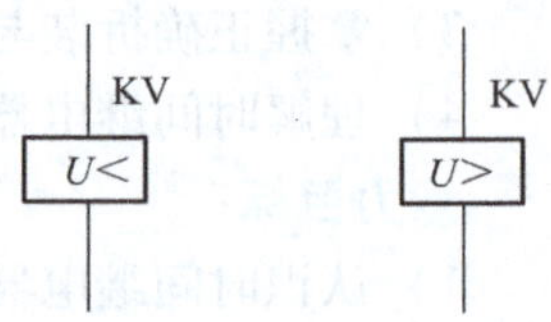

图 2-24 欠电压、过电压继电器线圈符号

（2）欠电压继电器（$U<$）

当加在继电器电压线圈的电压小于继电器整定电压值时，欠电压继电器动作，分断控制电路的电源。

3. 中间继电器

中间继电器实质上是电压继电器的一种，它的触点数多（有6对或更多），触点电流容量大，动作灵敏。中间继电器的主要作用为：一是当其他继电器触点容量不够用时，利用其触点进行信号扩展，起到转换的作用；二是用于小功率负载电路的直接控制。中间继电器的结构和工作原理与接触器基本相同，所以又称为接触式继电器。常用的中间继电器有 JZ7、JZ12 等系列，其外形结构如图 2-25 所示。

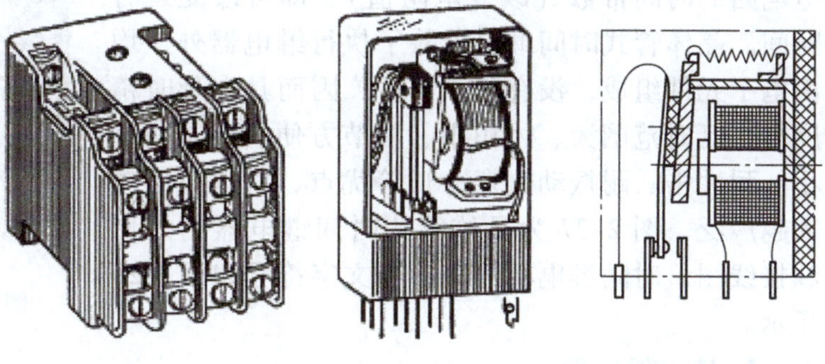

a) JZ7系列　　b) JZ12系列

图 2-25　中间继电器的外形结构

4. 时间继电器

时间继电器是一种用来实现触点延时接通或断开的控制电器，按其动作原理与构造不同，可分为电磁式、空气阻尼式、电动式和晶体管式等类型。机床控制电路中应用较多的是空气阻尼式时间继电器，目前晶体管式时间继电器也获得了越来越广泛的应用。

（1）空气阻尼式时间继电器

空气阻尼式时间继电器是利用空气阻尼作用获得延时的，有通电延时和断电延时两种类型。时间继电器的结构示意图如图 2-26 所示，它主要由电磁系统、延时机构和工作触点三部分组成。

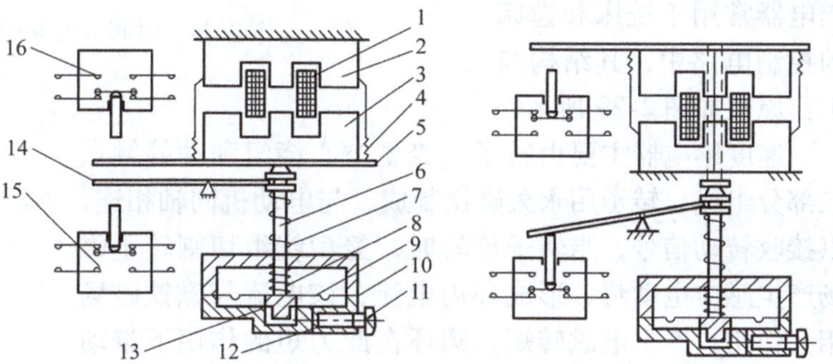

a) 通电延时型　　b) 断电延时型

图 2-26　时间继电器的结构示意图

1—线圈　2—铁心　3—衔铁　4—复位弹簧　5—推板　6—活塞杆　7—塔形弹簧　8—弱弹簧　9—橡皮膜　10—空气室壁　11—调节螺杆　12—进气孔　13—活塞　14—杠杆　15、16—微动开关

图 2-26a 为通电延时型时间继电器。当线圈 1 通电后，铁心 2 将衔铁 3 吸合，推板 5 使微动开关 16 立即动作，活塞杆 6 在塔形弹簧 7 的作用下，带动活塞 13 及橡皮膜 9 向上移动，由于橡皮膜下方气室空气稀薄，形成负压，因此活塞杆 6 不能迅速上移。当空气由进气孔 12 进入时，活塞杆 6 才逐渐上移，当移到最上端时，杠杆 14 才使微动开关 15 动作。延时时间为自电磁铁吸引线圈通电时刻起到微动开关动作时为止的这段时间。通过调节螺杆 11 调节进气孔 12 的大小，就可以调节延时时间。当线圈 1 断电时，衔铁 3 在复位弹簧 4 的作用下将活塞 13 推向最下端。因活塞 13 被往下推时，橡皮膜 9 下方气室内的空气通过橡皮膜 9、弱弹簧 8 和活塞 13 肩部所形成的单向阀，经上气室缝隙顺利排掉，因此延时与不延时的微动开关 15 与 16 都迅速复位。将电磁机构翻转 180°安装后，可得到图 2-26b 所示的断电延时型时间继电器。它的工作原理与通电延时型相似，微动开关 15 是在吸引线圈断电后延时动作的。空气阻尼式时间继电器的优点是结构简单、寿命长、价格低廉，还附有不延时的触点，所以应用较为广泛。缺点是准确度低、延时误差大，因此在要求延时精度高的场合不宜采用。

（2）晶体管式时间继电器

晶体管式时间继电器又称为半导体式时间继电器，它是利用 RC 电路电容充电时，电容电压不能突变，只能按指数规律逐渐变化的原理来获得延时的。因此，只要改变 RC 充电电路的时间常数（改变电阻值），即可改变延时时间。晶体管式时间继电器除了执行继电器外，均由电子元件组成，没有机械部件，因而具有延时精度高、延时范围大、体积小、调节方便、控制功率小、耐冲击、耐振动、寿命长等优点，所以应用越来越广泛。图 2-27 为晶体管式时间继电器的外形和接线图。时间继电器的图形与文字符号如图 2-28 所示。

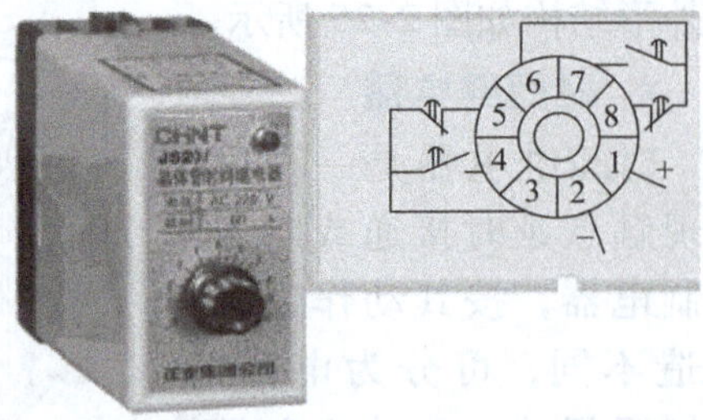

图 2-27　晶体管式时间继电器的外形和接线图

5. 速度继电器

速度继电器是根据电磁感应原理制成的，用于电动机转速的检测，如用来在三相交流异步电动机反接制动转速过零时，自动断开反相序电源。速度继电器常用于铣床和镗床的控制电路中，其结构与工作原理如图 2-29 所示。

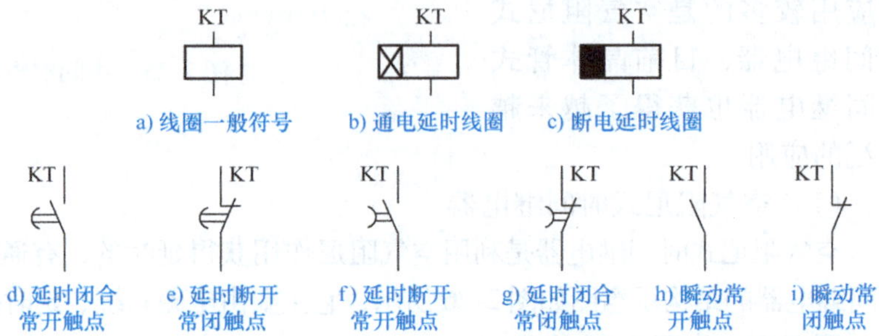

图 2-28　时间继电器的图形与文字符号

速度继电器主要由转子、笼型空心绕组和动静触点三部分组成。转子用永久磁铁制成，与电动机同轴相连，以接收转动信号，当转子旋转时，笼型绕组切割转子磁场产生感应电动势，形成环内电流，该电流与磁铁磁场相互作用，产生电磁转矩，圆环在此力矩的作用下带动摆杆，并拨动触点，从而改变电路的通断状态。

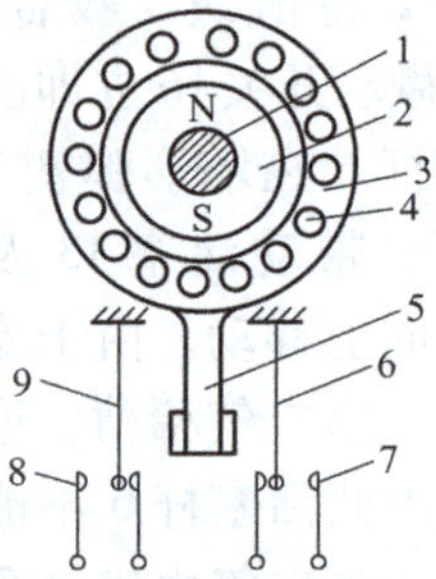

图 2-29　速度继电器结构与工作原理

1—转轴　2—转子　3—定子　4—笼型绕组　5—摆锤　6、9—动簧片　7、8—静触点

速度继电器触点的动作是，当转速高于 120r/min 时，常闭触点分断，常开触点闭合。当转速低于 120r/min 时，触点复位。速度继电器的图形与文字符号如图 2-30 所示。

6. 固态继电器

固态继电器（Solid State Relay）简称 SSR，是 20 世纪 70 年代中后期发展起来的一种新型无触点继电器，由于可靠性高、开关速度快和工作频率高、使用寿命长、便于小型化、输入控制电流小以及与 TTL、CMOS 等集成电路有较好的兼容性等一系列优点，不仅在许多自动控制装置中替代了常规的继电器，而且在常规继电器无法应用的一些领域，如在微型计算机数据处理系统的终端装置、可编程序控制器的输出模块、数控机床的程控装置以及在微机控制的测量仪表中都有用武之地。随着我国电子工业的迅速发展，其应用领域正在不断扩大。

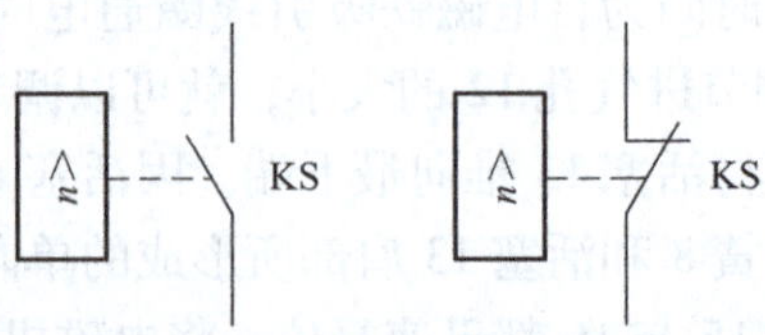

图 2-30　速度继电器的图形与文字符号

固态继电器是具有两个输入端和两个输出端的一种四端器件，其输入与输出之间通常采用光电耦合器隔离，又称其为全固态继电器。固态继电器按输出端负载的电源类型可分为直

流型和交流型两类。固态继电器的形式有常开式和常闭式两种，当固态继电器的输入端施加控制信号时，其输出端负载电路常开式的被导通，常闭式的被断开。

交流型的固态继电器，按双向三端晶闸管的触发方式可分为非过零型和过零型两种。其主要区别在于交流负载电路导通的时刻不同，当输入端施加控制信号电压时，非过零型负载端开关立即动作，而过零型的必须等到交流负载电源电压过零（接近0V）时，负载端开关才动作。输入端控制信号撤销时，过零型的也必须等到交流负载电源电压过零时负载端开关才复位。

固态继电器的输入端要求有几毫安至20mA的驱动电流，最小工作电压为3V，所以MOS逻辑信号通常要经晶体管缓冲级放大后再去控制固态继电器，对于CMOS电路可利用NPN型晶体管缓冲器。当输出端的负载容量很大时，直流型固态继电器可通过功率晶体管（交流型固态继电器通过双向晶闸管）再驱动负载。当温度超过35℃左右后，固态继电器的负载能力（最大负载电流）随温度升高而下降，因此使用时必须注意散热或降低电流使用。

对于容性或电阻类负载，应限制其开通瞬间的浪涌电流值（一般为负载电流的7倍），对于电感性负载，应限制其瞬时峰值电压值，以防损坏固态继电器。具体使用时，可参照样本或有关手册。

图2-31为用固态继电器控制三相异步电动机的线路图。

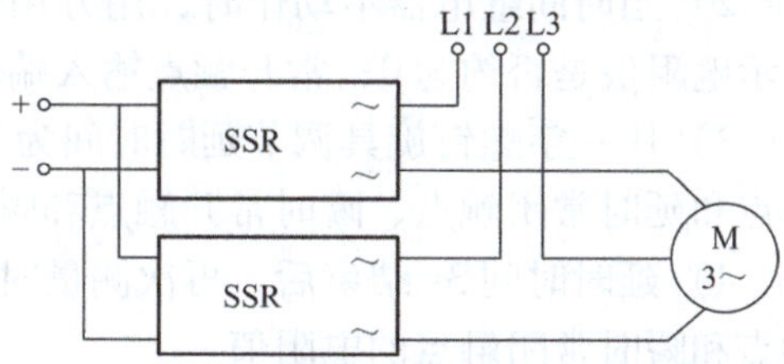

图2-31　用固态继电器控制三相异步电动机的线路图

二、时间继电器的拆装与检测

1. 时间继电器的拆装

（1）实物认知

1）仔细观察时间继电器的外形、结构特点。

2）观察时间继电器上的铭牌及说明书，了解它的型号及各参数的意义。

（2）拆卸

拆卸过程如下：

1）观察时间继电器的实物及铭牌使用说明书，了解它的型号及各参数的意义。

2）仔细观察时间继电器的外形结构，用仪表测量各个触点的阻值。

3）用手压各触点，观察各触点的分断情况。

4）用小螺钉旋具调节进气孔大小，记录触点延时的时间。

5）取出线圈，用仪表测量其阻值，并记录。

6）检查触点的磨损程度，磨损严重时应更换触点。若不需更换，则清除触点表面上烧毛的颗粒。

7）清除铁心端面的油垢，检查铁心有无变形及端面接触是否平整。

8）检查触点压力弹簧及反作用弹簧是否变形或弹力不足。如有需要，则更换弹簧。

9）检查电磁线圈是否有短路、断路及发热变色现象。

（3）装配

按拆卸的逆顺序进行装配。

（4）自检过程

用万用表欧姆档检查线圈及各触点是否良好；用绝缘电阻表测量各触点间及主触点对地

电阻是否符合要求；用手按动主触点检查运动部分是否灵活，以防产生接触不良、振动和噪声；通过调节进气孔大小，记录数据，检查延时的时间是否准确。

（5）注意事项

1）拆卸过程中，应备有盛放零件的容器，以免丢失零件。

2）拆装过程中不允许硬撬，以免损坏电器。装配辅助静触点时，要防止卡住动触点。

2. 时间继电器的检测

（1）外观检测

观察空气阻尼式时间继电器动、静触点的螺钉应齐全、牢固，动、静触点机械部位是否活动灵活，外壳有无损伤等。将观察结果填入表2-11中。

（2）功能检测

1）用万用表电阻档测量线圈的电阻值，显示值为几百欧。

2）当时间继电器不动作时，用万用表电阻档测量常闭触点输入端和输出端是否接通，显示电阻值是否约为0；常开触点输入端和输出端是否不通，显示电阻值是否为无穷大。

3）用一字螺钉旋具调节延时时间为3s，用手按住衔铁，再次测量时间继电器延时常开触点和延时常闭触点、瞬时常开触点和瞬时常闭触点的电阻值。

4）延时时间3s结束后，再次测量时间继电器延时常开触点和延时常闭触点、瞬时常开触点和瞬时常闭触点的电阻值。

任务实施

时间继电器的拆装与检测任务单见表2-11。

表2-11 时间继电器的拆装与检测任务单

项目二 常用低压电器的认识与检测		日期：
班级：	学号：	指导教师签字：
小组成员：		
任务四 时间继电器的拆装与检测		
操作要求：1. 正确掌握常见电工工具的使用方法 2. 严格参照低压电器检测步骤与要求 3. 良好的“7S”工作习惯		
1. 工具、设备准备：		
2. 制订工作计划及组员分工：		
3. 工作现场安全准备、检查：		
4. 时间继电器的拆装		
操作项目	步骤	完成情况
实物认知	（1）仔细观察时间继电器的外形、结构特点	□完成□未完成
	（2）看时间继电器上的铭牌及说明书，了解它的型号及各参数的意义	□完成□未完成

（续）

操作项目	步　骤	完成情况
拆卸、检测内容	（1）用手压各触点，观察各触点的分断情况	□完成□未完成
	（2）用小螺钉旋具调节进气孔大小，记录触点延时的时间	□完成□未完成
	（3）取出线圈，用仪表测量其阻值，并记录	□完成□未完成
	（4）检查触点的磨损程度，磨损严重时应更换触点。若不需更换，则清除触点表面上烧毛的颗粒	□完成□未完成
	（5）清除铁心端面的油垢，检查铁心有无变形及端面接触是否平整	□完成□未完成
	（6）检查触点压力弹簧及反作用弹簧是否变形或弹力不足。如有需要，则更换弹簧	□完成□未完成
	（7）检查电磁线圈是否有短路、断路及发热变色现象	□完成□未完成
装配后自检	（1）用万用表欧姆档检查各触点是否良好	□完成□未完成
	（2）用绝缘电阻表测量各触点对地电阻是否符合要求	□完成□未完成
	（3）用手按动触点检查运动部分是否灵活，以防产生接触不良、振动和噪声	□完成□未完成
	（4）通过调节进气孔大小，记录数据，查检延时的时间是否准确	□完成□未完成

拆装结果记录

型号与名称		线圈额定电压等级	

触点数

常开触点数	常闭触点数	延时触点数	瞬时触点数	延时分断触点数	延时闭合触点数

部件名称	作用	外观是否正常

5. 时间继电器的检测

操作项目	步　骤	完成情况
外观检测	（1）观察外观无损伤	□完成□未完成
	（2）检查接线螺钉是否齐全，操作机构应灵活无阻滞，动、静触点应分、合迅速，松紧一致	□完成□未完成
接触电阻检测	（1）用万用表电阻档测量线圈的电阻值，显示电阻值为几百欧	□完成□未完成
	（2）当时间继电器不动作时，用万用表电阻档测量常闭触点输入端和输出端、常开触点输入端和输出端之间的电阻值	□完成□未完成
	（3）用一字螺钉旋具调节延时时间为3s，用手按住衔铁，再次测量时间继电器延时常开触点和延时常闭触点、瞬时常开触点和瞬时常闭触点的电阻值	□完成□未完成
	（4）延时时间3s结束后，再次测量时间继电器延时常开触点和延时常闭触点、瞬时常开触点和瞬时常闭触点的电阻值	□完成□未完成

检测记录

线圈电压等级		线圈电阻大小	
触点螺钉	□齐全　□不齐全	触点灵活程度	□灵活　□不灵活

（续）

触点好坏检测				
操作步骤	延时触点		瞬时触点	
	常开触点	常闭触点	常开触点	常闭触点
初始状态				
按住衔铁				
按住衔铁3s后				

6. 在选用时间继电器时应根据控制要求选择其延时方式，然后根据延时范围和精度选择时间继电器的类型。请将时间继电器常见类型按照延时方式和触点类型总结归纳

名称	延时方式	触点类型	备注

7. 总结本次任务重点和要点：

8. 本次任务所存在的问题及解决方法：

任务评价

时间继电器的拆装与检测的考核评价表见表2-12。

表2-12 时间继电器的拆装与检测考核评价表

<table>
<tr><td colspan="5">项目二 常用低压电器的认识与检测</td><td colspan="4">日期：</td></tr>
<tr><td colspan="9">任务四 时间继电器的拆装与检测</td></tr>
<tr><td colspan="3">自评：□熟练□不熟练</td><td>互评：□熟练□不熟练</td><td colspan="2">师评：□熟练□不熟练</td><td colspan="3">指导教师签字：</td></tr>
<tr><td>评价内容</td><td colspan="8">作品（70分）</td></tr>
<tr><td>序号</td><td>主要内容</td><td>考核要求</td><td>评分细则</td><td>配分</td><td>自评</td><td>互评</td><td>师评</td></tr>
<tr><td>1</td><td>实物认知</td><td>认识时间继电器，知道时间继电器型号及各参数的意义</td><td>(1) 不认识时间继电器扣5分
(2) 型号与参数意义不熟练扣5~10分</td><td>10分</td><td></td><td></td><td></td></tr>
<tr><td>2</td><td>拆卸和装配</td><td>准备好工具器材，做好拆卸的有关记录工作</td><td>(1) 拆卸步骤及方法不正确，每次扣5分
(2) 拆装不熟练扣5~10分
(3) 丢失零部件，每件扣10分
(4) 拆卸不能组装扣15分
(5) 损坏零部件扣20分</td><td>20分</td><td></td><td></td><td></td></tr>
</table>

（续）

序号	主要内容	考核要求	评分细则	配分	自评	互评	师评
3	检测	按正确步骤和要求检测时间继电器，做好检测的有关记录工作	（1）未进行检测扣30分 （2）检测步骤及方法不正确，每次扣5分 （3）检测结果不正确，每次扣5分 （4）扩大故障（无法修复）扣30分	30分			
4	选择时间继电器类型	能根据应用场合，选择合适的时间继电器类型	（1）选择方法错误扣2分 （2）选择类型错误扣5分 （3）分析选择方法时不严谨扣3分	10分			
作品总分							
评价内容	职业素养与操作规范（30分）						
序号	主要内容	考核要求	评分细则	配分	自评	互评	师评
1	安全操作	（1）应穿工作服、绝缘鞋 （2）能按安全要求使用工具和仪表操作 （3）操作过程中禁止将工具或元件放置在高处等较危险的地方 （4）拆装后，未按要求进行自检	（1）没有穿戴防护用品扣5分 （2）操作前和完成后，未清点工具、仪表、耗材扣2分 （3）操作过程中造成自身或他人人身伤害则取消成绩 （4）元件拆装完不自检扣10分	10分			
2	规范操作	（1）操作过程中工具与器材摆放规范 （2）操作过程中产生的废弃物按规定处置	（1）操作过程中，乱摆放工具、仪表、耗材，乱丢杂物扣5分 （2）完成任务后不按规定处置废弃物扣5分	10分			
3	文明操作	（1）操作完成后须清理现场 （2）在规定的工作范围内完成，不影响其他人 （3）操作结束不得将工具等物品遗留在设备内或元件上 （4）爱惜公共财物，不损坏元件和设备	（1）操作完成后不清理现场扣5分 （2）操作过程中随意走动，影响他人扣2分 （3）操作结束后将工具等物品遗留在设备或元件上扣3分 （4）操作过程中，恶意损坏元件和设备，取消成绩	10分			
职业素养与操作规范总分							
任务总分							

任务五　交流接触器的拆装与检测

任务描述

拆卸和安装交流接触器，检测交流接触器的好坏，根据交流接触器故障现象分析故障原因并排除。

1. 任务目标

知识目标：

1）熟悉交流接触器的外形特点、文字符号及基本结构。

2）理解交流接触器的工作原理与安装方法。

3）掌握正确拆装与检测交流接触器的方法及步骤。

4）理解交流接触器的典型故障原因及排除方法。

能力目标：

1）认识交流接触器，能按要求正确拆卸和安装交流接触器。

2）能正确检测交流接触器，并判断其好坏。

3）能根据交流接触器故障现象分析原因并排除故障。

素质目标：

1）培养学生安全操作、规范操作、文明生产的职业素养。

2）培养学生敬业奉献、精益求精的工匠精神。

3）培养学生科学分析和解决问题的能力。

2. 任务步骤

1）按照步骤拆卸和安装交流接触器。

2）检测交流接触器的好坏。

3）根据交流接触器故障现象分析故障原因并排除。

3. 所需实训工具、仪表和器材

1）工具：螺钉旋具（十字槽、一字槽）、镊子、尖嘴钳、钢丝钳等。

2）仪表：万用表（数字式或指针式均可）、绝缘电阻表。

3）器材：交流接触器若干个。

知识准备

一、交流接触器认识

接触器是机床电气控制系统中使用量大、涉及面广的一种低压控制电器，用于远距离频繁地接通或断开交、直流主电路及大容量控制电路，主要控制对象是电动机。它不仅能实现远距离自动操作和欠电压释放保护功能，而且还具有控制容量大、工作可靠、操作效率高、使用寿命长等优点，在电力拖动系统中得到了广泛应用。

1. 交流接触器的结构与工作原理

接触器主要由电磁系统、触点系统和灭弧装置等部分组成，外形和结构简图如图 2-32 所示。

(1) 电磁系统

电磁系统是用来操作触点闭合与分断用的，包括线圈、动铁心和静铁心。交流接触器的铁心一般用硅钢片叠压铆成，以减少交变磁场在铁心中产生涡流及磁滞损耗，避免铁心过热。交流接触器的铁心上装有一个短路环，又称减振环，如图 2-33 所示。短路环的作用是减少交流接触器吸合时产生的振动和噪声。当电磁线圈中通有交流电时，在铁心中产生的是交变的磁通，所以它对衔铁的吸力是变化的，当磁通经过零值时，铁心对衔铁的吸力也为零，衔铁在弹簧反作用力的作用下有释放的趋势，这样，衔铁不能被铁心紧紧吸牢，就在铁心上产生振动，发出噪声。这种情况下衔铁与铁心极易磨损，并造成触点接触不良，产生电弧火花灼伤触点，且噪声使人易感疲劳。为了消除这一现象，在铁心柱端面上嵌装一个短路环，此短路铜环相当于变压器的二次绕组，当电磁线圈通入交流电后，线圈电流 I_1 产生磁通 Φ_1，短路环中产生感应电流 I_2 而形成磁通 Φ_2，由于电流 I_1 与 I_2 的相位不同，所以 Φ_1 与 Φ_2 的相位也不同，即 Φ_1 与 Φ_2 不同时为零，这样，在磁通 Φ_1 经过零时，Φ_2 不为零而产生吸力，吸住衔铁，使衔铁始终被铁心所吸牢，振动和噪声会显著减少。气隙越小，短路环作用越大，振动和噪声就越小。短路环一般用铜或镍铬合金等材料制成。

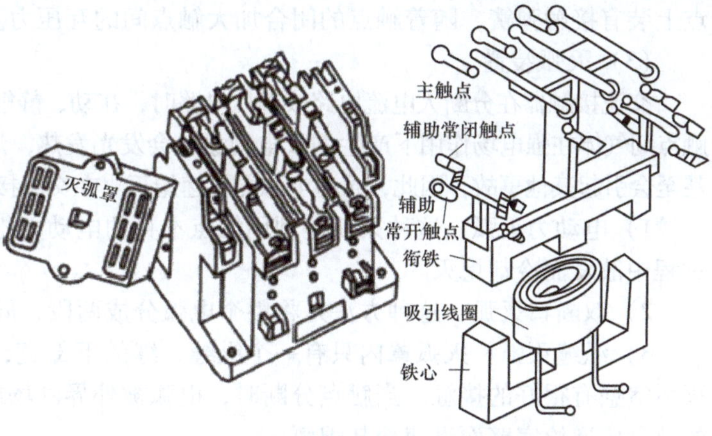

图 2-32 接触器的外形与结构

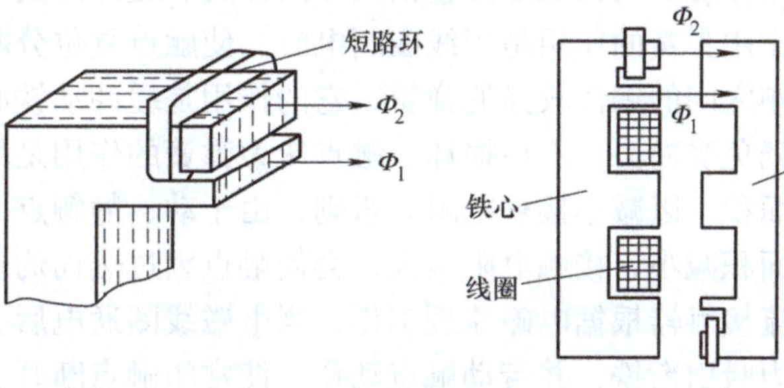

图 2-33 短路环

为了增加铁心的散热面积，交流接触器的线圈一般采用粗而短的圆筒形电压线圈，并与铁心之间有一定间隙，以避免线圈与铁心直接接触而受热烧坏。

(2) 触点系统

触点又称为触头，是接触器的执行元件，用来接通或断开被控制电路，因此，要求触点导电性能良好，所以触点通常用紫铜制成。但是铜的表面容易氧化而产生一层不良导体氧化铜，由于银的接触电阻小，且银的黑色氧化物对接触电阻影响不大，故在接触点部分镶上银块。触点的结构形式很多，按其所控制的电路可分为主触点和辅助触点。主触点用于接通或断开主电路，允许通过较大的电流。辅助触点用于接通或断开控制电路，只能通过较小的电流。

触点按其静态可分为常开触点（动合触点）和常闭触点（动断触点）。原始状态时（即线圈未通电）断开，线圈通电后闭合的触点称为常开触点；原始状态时闭合，线圈通电后断开的触点称为常闭触点。线圈断电后所有触点复位，即恢复到原始状态。

为了使触点接触得更紧密，以减小接触电阻，并消除开始接触时发生的有害振动，在触点上装有接触弹簧，随着触点的闭合加大触点间的互压力。

（3）灭弧装置

交流接触器在分断大电流电路或高压电路时，在动、静触点之间会产生很强的电弧。电弧是触点间气体在强电场作用下产生的放电现象，会发光发热，灼伤触点，并使电路切断时间延长，甚至会引起其他事故，因此，希望电弧能迅速熄灭。在交流接触器中常采用下列几种灭弧方法。

1）电动力灭弧：这种灭弧是利用触点本身的电动力把电弧拉长，使电弧热量在拉长的过程中散发而冷却熄灭。

2）双断口灭弧：这种方法是将整个电弧分成两段，同时利用上述电动力将电弧熄灭。

3）纵缝灭弧：灭弧罩内只有一个纵缝，缝的下部宽，上部窄些，以便电弧压缩，并和灭弧室壁有很好的接触。当触点分断时，电弧被外界磁场或电动力横吹而进入缝内，使电弧的热量传递给室壁而迅速冷却熄弧。

4）栅片灭弧：栅片将电弧分割成若干短弧，每个栅片就成为短电弧的电极，栅片间的电弧电压低于燃弧电压，同时，栅片将电弧的热量散发，促使电弧熄灭。

（4）其他部分

交流接触器的其他部分包括反作用弹簧、缓冲弹簧、触点压力弹簧、传动机构和接线柱等。反作用弹簧的作用是当线圈断电时，使触点复位分断。缓冲弹簧是一个安装在静铁心与胶木底座之间的钢性较强的弹簧，它的作用是缓冲动铁心在吸合时对静铁心的冲击力，保护胶木外壳免受冲击，不易损坏。触点压力弹簧的作用是增加动、静触点之间的压力，从而增大接触面积，以减小接触电阻。否则，由于动、静触点之间的压力不够，使动、静触点之间的接触面积减小，接触电阻增大，会使触点因过热而灼伤。

交流接触器根据电磁原理工作，当电磁线圈通电后，线圈电流产生磁场，使静铁心产生电磁吸力吸引衔铁，并带动触点动作，使常闭触点断开，常开触点闭合，两者是联动的。当电磁线圈断电时，电磁力消失，衔铁在反作用弹簧的作用下释放，使触点复原，即常开触点断开，常闭触点闭合。接触器的图形与文字符号如图 2-34 所示。

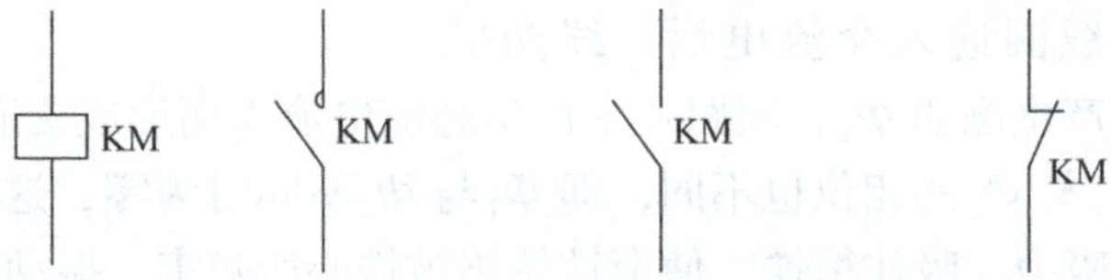

a) 线圈　b) 主触点　c) 辅助常开触点　d) 辅助常闭触点

图 2-34　接触器的图形与文字符号

2. 交流接触器与直流接触器的区别

直流接触器主要用于控制直流电压至 440V、直流电流至 1600A 的直流电力线路，常用于频繁地操作和控制直流电动机。直流接触器的结构和工作原理与交流接触器基本相同，在结构上也是由电磁机构、触点系统和灭弧装置等组成，但也有不同之处。

（1）交流接触器特点

交流接触器线圈通以交流电，主触点接通，分断交流主电路。当交变磁通穿过铁心时，将产生涡流和磁滞损耗，使铁心发热。为减少铁损，铁心用硅钢片冲压而成。为便于散热，线圈做成短而粗的圆筒状绕在骨架上。为防止交变磁通使衔铁产生强烈振动和噪声，交流接触器铁心端面上都安装一个铜制的短路环。交流接触器的灭弧装置通常采用灭弧罩和灭弧栅。

（2）直流接触器特点

直流接触器线圈通以直流电流，主触点接通，切断直流主电路。直流接触器铁心中不产生涡流和磁滞损耗，所以不发热，铁心可用整块钢制成。为保证散热良好，通常将线圈绕制成长而薄的圆筒状。直流接触器灭弧较难，一般采用灭弧能力较强的磁吹灭弧装置。

3. 接触器型号及主要技术参数

（1）型号含义

接触器型号的含义如图 2-35 所示。

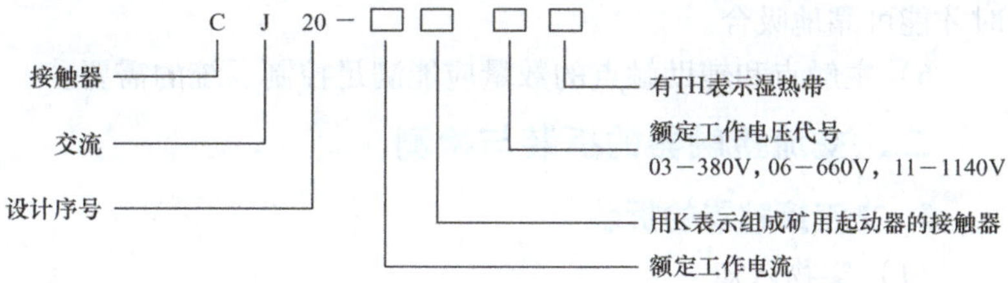

图 2-35 接触器型号的含义

（2）主要技术参数

额定电压：交流接触器常用的额定电压等级有 127V、220V、380V、660V；直流接触器常用的额定电压等级有 110V、220V、440V、660V。

额定电流：交、直流接触器常用的额定电流等级有 10A、20A、40A、60A、100A、150A、250A、400A、600A。

吸引线圈额定电压：交流线圈常用的额定电压等级有 36V、110（127）V、220V、380V；直流线圈常用的额定电压等级有 24V、48V、220V、440V。

常用 CJO、CJIO 系列交流接触器的技术数据见表 2-13。

表 2-13 常用 CJO、CJIO 系列交流接触器的技术数据

型号	触点额定电压/V	主触点额定电流/A	辅助触点额定电流/A	可控制的三相交流异步电动机最大功率/kW			额定操作频率/(次·h^{-1})	吸引线圈电压（交流）/V	线圈功率/W	
				127V	220V	380V			起动	吸持
CJO－10	500	10	5	1.5	2.5	4	1200	36、110、127、220、380	77	14
CJO－20	500	20	5	3	5.5	10	1200		156	33
CJO－40	500	40	5	6	11	20	1200		280	33
CJO－75	500	75	5	13	22	4	600		680	55
CJIO－10	500	10	5		2.2	40	600		65	11
CJIO－20	500	20	5		5.5	10	600		140	22
CJIO－40	500	40	5		11	20	600		230	32
CJIO－60	500	60	5		17	30	600		495	70
CJIO－100	500	100	5		29	50	600			

4. 接触器的选用

选择接触器时应从其工作条件出发，主要考虑下列因素：

1）控制交流负载应选用交流接触器，控制直流负载选用直流接触器。

2）接触器的使用类别应与负载性质相一致。

3）主触点的额定工作电压应大于或等于负载电路的电压。

4）主触点的额定工作电流应大于或等于负载电路的电流。还要注意的是接触器主触点的额定工作电流是在规定条件下（额定工作电压、使用类别、操作频率等）能够正常工作的电流值，当实际使用条件不同时，这个电流值也将随之改变。

对于电动机负载可按下列经验公式计算：

$$I_C = \frac{P_N}{kU_N}$$

式中，I_C为接触器主触点电流（A）；P_N为电动机额定功率（kW）；U_N为电动机的额定电压

(V)；k 为经验系数，一般取 1～1.4。

5）吸引线圈的额定电压应与控制回路电压相一致，接触器在线圈额定电压85%及以上时才能可靠地吸合。

6）主触点和辅助触点的数量应能满足控制系统的需要。

二、交流接触器的拆装与检测

1. 交流接触器的拆装

(1) 实物认知

1）仔细观察接触器的外形、结构特点。

2）观察接触器上的铭牌及说明书，了解它的型号及各参数的意义。

(2) 拆卸

拆卸过程如下：

1）卸下灭弧罩紧固螺钉，取下灭弧罩。

2）压下主触点弹簧，取下主触点压力弹簧片。拆卸主触点时必须将主触点侧转45°后才能取出。

3）松开辅助常开触点的线桩螺钉，取下常开静触点。

4）松开接触器底部盖板螺钉，取下盖板。在松螺钉时，要用手轻轻压住，慢慢取下。

5）慢慢按顺序取下铁心、反力弹簧、垫片等。

6）最后取出线圈，用仪表测量其阻值，并记录。

(3) 检修

1）检测灭弧罩有无破损或烧坏变形，清理灭弧罩内的灰尘。

2）检查触点的磨损程度，磨损严重时应更换触点；若无须更换，则清除触点表面上烧毛的颗粒。

3）清除铁心端面的油垢，检查铁心有无变形及端面接触是否平整。

4）检查触点压力弹簧及反作用弹簧是否变形或弹力不足。如有需要，则更换弹簧。

5）检查电磁线圈是否有短路、断路及发热变色现象。

(4) 装配

按拆卸的逆顺序进行装配。

(5) 自检

用万用表欧姆档检查线圈及各触点是否良好；用绝缘电阻表测量各触点间及主触点对地电阻是否符合要求；用手按动主触点检查运动部分是否灵活，以防产生接触不良、振动和噪声。

(6) 触点压力的测量与调整

可以用纸条凭经验判断触点压力是否合适。将一张厚约0.1mm，比触点稍宽的纸条夹在CJ0-20型接触器的触点间，触点处于闭合位置，用手拉动纸条，若触点压力合适，稍用力纸条即可拉出。若纸条很容易被拉出，说明触点压力不够。若纸条被拉断，说明触点压力太大。可调整触点弹簧或更换弹簧，直至符合要求。

(7) 注意事项

1）拆卸过程中，应备有盛放零件的容器，以免丢失零件。

2）拆装过程中不允许硬撬，以免损坏电器。装配辅助静触点时，要防止卡住动触点。

3）调整触点压力时，注意不得损坏交流接触器的主触点。

2. 交流接触器的检测

（1）外观检测

观察交流接触器动、静触点的螺钉是否齐全、牢固，动、静触点是否活动灵活，外壳有无损伤等。

（2）功能检测

1）用万用表电阻档测量线圈的电阻值，显示电阻值为几百欧。

2）当交流接触器不动作时，用万用表电阻档测量动断（常闭）触点输入端和输出端之间的接触电阻，显示电阻值约为0。测量动合（常开）触点输入端和输出端的接触电阻，显示电阻值为无穷大。

3）用手按下衔铁（动铁心），用万用表电阻档测量动断（常闭）触点输入端和输出端之间的接触电阻，显示电阻值为无穷大。测量动合（常开）触点输入端和输出端之间的接触电阻，显示电阻值约为0。

3. 交流接触器常见故障现象与处理方法

交流接触器常见故障现象与处理方法见表2-14。

表2-14　交流接触器常见故障现象与处理方法

故障现象	可能原因	处理方法
吸不上或吸力不足 （即触点已闭合而铁心尚未完全吸合）	（1）电源电压过低或波动太大 （2）操作回路电源容量不足或发生断线、配线错误及控制触点接触不良 （3）线圈技术参数与使用条件不符 （4）产品本身受损（如线圈断线或烧毁、机械可动部分被卡住、转轴生锈或歪斜等） （5）触点弹簧压力与超程过大	（1）调高电源电压 （2）增加电源容量，更换线路，修理控制触点 （3）更换线圈 （4）更换线圈，排除卡住故障，修理受损零件 （5）调整触点参数
不释放或释放缓慢	（1）触点弹簧压力过小 （2）触点熔焊 （3）机械可动部分被卡住、转轴生锈或歪斜 （4）反力弹簧损坏 （5）铁心极面有油污或尘埃黏着 （6）E形铁心，当寿命终了时，因去磁气隙消失，剩磁增大，使铁心不释放	（1）调整触点参数 （2）排除熔焊故障，修理或更换触点 （3）排除卡住现象，修理受损零件 （4）更换反力弹簧 （5）清理铁心极面 （6）更换铁心
线圈过热或烧坏	（1）电源电压过高或过低 （2）线圈技术参数（如额定电压、频率、通电持续率及适用工作制等）与实际使用条件不符 （3）操作频率（交流）过高 （4）线圈制造不良或由于机械损伤、绝缘损坏等 （5）使用环境条件差，如空气潮湿，含有腐蚀性气体或环境温度过高 （6）运动部件卡住 （7）交流铁心极面不平或中间气隙过大 （8）交流接触器因动断联锁触点熔焊不释放，而使线圈过热	（1）调整电源电压 （2）调换线圈或接触器 （3）选择其他合适的接触器 （4）更换线圈，排除影响线圈机械损伤的故障 （5）采用特殊设计的线圈 （6）排除卡住现象 （7）清除铁心极面或更换铁心 （8）调整联锁触点参数及更换烧坏线圈

（续）

故障现象	可能原因	处理方法
电磁铁噪声大	（1）电源电压过低 （2）触点弹簧压力过大 （3）磁系统歪斜或机械可动部分被卡住 （4）极面生锈或因异物（如油垢、尘埃）侵入铁心极面 （5）短路环断裂 （6）铁心极面磨损过度而不平	（1）提高操作回路电压 （2）调整触点弹簧压力 （3）排除机械卡住故障 （4）清理铁心极面 （5）调换铁心或短路环 （6）更换铁心
触点熔焊	（1）操作频率过高或产品过载使用 （2）负载侧短路 （3）触点弹簧压力过小 （4）触点表面有金属颗粒凸起或异物 （5）操作回路电压过低或机械可动部分被卡住，致使吸合过程中有停滞现象，触点停顿在刚接触的位置上	（1）调整合适的接触器 （2）排除短路故障，更换触点 （3）调整触点弹簧压力 （4）清理触点表面 （5）调高操作电源电压，排除机械卡住故障，使接触器吸合可靠
触点过热或灼伤	（1）触点弹簧压力过小 （2）触点上有油污或表面高低不平，有金属粒突起 （3）环境温度过高或使用在密闭的控制箱中 （4）操作频率过高或工作电流过大，触点的断开容量不够 （5）触点的超程过小	（1）调高触点弹簧压力 （2）清理触点表面 （3）接触器降容使用 （4）调换容量较大的接触器 （5）调整触点超程或更换触点
触点过度磨损	（1）接触器选用欠妥，在以下场合，容量不足 1）反接制动 2）操作频率过高 （2）三相触点动作不同步 （3）负载侧短路	（1）接触器降容使用或改用适于繁重任务的接触器 （2）调整至同步 （3）排除短路故障，更换触点
相间短路	（1）可逆转换的接触器联锁不可靠，由于误动作，致使两台接触器同时投入运行可造成相间短路，或因接触器动作过快，转换时间短，在转换过程中发生电弧短路 （2）尘埃堆积或有水汽、油污，使绝缘变坏 （3）接触器零部件损坏（如灭弧室碎裂）	（1）检查电气联锁与机械连锁；在控制电路上加中间环节或更换动作时间长的接触器，延长可逆转换时间 （2）经常清理，保持清洁 （3）更换损坏零部件

任务实施

交流接触器的拆装与检测任务单见表2-15。

表2-15 交流接触器的拆装与检测任务单

项目二 常用低压电器的认识与检测		日期：
班级：	学号：	指导教师签字：
小组成员：		

（续）

任务五　交流接触器的拆装与检测		
操作要求：1. 正确掌握常见电工工具的使用方法 2. 严格参照低压电器检测步骤与要求 3. 良好的“7S”工作习惯		
1. 工具、设备准备：		
2. 制订工作计划及组员分工：		
3. 工作现场安全准备、检查：		
4. 交流接触器的拆装		
操作项目	步　骤	完成情况
实物认知	（1）仔细观察交流接触器的外形、结构特点	□完成□未完成
	（2）看交流接触器上的铭牌及说明书，了解它的型号及各参数的意义	□完成□未完成
拆卸、检测内容	（1）检测灭弧罩有无破损或烧坏变形，清理灭弧罩内的灰尘	□完成□未完成
	（2）检查触点的磨损程度，磨损严重时应更换触点；若无须更换，则清除触点表面上烧毛的颗粒	□完成□未完成
	（3）清除铁心端面的油垢，检查铁心有无变形及端面接触是否平整	□完成□未完成
	（4）检查触点压力弹簧及反作用弹簧是否变形或弹力不足。如有需要，则更换弹簧	□完成□未完成
	（5）检查线圈是电磁否有短路、断路及发热变色现象	□完成□未完成
装配后自检	（1）用万用表欧姆档检查各触点是否良好	□完成□未完成
	（2）用绝缘电阻表测量各触点对地电阻是否符合要求	□完成□未完成
	（3）用手按动主触点检查运动部分是否灵活，以防产生接触不良、振动和噪声	□完成□未完成
调整触点压力	触点压力的测量与调整	□完成□未完成

拆装结果记录

型号与名称		额定电压等级	
触点数			
主触点	辅助触点	辅助动合（常开）触点	辅助动断（常闭）触点

部件名称	作用	外观是否正常

5. 交流接触器的检测

操作项目	步骤	完成情况
外观检测	（1）观察外观是否损伤	□完成□未完成
	（2）检查接线螺钉是否齐全，操作机构应灵活无阻滞，动、静触点应分、合迅速，松紧一致	□完成□未完成

（续）

操作项目	步骤	完成情况
功能检测	(1) 用万用表电阻档测量线圈的电阻值	□完成□未完成
	(2) 当交流接触器不动作时，用万用表电阻档测量动断（常闭）触点输入端和输出端之间、动合（常开）触点输入端和输出端之间的接触电阻	□完成□未完成
	(3) 用手按下衔铁（动铁心），用万用表电阻档测量动断（常闭）触点输入端和输出端之间、动合（常开）触点输入端和输出端之间的接触电阻	□完成□未完成

检测记录					
型号		线圈电压等级		线圈电阻大小	
外观	□正常　□不正常		触点灵活程度	□灵活　□不灵活	

触点好坏检测			
动合（常开）触点		动断（常闭）触点	
动作前	动作后	动作前	动作后

6. 若在检测过程中交流接触器出现故障，请列举故障现象、故障原因及处理方法

故障现象	可能原因	处理方法	备注

7. 总结本次任务重点和要点：

8. 本次任务所存在的问题及解决方法：

任务评价

交流接触器的拆装与检测的考核评价表见表2-16。

表2-16 交流接触器的拆装与检测考核评价表

项目二　常用低压电器的认识与检测				日期：			
任务五　交流接触器的拆装与检测							
自评：□熟练□不熟练		互评：□熟练□不熟练		师评：□熟练□不熟练		指导教师签字：	
评价内容	作品（70分）						
序号	主要内容	考核要求	评分细则	配分	自评	互评	师评
1	实物认知	认识交流接触器，知道交流接触器型号及各参数的意义	(1) 不认识交流接触器扣5分 (2) 型号与参数意义不熟练扣5～10分	10分			

（续）

序号	主要内容	考核要求	评分细则	配分	自评	互评	师评
2	拆卸和装配	准备好工具器材，做好拆卸的有关记录工作	（1）拆卸步骤及方法不正确，每次扣5分 （2）拆装不熟练扣5~10分 （3）丢失零部件，每件扣10分 （4）拆卸不能组装扣15分 （5）损坏零部件扣20分	20分			
3	检测	按正确步骤和要求检测交流接触器，做好检测的有关记录工作	（1）未进行检测扣20分 （2）检测步骤及方法不正确，每次扣5分 （3）检测结果不正确，每次扣5分 （4）扩大故障（无法修复）扣20分	20分			
4	调整触点压力	按步骤正确调整触点压力	（1）不能凭经验判断触点压力大小扣5分 （2）不会测量触点压力扣5分 （3）触点压力测量不准确扣5分 （4）触点压力的调整方法不正确扣10分	10分			
5	故障原因分析与处理	能根据故障现象，分析故障原因，找到正确的处理方法	（1）不能进行故障原因分析扣10分 （2）分析原因不正确扣5~10分 （3）处理方法不正确扣5~10分	10分			
			作品总分				
评价内容	职业素养与操作规范（30分）						
序号	主要内容	考核要求	评分细则	配分	自评	互评	师评
1	安全操作	（1）应穿工作服、绝缘鞋 （2）能按安全要求使用工具和仪表操作 （3）操作过程中禁止将工具或元件放置在高处等较危险的地方 （4）拆装后，未按要求进行自检	（1）没有穿戴防护用品扣5分 （2）操作前和完成后，未清点工具、仪表、耗材扣2分 （3）操作过程中造成自身或他人人身伤害则取消成绩 （4）元件拆装完不自检扣10分	10分			
2	规范操作	（1）操作过程中工具与器材摆放规范 （2）操作过程中产生的废弃物按规定处置	（1）操作过程中，乱摆放工具、仪表、耗材，乱丢杂物扣5分 （2）完成任务后不按规定处置废弃物扣5分	10分			

（续）

序号	主要内容	考核要求	评分细则	配分	自评	互评	师评
3	文明操作	（1）操作完成后须清理现场 （2）在规定的工作范围内完成，不影响其他人 （3）操作结束不得将工具等物品遗留在设备内或元件上 （4）爱惜公共财物，不损坏元件和设备	（1）操作完成后不清理现场扣5分 （2）操作过程中随意走动，影响他人扣2分 （3）操作结束后将工具等物品遗留在设备或元件上扣3分 （4）操作过程中，恶意损坏元件和设备，取消成绩	10分			
职业素养与操作规范总分							
任务总分							

任务六　按钮的拆装与检测

任务描述

按步骤拆卸和安装按钮，检测按钮的好坏，根据按钮故障现象分析故障原因并排除。

1. 任务目标

知识目标：

1）熟悉按钮的外形特点、文字符号与基本结构。

2）理解按钮的工作原理与安装方法。

3）掌握正确拆装与检测按钮的方法及步骤。

4）理解按钮的典型故障原因及排除方法。

能力目标：

1）能按要求正确拆卸和安装按钮。

2）能正确检测按钮，并判断其好坏。

3）能根据按钮故障现象分析原因并排除故障。

素质目标：

1）培养学生安全操作、规范操作、文明生产的职业素养。

2）培养学生敬业奉献、精益求精的工匠精神。

3）培养学生科学分析和解决问题的能力。

2. 任务步骤

1）按照步骤拆卸和安装按钮。

2）检测按钮的好坏。

3）根据按钮故障现象分析故障原因并排除。

3. 所需实训工具、仪表和器材

1）工具：螺钉旋具（十字槽、一字槽）、镊子、尖嘴钳、钢丝钳等。

2）仪表：万用表（数字式或指针式均可）、绝缘电阻表。

3）器材：根据实际情况准备各类按钮若干个。

知识准备

一、主令电器的认识

主令电器是在自动控制系统中发出指令或信号的操纵电器。常见主令电器有按钮、位置开关等。由于是专门发号施令，故称为主令电器，主要用来切换控制电路，使电路接通或分断，实现对电力拖动系统的各种控制，以满足生产机械的要求。

1. 按钮

（1）按钮的结构与图形符号

按钮是一种用人的手指或手掌所施加的力来实现操作，并具有储能（弹簧）复位的一种控制开关。按钮的触点允许通过的电流较小，一般不超过5A，因此一般情况下它不直接控制主电路的通断，而是在控制电路中发出指令或信号去控制接触器、继电器等电器，再由它们去控制主电路的通断、功能转换或电气联锁。

按钮按静态（不受外力作用）时触点的分合状态，可分为常开按钮（起动按钮）、常闭按钮（停止按钮）和复合按钮（常开、常闭组合为一体的按钮）。常开按钮：未按下时，触点是断开的，按下时触点闭合，松开后，按钮自动复位。常闭按钮：与常开按钮相反，未按下时，触点是闭合的，按下时触点断开，松开后，按钮自动复位。复合按钮：按下时，其常闭触点先断开，然后常开触点再闭合；松开时，常开触点先断开，然后常闭触点再闭合。

按钮由按钮帽、复位弹簧、桥式触点的动触点、静触点、支柱连杆及外壳等部分组成，如图2-36所示。按钮的文字与图形符号如图2-37所示。

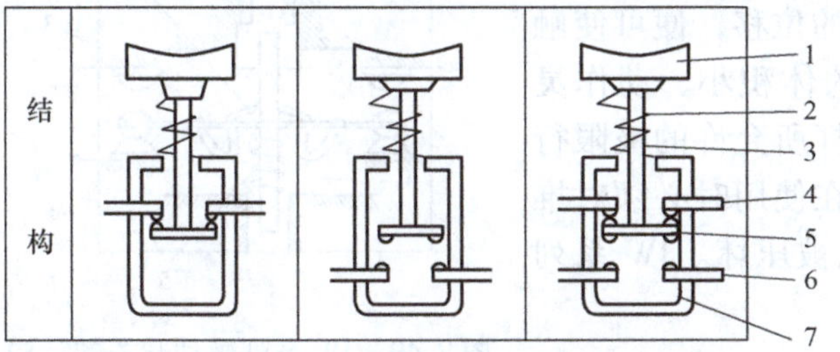

图2-36　按钮的结构图

1—按钮帽　2—复位弹簧　3—支柱连杆　4—常闭静触点　5—桥式动触点　6—常开静触点　7—外壳

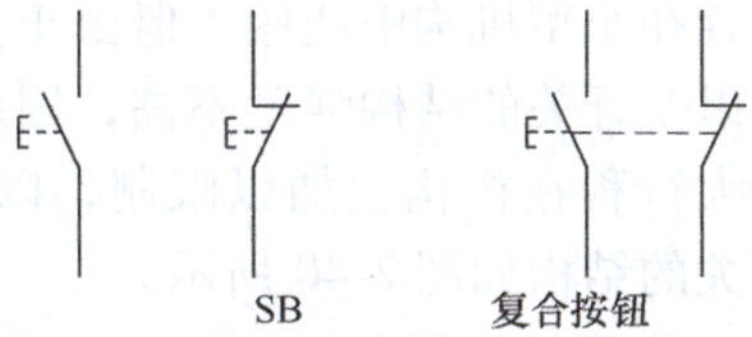

图2-37　按钮的文字与图形符号

（2）常见按钮的型号

根据工作状态指示和工作情况要求，选择按钮或指示灯的颜色。例如：起动为绿色，停止为红色，故障为黄色，这是电气行业的规范标注。

常见按钮型号的含义如图2-38所示。

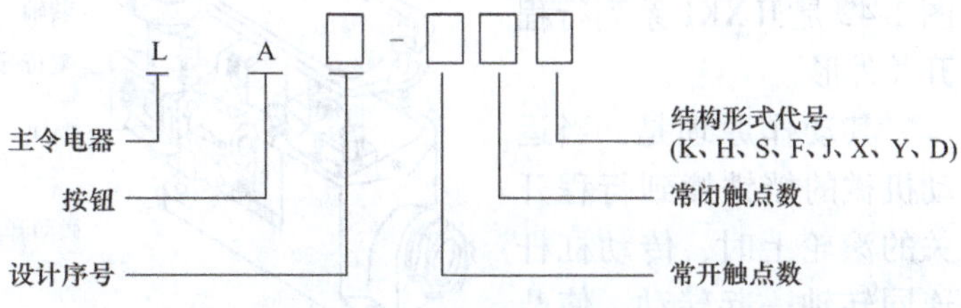

图2-38　按钮型号的含义

（3）按钮的选用

1）根据用途选用合适的型号。

2）按工作状态指示和工作情况的要求，选择按钮和指示灯的颜色。

3）根据控制电路的需要确定按钮个数。

（4）按钮的常见故障分析

1）按下起动按钮时有触电感觉。故障的原因一般为按钮的防护金属外壳与连接导线接触或按钮帽的缝隙间充满铁屑，使其与导电部分形成通路。

2）停止按钮失灵，不能断开电路。故障的原因一般有接线错误、线头松动或搭接在一起、铁尘过多或油污使停止按钮两动断触点形成短路。

3）按下停止按钮，再按起动按钮，被控电器不动作。故障的原因一般为被控电器有故障、停止按钮的复位弹簧损坏或按钮接触不良。

2. 行程开关

生产机械中常需要控制某些运动部件的行程、运动一定行程使其停止、在一定行程内自动返回或自动循环，这种控制机械行程的方式叫“行程控制”或“限位控制”。

行程开关又称限位开关，是实现行程控制的小电流（5A 以下）主令电器，它是利用生产机械运动部件的碰撞来发出指令，即将机械信号转换为电信号，通过控制其他电器来控制运动部件的行程大小、运动方向或进行限位保护。

行程开关种类很多，以下介绍两种常用的系列产品。行程开关的图形与文字符号如图 2-39 所示。

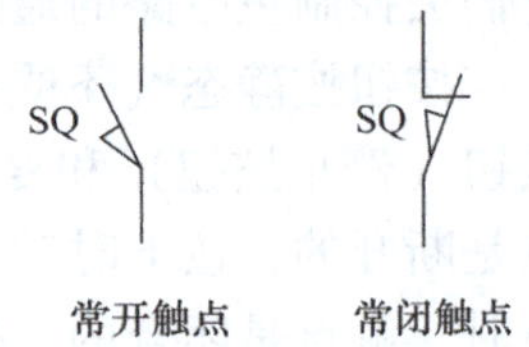

图 2-39 行程开关的图形与文字符号

（1）微动开关

微动开关的结构和动作原理与按钮相似，由于弯形片状弹簧具有放大作用，推杆只需有微小的位移，便可使触点动作，故称为微动开关。微动开关的体积小、动作灵敏，适合在小型机构中使用，但由于推杆所允许的极限行程很小以及开关的结构强度不高，因此在使用时必须对推杆的最大行程在机构上加以限制，以免被压坏。JW 系列微动开关的结构如图 2-40 所示。

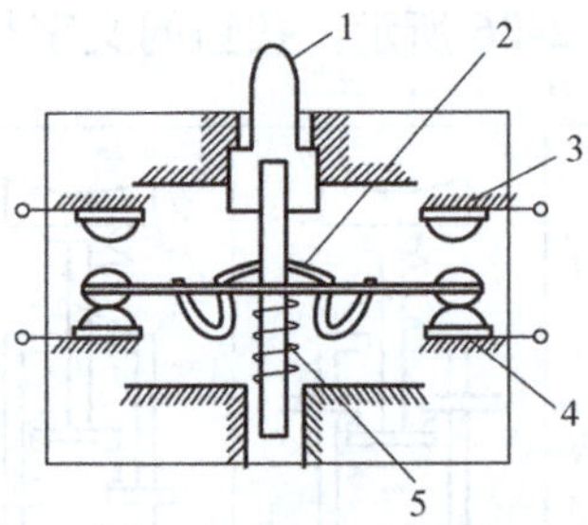

图 2-40 JW 系列微动开关的结构
1—推杆 2—弯形片状弹簧 3—常开触点 4—常闭触点 5—恢复弹簧

（2）常用行程开关

常用的行程开关有 LX19 系列和 JLXK1 系列。各种系列的行程开关基本结构相同，区别仅在于使行程开关动作的传动装置和动作速度不同。图 2-41 是 JLXK1 系列行程开关的结构和动作原理图，图 2-42 是 JLXK1 系列行程开关外形。

其动作原理是：当运动机械的挡铁撞到行程开关的滚轮上时，传动杠杆连同转轴一起转动，使凸轮推动撞块，当撞块被压

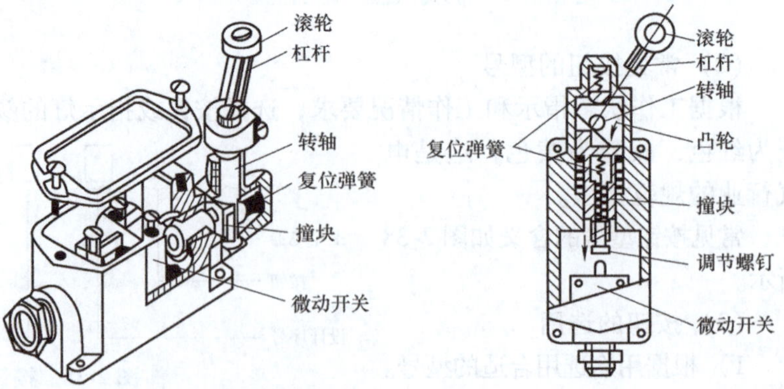

图 2-41 JLXK1 系列行程开关的结构和动作原理图

到一定位置时，推动微动开关快速动作，使其常闭触点分断、常开触点闭合；当滚轮上的挡铁移开后，复位弹簧就使行程开关各部分恢复原始位置，这种单轮自动恢复的行程开关是依靠本身的恢复弹簧来复原的。图2-42c 中的双轮行程开关不能自动复位，它是依靠运动机械反向移动时，挡铁碰撞另一滚轮将其复位。

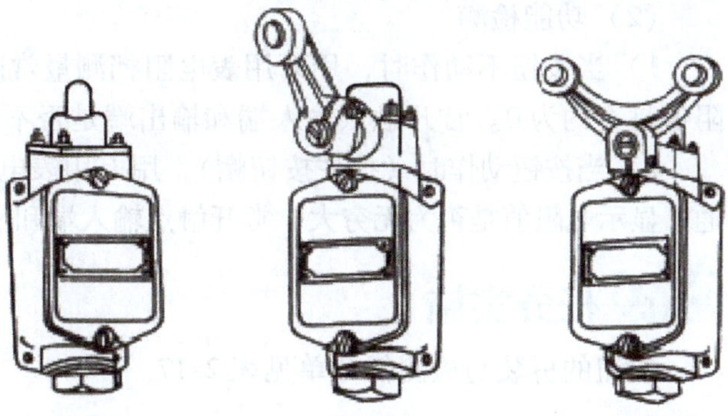

a) 按钮式　b) 单轮旋转式　c) 双轮旋转式

图 2-42　JLXK1 系列行程开关外形

(3) 行程开关型号

行程开关的型号含义如图 2-43 所示。

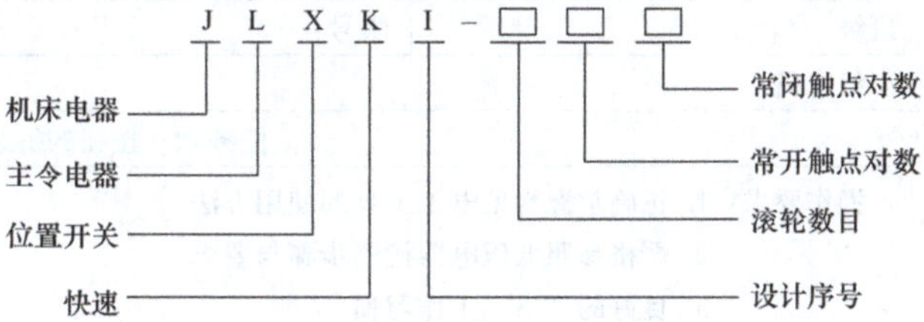

图 2-43　行程开关的型号含义

(4) 行程开关选择

1）根据应用场合及控制对象选择是一般用途还是起重设备用行程开关。

2）根据安装环境选择采用何种系列的行程开关。

3）根据机械与行程开关的传动形式，是开启式还是防护式。

4）根据控制回路的电压和电流、传力与位移关系选择合适的头部结构形式。

(5) 行程开关的常见故障分析

1）当挡铁碰撞位置开关时触点不动作，故障的原因一般为位置开关的安装位置不对，离挡铁太远；触点接触不良或连接线松脱。

2）位置开关复位但动断触点不能闭合，故障的原因一般为触点偏斜或动触点脱落、触杆被杂物卡住、弹簧弹力减退或被卡住。

3）位置开关的杠杆已偏转但触点不动，故障的原因一般为位置开关的位置装得太低或触点由于机械卡阻而不动作。

二、按钮的拆装与检测

1. 按钮的拆装

(1) 实物认知

1）仔细观察按钮的外形、结构特点。

2）观察按钮上的铭牌及说明书，了解它的型号及各参数的意义。

(2) 拆装检测内容

1）检查接线螺钉是否齐全，操作机构是否灵活无阻滞。

2）动、静触点是否分、合迅速，松紧一致。

3）检查触点的磨损程度，磨损严重时应更换触点。若不需更换，则清除触点表面上烧毛的颗粒。

2. 按钮的检测

(1) 外观检测

观察按钮动、静触点的螺钉是否齐全、牢固，动、静触点是否活动灵活，外壳有无损伤等。

(2) 功能检测

1) 当按钮不动作时，用万用表电阻档测量常闭触点输入端和输出端是否接通，显示电阻值是否约为0。常开触点输入端和输出端是否不通，显示电阻值是否为无穷大。

2) 当按钮动作时（按住按钮帽），用万用表电阻档测量常闭触点输入端和输出端是否接通，显示电阻值是否为无穷大。常开触点输入端和输出端是否不通，显示电阻值是否约为0。

任务实施

按钮的拆装与检测任务单见表2-17。

表2-17 按钮的拆装与检测任务单

<table>
<tr><td colspan="3">项目二　常用低压电器的认识与检测</td><td>日期：</td></tr>
<tr><td>班级：</td><td colspan="2">学号：</td><td>指导教师签字：</td></tr>
<tr><td colspan="4">小组成员：</td></tr>
<tr><td colspan="4">任务六　按钮的拆装与检测</td></tr>
<tr><td colspan="4">操作要求：1. 正确掌握常见电工工具的使用方法
2. 严格参照低压电器检测步骤与要求
3. 良好的“7S”工作习惯</td></tr>
<tr><td colspan="4">1. 工具、设备准备：</td></tr>
<tr><td colspan="4">2. 制订工作计划及组员分工：</td></tr>
<tr><td colspan="4">3. 工作现场安全准备、检查：</td></tr>
<tr><td colspan="4">4. 按钮的拆装</td></tr>
<tr><td>操作项目</td><td colspan="2">步　骤</td><td>完成情况</td></tr>
<tr><td rowspan="2">实物认知</td><td colspan="2">(1) 仔细观察按钮的外形、结构特点</td><td>□完成□未完成</td></tr>
<tr><td colspan="2">(2) 看按钮上的铭牌及说明书，了解它的型号及各参数的意义</td><td>□完成□未完成</td></tr>
<tr><td rowspan="3">拆卸、检测内容</td><td colspan="2">(1) 检查接线螺钉是否齐全，操作机构是否灵活无阻滞</td><td>□完成□未完成</td></tr>
<tr><td colspan="2">(2) 动、静触点是否分、合迅速，松紧一致</td><td>□完成□未完成</td></tr>
<tr><td colspan="2">(3) 检查触点的磨损程度，磨损严重时应更换触点。若不需更换，则清除触点表面上烧毛的颗粒</td><td>□完成□未完成</td></tr>
<tr><td rowspan="3">装配后自检</td><td colspan="2">(1) 用万用表欧姆档检查各触点是否良好</td><td>□完成□未完成</td></tr>
<tr><td colspan="2">(2) 用绝缘电阻表测量各触点对地电阻是否符合要求</td><td>□完成□未完成</td></tr>
<tr><td colspan="2">(3) 用手按动触点检查运动部分是否灵活，以防产生接触不良、振动和噪声</td><td>□完成□未完成</td></tr>
<tr><td colspan="4">拆装结果记录</td></tr>
<tr><td>型号与名称</td><td colspan="3"></td></tr>
<tr><td>触点数</td><td colspan="2">常闭触点数</td><td>常开触点数</td></tr>
<tr><td></td><td colspan="2"></td><td></td></tr>
</table>

（续）

部件名称	作用	外观是否正常

5. 按钮的检测

操作项目	步骤	完成情况
外观检测	（1）观察外观无损伤	□完成□未完成
	（2）检查接线螺钉是否齐全，操作机构是否灵活无阻滞，动、静触点应分、合迅速，松紧一致	□完成□未完成
功能检测	（1）当按钮不动作时，用万用表电阻档测量常闭触点输入端和输出端、常开触点输入端和输出端之间的电阻	□完成□未完成
	（2）当按钮动作时（按住按钮帽），用万用表电阻档测量常闭触点输入端和输出端、常开触点输入端和输出端之间的电阻	□完成□未完成

检测记录			
型号		触点数量	
触点螺钉	□齐全　□不齐全	触点灵活程度	□灵活　□不灵活
触点好坏检测			
常开触点		常闭触点	
动作前	动作后	动作前	动作后

6. 若在检测过程中按钮出现故障，请列举故障现象、故障原因及处理方法

故障现象	可能原因	处理方法	备注

7. 总结本次任务重点和要点：

8. 本次任务所存在的问题及解决方法：

任务评价

按钮的拆装与检测的考核评价表见表2-18。

表 2-18 按钮的拆装与检测考核评价表

项目二 常用低压电器的认识与检测			日期：				
任务六 按钮的拆装与检测							
自评：□熟练□不熟练		互评：□熟练□不熟练	师评：□熟练□不熟练	指导教师签字：			
评价内容	作品（70分）						
序号	主要内容	考核要求	评分细则	配分	自评	互评	师评
1	实物认知	认识按钮，知道按钮型号及各参数的意义	（1）不认识按钮扣5分 （2）型号与参数意义不熟练扣5～10分	10分			
2	拆卸和装配	准备好工具器材，做好拆卸的有关记录工作	（1）拆卸步骤及方法不正确，每次扣5分 （2）拆装不熟练扣5～10分 （3）丢失零部件，每件扣10分 （4）拆卸不能组装扣15分 （5）损坏零部件扣20分	20分			
3	检测	按正确步骤和要求检测按钮，做好检测的有关记录工作	（1）未进行检测扣30分 （2）检测步骤及方法不正确，每次扣5分 （3）检测结果不正确，每次扣5分 （4）扩大故障（无法修复）扣30分	30分			
4	故障原因分析与处理	能根据故障现象，分析故障原因，找到正确的处理方法	（1）不能进行故障原因分析扣10分 （2）分析原因不正确扣5～10分 （3）处理方法不正确扣5～10分	10分			
作品总分							
评价内容	职业素养与操作规范（30分）						
序号	主要内容	考核要求	评分细则	配分	自评	互评	师评
1	安全操作	（1）应穿工作服、绝缘鞋 （2）能按安全要求使用工具和仪表操作 （3）操作过程中禁止将工具或器件放置在高处等较危险的地方 （4）拆装后，未按要求进行自检	（1）没有穿戴防护用品扣5分 （2）操作前和完成后，未清点工具、仪表、耗材扣2分 （3）操作过程中造成自身或他人人身伤害则取消成绩 （4）元件拆装完不自检扣10分	10分			

项目一 项目二 项目三 项目四 项目五 项目六 项目七 参考文献

（续）

序号	主要内容	考核要求	评分细则	配分	自评	互评	师评
2	规范操作	（1）操作过程中工具与器材摆放规范 （2）操作过程中产生的废弃物按规定处置	（1）操作过程中，乱摆放工具、仪表、耗材，乱丢杂物扣5分 （2）完成任务后不按规定处置废弃物扣5分	10分			
3	文明操作	（1）操作完成后须清理现场 （2）在规定的工作范围内完成，不影响其他人 （3）操作结束不得将工具等物品遗留在设备内或元件上 （4）爱惜公共财物，不损坏元件和设备	（1）操作完成后不清理现场扣5分 （2）操作过程中随意走动，影响他人扣2分 （3）操作结束后将工具等物品遗留在设备或元件上扣3分 （4）操作过程中，恶意损坏元件和设备，取消成绩	10分			
职业素养与操作规范总分							
任务总分							

项目拓展训练

研讨案例1：在电动机的控制电路中，熔断器和热继电器能否相互代替？为什么？

分析研究：热继电器和熔断器在电动机短路保护电路中的作用是不相同的。热继电器只做长期的过载保护，而熔断器只做短路保护，因此一个完整的保护电路，特别是电动机电路，应该两种保护都具有。

研讨案例2：交流接触器铁心上的短路环起什么作用？若此短路环断裂或脱落，在工作中会出现什么现象？为什么？

分析研究：短路环是为了减小铁心振动和噪声而设置的装置。当短路环断裂或脱落后，会产生较大振动和噪声，同时交流接触器的铁心上产生的涡流过大可能会导致接触器的损坏，甚至烧毁线圈。

练 习 题

一、选择题

1. 低压电器按其在电源线路中的地位和作用，可分为（　　）两大类。

A. 开关电器和保护电器　　B. 操作电器和保护电器

C. 配电电器和操作电器　　D. 控制电器和配电电器

2. 高低压元件以交流（　　）V、直流1500V为界。

A. 1000　　B. 1200　　C. 1500　　D. 750

3. 刀开关在电路原理图中的文字符号是（　　）。

A. SB　　B. QS　　C. FU　　D. KM

4. 熔断器用于供电线路和电气设备的（　　），其主体是低熔点金属丝或金属薄片制成的熔体。

A. 过电压保护　　B. 短路保护　　C. 过电流保护　　D. 欠电压保护

5. 电动机控制电路中过载保护环节是依靠（　　）的作用实现的。

A. 热继电器　　B. 时间继电器　　C. 接触器　　D. 熔断器

6. 下面（　　）不是接触器的组成部分。

A. 电磁机构　　B. 触点系统　　C. 灭弧装置　　D. 脱扣机构

7. 按钮在电路原理图中的文字符号是（　　）。

A. SB　　B. QS　　C. FU　　D. KM

8. 主令电器的任务是（　　）。

A. 切换主电路　　B. 切换信号电路　　C. 切换测量电路　　D. 切换控制电路

9. 接触器检修后由于灭弧装置损坏，该接触器（　　）使用。

A. 仍能继续　　B. 不能　　C. 在额定电流下可以　　D. 短路故障下也可

10. 对检修后的电磁式继电器的衔铁与铁心闭合位置要正，其歪斜度要求（　　），吸合后不应有杂音、抖动。

A. 不得超过1mm　　B. 不得歪斜

C. 不得超过2mm　　D. 不得超过5mm

二、判断题

1. 刀开关安装时，手柄要向上装。接线时，用电器接在上端，下端接电源线。（　　）

2. 低压断路器具有失电压保护的功能。（　　）

3. 熔断器的额定电流是指其本身截面部分和接触部分的发热允许值。（　　）

4. 一定规格的热继电器，其所装的热元件规格可能是不同的。（　　）

5. 热继电器在电路中作电动机的短路保护。（　　）

6. 交流接触器通电后，如果铁心吸合受阻，将导致线圈烧毁。（　　）

7. 控制按钮可以用来控制继电器接触器控制电路中的主电路的通、断。（　　）

8. 主令控制器是用来频繁切换复杂多回路控制电路的主令电器。（　　）

9. 中间继电器主要用于信号传递和放大及多路同时控制时的中间转换。（　　）

10. 继电器在整定值下动作时所需的最小电压称为灵敏度。（　　）

三、问答题

1. 什么是电弧？电弧有哪些危害？

2. 画出热继电器的热元件和触点的符号，并标出文字符号。热继电器一般在电路中有什么作用？热继电器会不会因电动机的起动电流过大而立即动作？对于定子绕组是△联结的三相交流异步电动机应如何选择热继电器？

3. 交流接触器的主要作用是什么？交流电磁铁与直流电磁铁有哪些区别？

项目三

电动机连续运行控制电路的安装与调试

项目导入

三相交流异步电动机在各类机床中得到广泛使用。接下来提到的电动机都是指三相交流异步电动机。它的起动控制方式有全压起动和减压起动。一般电动机的额定功率在7.5kW以下，可以全压直接起动。对于大容量的电动机，由于起动瞬间电动机的起动电流是电动机额定电流的5～7倍，一般采用减压起动方式。电动机连续运行控制电路一般用于机床设备的冷却泵、小型钻床、砂轮机等小容量电动机的控制。

某工厂一台C6140型车床主轴电动机要安装起动停止电路，需要项目组完成电动机连续运行控制电路的安装与调试。

项目要求：正确识读电动机连续运行控制电路原理图；绘制相应的电气元件布置图和安装接线图；选择合适的电气元件，按工艺要求完成电气控制电路连接；完成电路的通电试车，并对电路产生的故障进行故障原因分析与排除。

本项目共包括三个任务：电动机连续运行控制电路功能仿真、电动机连续运行控制电路的安装、电动机连续运行控制电路的调试。本项目所含知识点如图3-1所示。

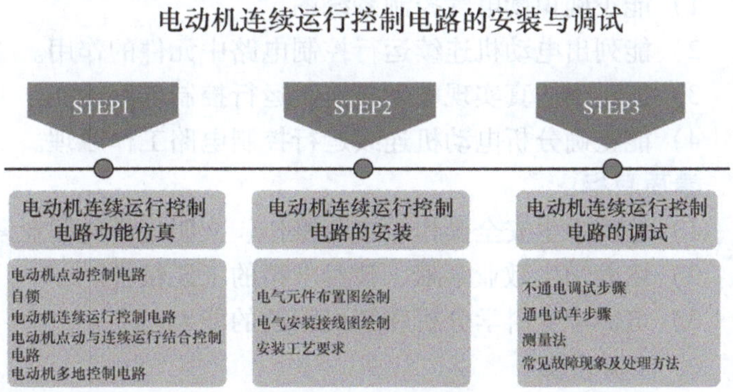

图3-1　项目三知识点

学有所获

通过完成本项目，学生应达到以下目标：

知识目标：

1. 掌握电气控制系统图的读图、绘图原则与方法。
2. 掌握电动机连续运行控制电路的工作原理。
3. 掌握电动机连续运行控制电路电气元件布置图和电气安装接线图的绘制方法。
4. 掌握电动机连续运行控制电路的电路安装接线步骤、工艺要求与安装技巧。
5. 掌握电动机连续运行控制电路的故障原因分析与排除方法。

能力目标：

1. 会识读电动机连续运行控制电路原理图，并能正确叙述其工作原理。
2. 能根据电路原理图绘制电气元件布置图和电气安装接线图。
3. 能根据要求选择合适的电气元件，按工艺要求安装电动机连续运行控制电路。

4. 会进行不通电检测电动机连续运行控制电路功能并通电试车。
5. 能根据电路故障现象分析故障原因、找到电路故障点并排除。

素质目标：

1. 培养学生安全操作、规范操作、文明生产的职业素养。
2. 培养学生敬业奉献、精益求精的工匠精神。
3. 培养学生科学分析和解决实际问题的能力。

任务一　电动机连续运行控制电路功能仿真

任务描述

通过在仿真软件里选择合适的电气元件，绘制电路原理图，了解常用低压电气元件在电路中的作用；采用仿真软件实现电路功能，理解电动机连续运行控制电路工作原理。

1. 任务目标

知识目标：

1）掌握电气控制系统图的读图、绘图原则与方法。
2）理解电气控制的自锁控制规律。
3）理解电动机连续运行控制电路工作原理。

能力目标：

1）能正确识读电气控制系统图。
2）能列出电动机连续运行控制电路中元件的作用。
3）能正确仿真实现电动机连续运行控制电路功能。
4）能正确分析电动机连续运行控制电路工作原理。

素质目标：

1）培养学生安全操作、规范操作、文明生产的职业素养。
2）培养学生敬业奉献、精益求精的工匠精神。
3）培养学生科学分析和解决问题的能力。

2. 任务步骤

1）列出低压电气元件在电路中的作用。
2）采用仿真软件实现电动机连续运行控制电路功能。

知识准备

一、电气控制系统图的基本知识

电气控制系统是由许多电气元件按一定要求连接而成的。为了便于电气控制系统的设计、分析、安装、使用和检修，需要将电气控制系统中各电气元件及其连接，用一定的图形表达出来，这种图形就是电气控制系统图。

电气控制系统图有三类：电路原理图、电气元件布置图和电气安装接线图。电气图的常用符号有：

1. 图形、文字符号

电气控制系统图中，电气元件必须使用国家统一规定的图形符号和文字符号。国家规定从1990年1月1日起，今后电气系统图中的图形符号和文字符号必须符合最新的国家标准。

（1）图形符号

图形符号通常用于图样或其他文件，用以表示一个设备或概念的图形、标记或字符。电气控制系统图中的图形符号必须按国家标准绘制。

运用图形符号绘制电气图时应注意以下内容：

1）符号尺寸大小、线条粗细依国家标准可放大与缩小，但在同一张图样中，统一符号的尺寸应保持一致，各符号之间及符号本身的比例应保持不变。

2）标准中给出的符号方位，在不改变符号含义的前提下，可根据图面布置的需要旋转，或成镜像位置，但是文字和指示方向不得倒置。

3）大多数符号都可以附加上补充说明标记。

4）对标准中没有规定的符号，可选取《电气简图用图形符号》GB/T 4728—2018中给定的符号要素、一般符号和限定符号，按其中规定的原则进行组合。

（2）文字符号

文字符号分为基本文字符号和辅助文字符号。

1）基本文字符号：有单字母和双字母两种。单字母是按拉丁字母将电气设备、装置和元件划分为若干大类，每一大类用一个专用单字母表示，如“C”表示电容器类，“R”表示电阻器类。只有当用单字母不能满足要求，需将某一大类进一步划分时，才采用双字母，如“F”表示保护器件类，而“FU”表示熔断器，“FR”表示有延时动作的限流保护器件，“FV”表示限压保护器件等。

2）辅助文字符号：用以表示电气设备、装置和元件以及线路的功能、状态和特征，如“SYN”表示同步，“RD”表示红色，“L”表示限制等。辅助文字还可以单独使用，如“ON”表示接通，“OFF”表示断开，“M”表示中间线，“PE”表示接地等。因“I”和“O”同阿拉伯数字“1”和“0”容易混淆，因此不能单独作为文字符号使用。

（3）主电路各连接点标记

1）三相交流电路引入线采用L1、L2、L3、N、PE标记，直流系统的电源正、负线分别用L+、L−标记。电源开关之后的三相交流电源主电路分别按U、V、W顺序标记。

2）次级三相交流电源主电路采用三相文字代号U、V、W的前边加上阿拉伯数字1、2、3等来标记，如1U、1V、1W；2U、2V、2W等。

3）各电动机分支电路各连接点的标记采用三相文字代号后面加数字来表示，数字中的个位数字表示电动机代号，十位数字表示该支路各连接点的代号，从上到下按数值大小顺序标记。

4）三相电动机定子绕组首端分别用U1、V1、W1标记，绕组尾端分别用U2、V2、W2标记，电动机绕组中间抽头分别用U3、V3、W3标记。

5）控制电路采用阿拉伯数字编号。标注方法按“等电位”原则进行，在垂直绘制的电路中，标号顺序一般按自上而下、从左至右的规律编号。凡是被线圈、触点等元件所间隔的接线端点，都应标以不同的线号。

2. 电路原理图

（1）概念

电路原理图是用图形符号和项目代号表示电路中各个电气元件连接关系和电路工作原理

的。电路原理图结构简单、层次分明，适用于研究和分析电路的工作原理。

（2）电路原理图的画法规则

电路原理图是为了便于阅读和分析控制电路，根据简单清晰的原则，采用电气元件展开的形式绘制成的表示电气控制电路工作原理图的图形。在电路原理图中只包括所有电气元件的导电部件和接线端点之间的相互关系，并不按照各电气元件的实际布置位置和实际接线情况来绘制，也不反映电气元件的大小。

绘制电路原理图的基本规则：

1）原理图一般由电源电路、主电路（动力电路）、控制电路、辅助电路四部分组成。

① 电源电路由电源保护和电源开关组成，按规定绘成水平线。

② 主电路是从电源到电动机大电流通过的电路，应垂直于电源线路，画在原理图的左边。

③ 控制电路由继电器和接触器的触点、线圈和按钮、开关等组成，用来控制继电器和接触器线圈得电与否的小电流的电路。画在原理图的中间，垂直地画在两条水平电源线之间。

④ 辅助电路包括照明电路、信号电路等，应垂直地绘于两条水平电源线之间，画在原理图的右边。

2）同一电气元件的各个部件按其功能分别画在不同的支路中时，要用同一文字符号标出。若有几个相同的电气元件，则在文字符号后面标出1、2、3、…，例如KM1、KM2、…。

3）原理图中，各电气元件的导电部件如线圈和触点的位置，应根据便于阅读和发现的原则来安排，绘在它们完成作用的地方。同一电气元件的各个部件可以不画在一起。

4）原理图中所有电气元件的触点，都按没有通电或没有外力作用时的开闭状态画出，如继电器、接触器的触点按线圈未通电时的状态画。

5）原理图中，无论是主电路还是辅助电路，各电气元件一般应按动作顺序从上到下，从左到右依次排列，可水平布置或垂直布置。

6）为了便于检索和阅读，可将图分成若干个图区，图区编号一般写在图的下面；每个电路的功能，一般在图的顶部标明。

7）由于同一电气元件的部件分别画在不同功能的支路（图区），为了便于阅读，在原理图控制电路的下面，标出了“符号位置索引”，即在相应线圈的下面，给出触点的图形符号（有时也可省去），注明相应触点所在图区，对未使用的触点用“×”表明（或不标明）。

在电路图中每个继电器线圈下方画出一条竖直线，分成左、右两栏，把受其控制而动作的触点所处的图区号填入相应的栏内。同样，对备而未用的触点，在相应的栏内用记号“×”标出或不标出任何符号，继电器触点在电路图中位置的标记见表3-1。

表3-1 继电器触点在电路图中位置的标记

栏　目	左　栏	右　栏
触点类型	常开触点所处的图区号	常闭触点所处的图区号
举例 KA2 4 | 4 | 4 |	表示3对常开触点均在图区4	表示常闭触点未用

8）原理图上各电气元件连接点应编排接线号，以便检查和接线。

某车床电路原理图如图 3-2 所示。

电源电路		主电路			控制电路				辅助电路	
电源	过电流保护	主电动机	冷却泵	快速移动	控制受压	主电动机	冷却泵	快速移动	指示灯	照明灯

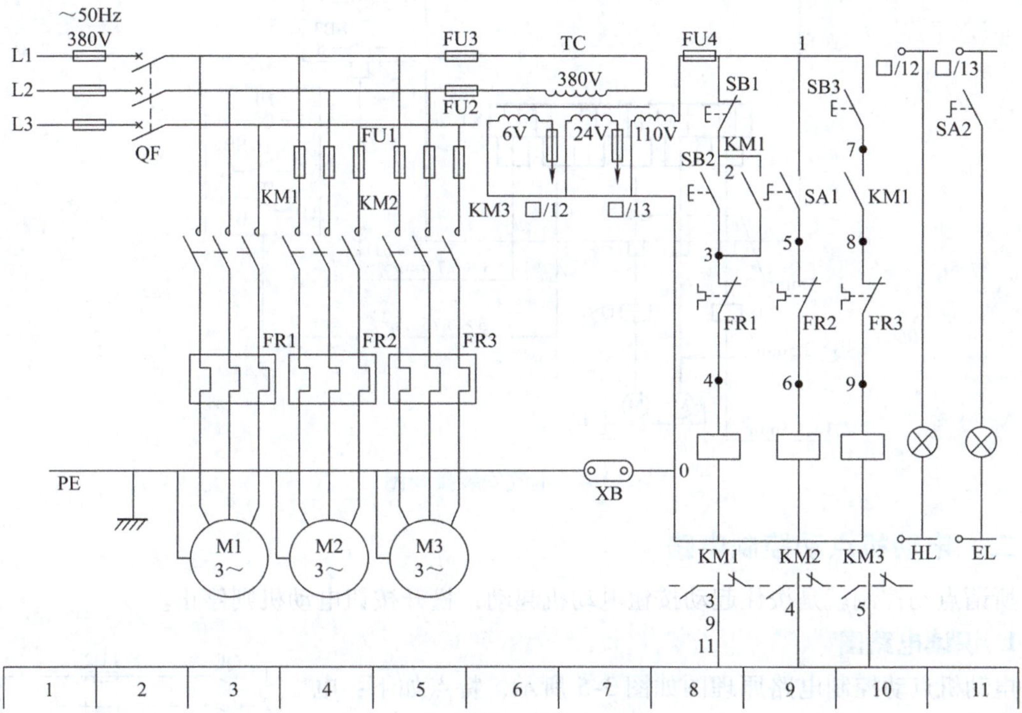

图 3-2　某车床电路原理图

3. 电气元件布置图

电气元件布置图主要用来表示各种电气设备在机械设备上和电气控制柜中的实际安装位置，为机械电气控制设备的制造、安装、检修提供必要的资料。各电气元件的安装位置是由机床的结构和工作要求来决定的，机床电气元件布置图主要由机床电气设备布置图、控制柜及控制板电气设备布置图、操纵台及悬挂操纵箱电气设备布置图等组成。在绘制电气元件布置图时，所有能见到的以及需要表示清楚的电气设备均用粗实线绘制出简单的外形轮廓，其他设备（如机床）的轮廓用双点画线表示。电气元件布置图如图 3-3 所示。

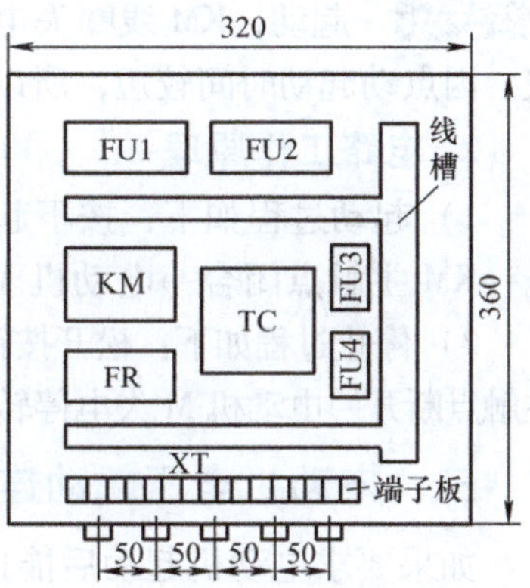

图 3-3　电气元件布置图

4. 电气安装接线图

电气安装接线图是为了安装电气设备和电气元件时进行配线或检查检修电气控制电路故障服务的。在图中要表示各电气设备之间的实际接线情况，并标注出外部接线所需的数据。在接线图中各电气元件的文字符号、元件连接顺序、线路号码编制都必须与电路原理图一致。

项目一
项目二
项目三
项目四
项目五
项目六
项目七
参考文献

电气安装接线图如图 3-4 所示。图中表明了该电气设备中电源进线、按钮板、照明灯、电动机与电气安装板接线端之间的关系，也标注了所采用包塑金属软管的直径和长度以及导线的根数、截面积。

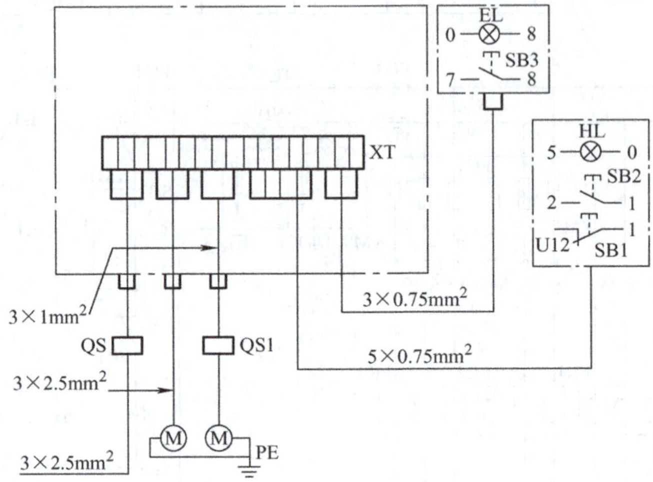

图 3-4 电气安装接线图

二、电动机点动控制电路

所谓点动控制就是按住起动按钮电动机起动，松开按钮电动机则停止。

1. 识读电路图

电动机点动控制电路原理图如图 3-5 所示，特点如下：电路中 QF 为电源隔离开关，FU 为短路保护熔断器。KM 接触器用来控制电动机，即 KM 线圈得电电动机起动，KM 线圈失电电动机停止，SB 是点动控制按钮。因点动起动时间较短，所以不需要热继电器做过载保护。

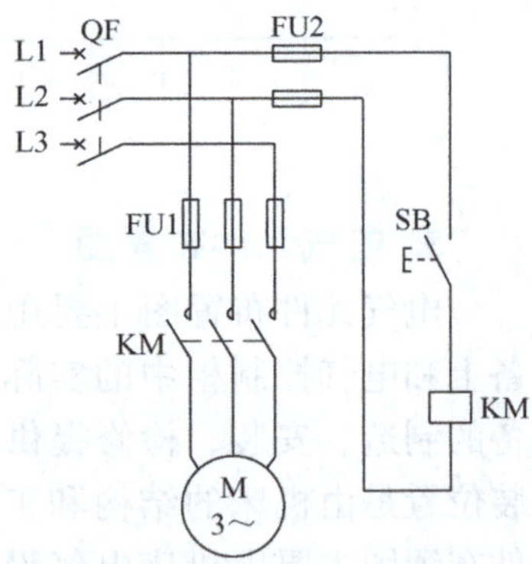

图 3-5 电动机点动控制电路原理图

2. 电路工作原理

1）起动过程如下：按下起动按钮 SB→接触器 KM 线圈得电→KM 主触点闭合→电动机 M 起动运行。

2）停止过程如下：松开按钮 SB→接触器 KM 线圈失电→KM 主触点断开→电动机 M 失电停转。

三、电动机全压起动连续运转控制电路

如果要求电动机起动后能连续运行，采用上述点动控制电路就不行了。因为要使电动机 M 连续运行，起动按钮 SB 就不能断开，这是不符合生产实际要求的。为实现电动机的连续运行，可采用接触器自锁控制电路。

1. 识读电路图

电动机连续运行控制电路原理图如图 3-6 所示，特点如下：

1）电动机连续运行控制电路和点动控制电路的主电路大致相同，增加了热继电器做过载保护。在控制电路中串接了一个停止按钮 SB2，并在起动按钮 SB2 的两端并接了接触器

KM 的一对常开辅助触点。接触器自锁正转控制电路不但能使电动机连续运转，而且还有一个重要的特点，就是具有欠电压和失电压保护作用。

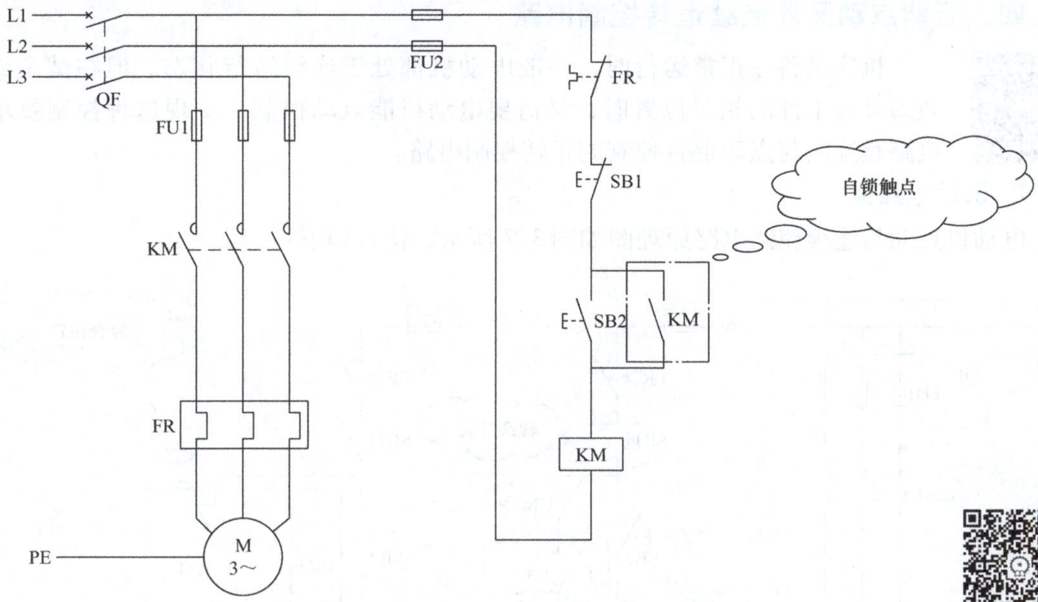

图 3-6 电动机连续运行控制电路原理图

2）欠电压保护是指当线路电压下降到某一数值时，电动机能自动脱离电源电压停转，避免电动机在欠电压下运行的一种保护。因为当线路电压下降时，电动机的转矩随之减小，电动机的转速也随之降低，从而使电动机的工作电流增大，影响电动机的正常运行，电压下降严重时还会引起"堵转"（即电动机接通电源但不转动）的现象，以致损坏电动机。采用接触器自锁正转控制电路就可避免电动机欠电压运行，这是因为当线路电压下降到一定值（一般指低于额定电压 85% 以下）时，接触器线圈两端的电压也同样下降到一定值，从而使接触器线圈磁通减弱，产生的电磁吸力减小。当电磁吸力减小到小于反作用弹簧的拉力时，动铁心被迫释放，带动主触点、自锁触点同时断开，自动切断主电路和控制电路，电动机失电停转，达到欠电压保护的目的。

2. 电路工作原理

先合上电源开关 QF。

1）起动过程如下：按下起动按钮 SB2，接触器 KM 线圈得电，KM 常开触点闭合，KM 主触点闭合，电动机起动并连续运行。

当松开 SB2，常开触点恢复分断后，因为接触器 KM 的常开辅助触点闭合时已将 SB2 短接，控制电路仍保持接通，所以接触器 KM 继续得电，电动机 M 实现连续运转。像这种当松开起动按钮 SB2 后，接触器 KM 通过自身常开触点闭合而使线圈保持得电的作用称为自锁（或自保）。与起动按钮 SB2 并联起自锁作用的常开触点称为自锁触点（也称自保触点）。

2）停止过程如下：按下停止按钮 SB1，KM 线圈失电，KM 常开触点分断，KM 主触点分断，电动机停止。

当松开 SB1，常闭触点恢复闭合后，因接触器 KM 的自锁触点在切断控制电路时已分断，解除了自锁，SB2 也是分断的，所以接触器 KM 不能得电，电动机也不会转动。

电路的保护环节：短路保护、过载保护、失电压和欠电压保护。

该电路安全可靠，不仅具有各种电气保护措施而且线路较简单，检修方便，应用非常普遍。

四、既能点动又能连续运转控制电路

机床设备在正常运行时，一般电动机都处于连续运行状态。但在试车或调整刀具与工件的相对位置时，又需要电动机能点动控制，实现这种控制要求的电路是连续与点动混合控制的正转控制电路。

1. 识读电路图

电动机点动与连续控制电路原理图如图 3-7 所示，特点如下：

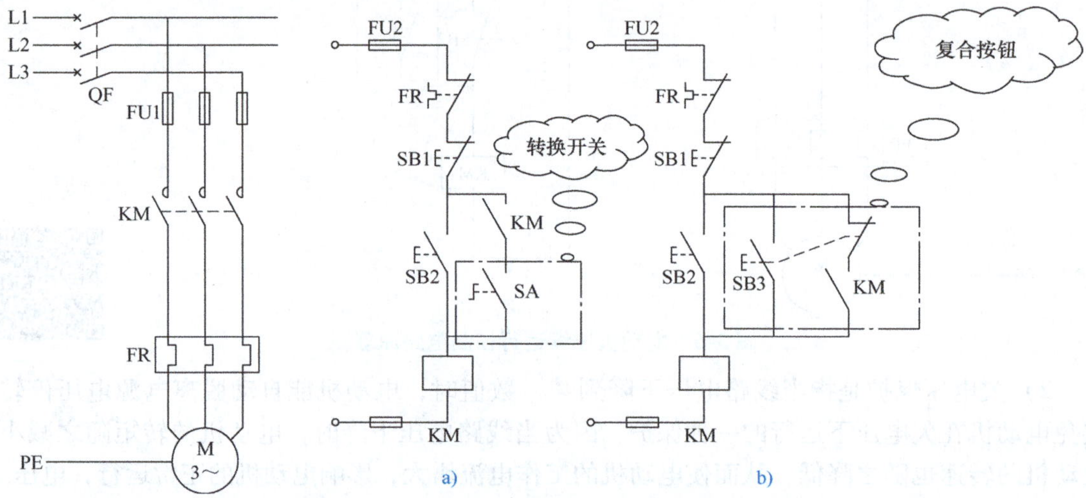

图 3-7 电动机点动与连续控制电路原理图

图 3-7a 中自锁支路串接转换开关 SA，SA 打开时为点动控制，SA 合上时为连续控制。该电路简单，但若疏忽 SA 的操作就易引起混淆。

图 3-7b 是自锁支路并接复合按钮 SB3，按下 SB3 为点动起动控制，按下 SB2 为连续起动控制。该电路的连续与点动按钮分开了，但若接触器铁心因剩磁影响而释放缓慢时就会使点动变为连续控制，这在某些极限状态下是十分危险的。

2. 电路工作原理

以图 3-7b 例说明其工作原理。

连续工作过程分析如下：

按下SB2→KM得电→KM主触点闭合、自锁触点闭合→电动机M得电连续运行

按下SB3→SB3常闭触点先分断→KM自锁解除
按下SB3→SB3常开触点后闭合→KM得电→主触点闭合→电动机M运行

松开SB3→KM断电→主触点断开→电动机M断电停转

3. 电路的优缺点

以上两种控制电路都具有线路简单、检修方便的特点。但可靠性还不够，可利用中间继电器 KA 的常开触点来接通 KM 线圈，虽然加了一个电气元件，但可靠性大大提高了。加 KA 的点动与连续混合控制电路如图 3-8 所示。

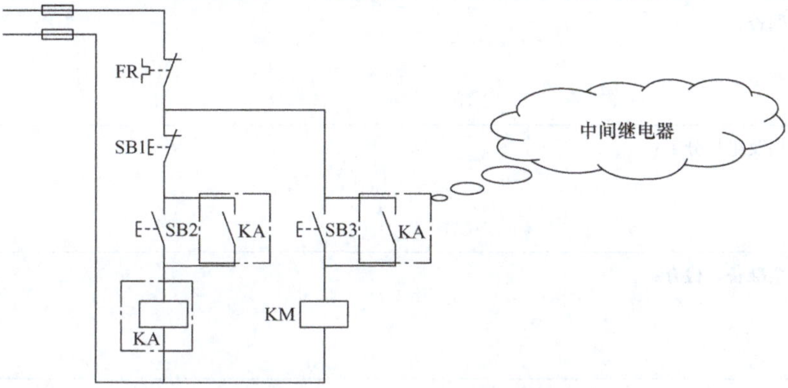

图 3-8　加 KA 的点动与连续混合控制电路

五、多地控制电路

能在两地或多地控制同一台电动机的控制方式叫多地控制。在大型生产设备上，为使操作人员在不同方位均能进行电动机的起动和停止操作，常常要求组成多地控制电路。

1. 识读电路图

如图 3-9 所示，多地控制特点如下：

起动按钮应并联接在一起，停止按钮应串联接在一起，这样就可以分别在甲、乙两地控制同一台电动机，达到操作方便的目的。对于三地或多地控制，只要将各地的起动按钮并联、停止按钮串联即可实现。

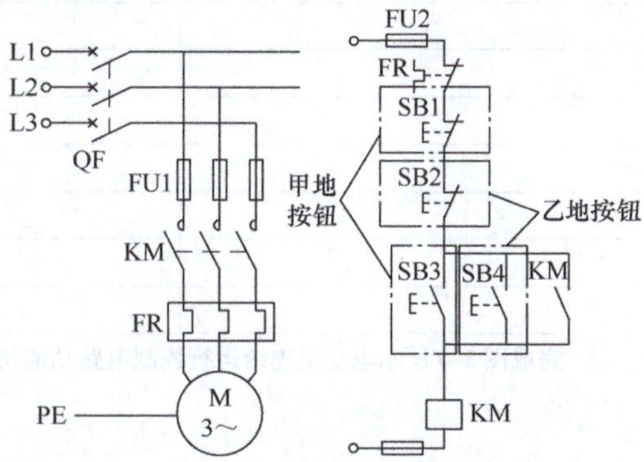

图 3-9　两地控制电路

2. 电路工作原理

起动按扭 SB3、SB4 并联在电路中，分别在甲、乙两地可单独起动。

停止按钮 SB1、SB2 串联在电路中，分别在甲、乙两地可单独停止。

任务实施

电动机连续运行控制电路功能仿真任务单见表 3-2。

表 3-2　电动机连续运行控制电路功能仿真任务单

项目三　电动机连续运行控制电路的安装与调试		日期：
班级：	学号：	指导教师签字：
小组成员：		

（续）

任务一　电动机连续运行控制电路功能仿真
操作要求：1. 正确掌握仿真软件的使用 2. 学会观察分析问题的能力 3. 良好的“7S”工作习惯
1. 工具、设备准备：
2. 制订工作计划及组员分工：
3. 工作现场安全准备、检查：
4. 操作内容：图3-6所示电动机连续运行控制电路功能仿真

具体内容	操作要求与注意事项
选择电气元件	
绘制电路原理图	
电路功能仿真	

5. 请详细列出图3-6所示的电气控制电路中各元件的作用

电气元件名称	在电路中的作用	选用注意事项

6. 完成图3-6所示电动机连续运行控制电路功能仿真，并描述控制电路工作原理

7. 总结本次任务重点和要点：

8. 本次任务所存在的问题及解决方法：

任务评价

电动机连续运行控制电路功能仿真的考核评价表见表3-3。

表 3-3 电动机连续运行控制电路功能仿真考核评价表

<table>
<tr><td colspan="5">项目三 电动机连续运行控制电路的安装与调试</td><td colspan="3">日期：</td></tr>
<tr><td colspan="8">任务一 电动机连续运行控制电路功能仿真</td></tr>
<tr><td colspan="2">自评：□熟练□不熟练</td><td colspan="2">互评：□熟练□不熟练</td><td colspan="2">师评：□熟练□不熟练</td><td colspan="2">指导教师签字：</td></tr>
<tr><td>评价内容</td><td colspan="7">作品（70 分）</td></tr>
<tr><td>序号</td><td>主要内容</td><td>考核要求</td><td>评分细则</td><td>配分</td><td>自评</td><td>互评</td><td>师评</td></tr>
<tr><td>1</td><td>元件选择</td><td>（1）操作仿真软件步骤正确
（2）能选择合适的电气元件和数量</td><td>（1）不按步骤操作扣 5 分
（2）选择结果不正确，每个扣 5 分
（3）选择结果错误，不会分析原因扣 5 分</td><td>20 分</td><td></td><td></td><td></td></tr>
<tr><td>2</td><td>电路原理图绘制</td><td>（1）元件位置摆放合理
（2）按要求将电气元件连接起来</td><td>（1）元件位置摆放不合理，每个扣 5 分
（2）连线错误扣 5 分
（3）不能完整绘制电路图，扣 10 分</td><td>30 分</td><td></td><td></td><td></td></tr>
<tr><td>3</td><td>电路功能仿真</td><td>根据电路情况，完成电路功能仿真</td><td>（1）仿真操作错误扣 5 分
（2）1 次功能仿真不成功扣 5 分，2 次不成功扣 10 分，3 次不成功本项得分为 0</td><td>20 分</td><td></td><td></td><td></td></tr>
<tr><td colspan="5">作品总分</td><td></td><td></td><td></td></tr>
<tr><td>评价内容</td><td colspan="7">职业素养与操作规范（30 分）</td></tr>
<tr><td>序号</td><td>主要内容</td><td>考核要求</td><td>评分细则</td><td>配分</td><td>自评</td><td>互评</td><td>师评</td></tr>
<tr><td>1</td><td>安全操作</td><td>（1）开机前，未获得教师允许不能通电
（2）能按安全要求使用计算机操作</td><td>（1）未经教师允许私自开机取消成绩
（2）操作过程中造成自身或他人人身伤害则取消成绩</td><td>10 分</td><td></td><td></td><td></td></tr>
<tr><td>2</td><td>规范操作</td><td>（1）仿真过程操作规范
（2）操作结束按步骤关闭计算机</td><td>（1）仿真过程中，不按要求操作计算机扣 5 分
（2）完成任务后不按步骤关闭计算机扣 5 分</td><td>10 分</td><td></td><td></td><td></td></tr>
<tr><td>3</td><td>文明操作</td><td>（1）操作完成后须清理现场
（2）在规定的工作范围内完成，不影响其他人
（3）操作结束不得将工具等物品遗留在设备内或元件上
（4）爱惜公共财物，不损坏元件和设备</td><td>（1）操作完成后不清理现场扣 5 分
（2）操作过程中随意走动，影响他人扣 2 分
（3）操作结束后将工具等物品遗留在设备或元件上扣 3 分
（4）操作过程中，恶意损坏元件和设备，取消成绩</td><td>10 分</td><td></td><td></td><td></td></tr>
<tr><td colspan="5">职业素养与操作规范总分</td><td></td><td></td><td></td></tr>
<tr><td colspan="5">任务总分</td><td></td><td></td><td></td></tr>
</table>

任务拓展

图 3-10 X53K 型立式铣床

案例：图 3-10 所示是一台 X53K 型立式铣床，它是一种常用的加工设备，由底座、床身、悬梁、工作台、升降台等组成，其电源开关安装在图中所示床身 A 处，按钮分别位于床身和工作台前的 A、B 两处。当需要进行铣削加工时，必须先在 A 处合上总电源，而起动和停止可在 A、B 任意一处进行，即可在 A 处起动，A 或 B 处停止，也可在 B 处起动，A 或 B 处停止。请设计一个电气控制电路实现铣床的两地控制功能，列出电路所需元件，描述电路工作原理，将结果填入表 3-4。

表 3-4 X53K 型立式铣床控制电路与工作原理

电　　路	所需元件	工作原理

任务二 电动机连续运行控制电路的安装

任务描述

根据电动机连续运行控制电路原理图，列出元件清单，选择与检测元件，绘制电气元件布置图和电气安装接线图，按工艺要求完成控制电路连接。

1. 任务目标

知识目标：

1）掌握列元件清单、选择电气元件的方法。

2）掌握电动机连续运行控制电路电气元件布置图、安装接线图的绘制原则与方法。

3）掌握电动机连续运行控制电路安装步骤、工艺要求和安装技能。

能力目标：

1）能正确选择电气元件，并能检测电气元件的好坏。

2）能正确绘制电动机连续运行控制电路电气元件布置图和电气安装接线图。

3）能按照工艺要求正确安装电动机连续运行控制电路。

素质目标：

1）培养学生安全操作、规范操作、文明生产的职业素养。

2）培养学生敬业奉献、精益求精的工匠精神。

3）培养学生科学分析和解决问题的能力。

2. 任务步骤

1）按照图 3-6 所示控制电路列出元件清单，配齐所需电气元件，并进行检测。

2）绘制电动机连续运行控制电路电气元件布置图和安装接线图。

3）在给定的电路网孔板上固定好电气元件，并进行布线。

3. 所需实训工具、仪表和器材

1）工具：螺钉旋具（十字槽、一字槽）、试电笔、剥线钳、尖嘴钳、钢丝钳等。

2）仪表：万用表（数字式或指针式均可）。

3）器材：低压断路器 1 个、熔断器 5 个、交流接触器 1 个、热继电器 1 个、按钮 2 个（红、绿色各 1 个）或组合按钮 1 个（按钮数 2～3 个）、接线端子板 1 个（10 段左右）、电动机 1 台、电路网孔板 1 块、号码管、线鼻子（针形和 U 形）若干、扎带若干和导线若干。

知识准备

一、绘制电气元件布置图和安装接线图的原则与方法

1. 电气元件布置图的绘制原则

1）在绘制电气元件布置图之前，应按照电气元件各自安装的位置划分组件。

2）在电气元件布置图中，还要根据该部件进出线的数量和采用导线的规格，选择进出线方式及适当的接线端子排或接插件，按一定顺序在电气元件布置图中标出进出线的接线号。

3）绘制电气元件布置图时，电动机要和被拖动的机械设备画在一起；操作手柄应画在便于操作的地方，行程开关应画在获取信息的地方。

电气元件的布置应满足以下要求：

1）同一组件中电气元件的布置应注意将体积大和较重的电气元件安装在电路网孔板的下面，而发热元件应安装在电路网孔板的上部或后部。但热继电器宜放在电路网孔板下部，因为热继电器的出线端直接与电动机相连，便于出线，而其进线端与接触器相连接，便于接线并使走线最短，且宜于散热。

2）强电与弱电分开走线，应注意弱电屏蔽和防止外界干扰。

3）需要经常维护、检修、调整的电气元件安装位置不宜过高或过低，人力操作开关及需经常监视的仪表的安装位置应符合人体工程学原理。

4）电气元件的布置应考虑安全间隙，并做到整齐、美观、对称，外形尺寸与结构类似的电气元件可放在一起，以利加工、安装和配线。若采用行线槽配线方式，应适当加大各排电气间距，以利布线和维护。

5）电气元件布置不宜过密，要留有一定的间距。

6）将散热元件及发热元件置于风道中，以保证得到良好的散热条件。而熔断器应置于风道外，以避免改变其工作特性。

7）总电源开关、紧急停止控制开关应安放在方便而明显的位置。

8）在电气元件布置图设计中，还要根据进出线的数量、采用导线规格及出线位置等，选择进出线方式及接线端子排、连接器或接插件，并按一定顺序标上进出线的接线号。典型电动机连续运行控制电路电气元件布置图如图 3-11 所示。

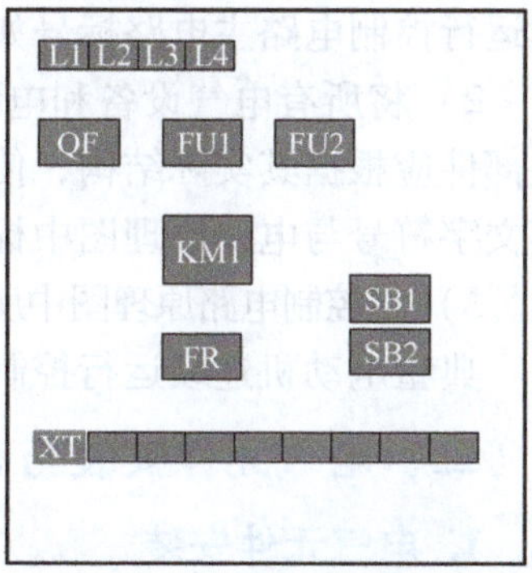

图 3-11 电动机连续运行控制电路电气元件布置图

2. 安装接线图的绘制原则

安装接线图是为安装电气设备和电气元件时进行配线或检查维修电气控制电路故障服务的。实际应用中通常与电路原理图和电气元件布置图一起配合使用。

安装接线图是根据电气设备和电气元件的实际位置、配线方式和安装情况绘制的，其绘制原则如下：

1）绘制电气安装接线图时，各电气元件均按其在电路网孔板中的实际位置绘出。元件所占图面按实际尺寸以统一比例绘制。

2）绘制电气安装接线图时，一个元件的所有部件绘在一起，并用点画线框起来，有时将多个电气元件用点画线框起来，表示它们是安装在同一个电路网孔板上的。

3）所有电气元件及其引线应标注与电气控制原理图一致的文字符号及接线回路标号。

4）电气元件之间的接线可直接相连，也可以采用单线表示法绘制，实际上含几根线可从电气元件上标注的接线回路标号数看出来，当电气元件数量较多或接线较复杂时，也可不画各元件间的连线，但是在各元件的接线端子回路标号处应标注另一元件的文字符号，以便识别和接线。

5）电气安装接线图中应标明配线用的各种导线的规格、型号、颜色、截面积等，另外，还应标明穿管的种类、内径、长度及接线根数、接线编号。

6）电气安装接线图中所有电气元件的图形符号、文字符号和各接线端子的编号必须与电气控制原理图中的一致，且符合国际规定。

7）电气安装接线图统一采用细实线。成束的接线可以用一条实线表示。接线很少时，可直接画出各电气元件间的接线方式，接线很多时，为了简化图形，可不画出各电气元件之间的接线。接线方式用符号标注在电气元件的接线端，并标明接线的线号和走向。

8）绘制电气安装接线图时，电路网孔板内外的电气元件之间的连线通过接线端子排进行连接，电路网孔板上有几条接至外电路的引线，端子排上就应绘出几个线的接点。

3. 电气安装接线图的绘制方法

电气安装接线图的绘制方法如下：

1）将电气控制电路原理图进行电路标号。

将电路原理图上的导线进行标号，主电路用英文字母标号，控制电路用阿拉伯数字标号。标号时采用“等电位”原则，即相同的导线采用同一标号，跨元件换标号。电动机连续运行控制电路主电路标号如图 3-12 所示。

2）将所有电气设备和电气元件都按其所在实际位置绘制在图样上，且同一电气元件的各部件应根据其实际结构，使用与电路原理图相同的图形符号画在一起，并用点画线框上，其文字符号与电路原理图中标注应一致。

3）将控制电路原理图中所用到的低压元件两端标号逐个标记在安装接线图对应元件两端。

典型电动机连续运行控制电路电气安装接线图如图 3-12 所示。

二、电气元件安装与布线方法

1. 电气元件安装

在电路网孔板上进行元件的布置与安装时，各元件的安装位置应整齐、匀称、间距合理，便于元件的更换。紧固各元件时要用力均匀，在紧固熔断器、接触器等易碎元件时，应

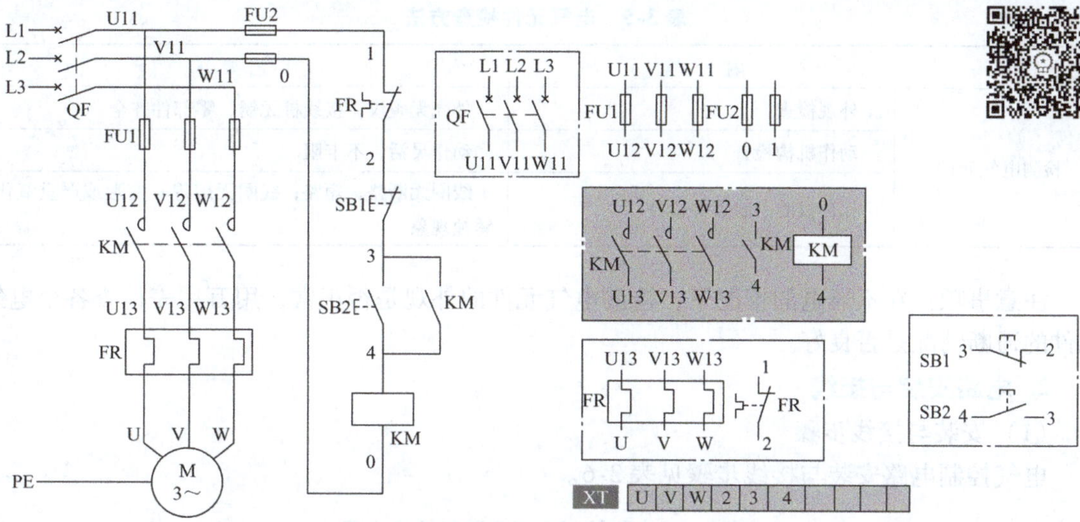

图 3-12 电动机连续运行控制电路电气安装接线图

用手按住元件，一边轻轻摇动，一边用旋具轮流旋紧对角线上的螺钉，直至手感觉摇不动后再适度旋紧一些即可。

2. 布线工艺要求

根据安装接线图进行板前明线布线，板前明线布线的工艺要求如下：

1）布线通道尽可能少，同路并行导线按主电路、控制电路分类集中，单层密排，紧贴安装面布线。

2）同一平面的导线应高低一致或前后一致，走线合理，不能交叉或架空。

3）对螺栓式接线端子，导线连接时应打钩圈，并按顺时针旋转；对瓦片式接线端子，导线连接时直线插入接线端子固定即可。导线连接不能压绝缘层，也不能露铜过长。

4）布线应横平竖直，分布均匀，变换走向时应垂直。

5）布线时严禁损伤线芯和导线绝缘。

6）所有从一个接线端子（或接线桩）到另一个接线端子的导线必须完整，中间无接头。

7）一个元件接线端子上的连接导线不得多于两根。

8）进出线应合理汇集在端子板上。

3. 安装接线注意事项

1）按钮内部接线时，用力不可过猛，以防螺钉打滑。

2）按钮内部的接线不要接错，起动按钮必须接动合（常开）触点（可用万用表判别）。

3）接触器的自锁触点应并接在起动按钮的两端，停止按钮应串接在控制电路中。

4）热继电器的热元件应串接在主电路中，其动断（常闭）触点应串接在控制电路中，两者缺一不可，否则不能起到过载保护作用。

5）电动机外壳必须可靠接 PE（保护接地）线。

三、电气控制电路安装步骤

1. 电气元件选择与检测

根据电气控制电路，列出电气元件清单，并检测电气元件好坏。电气元件检查方法见表 3-5。

项目一
项目二
项目三
项目四
项目五
项目六
项目七
参考文献

表 3-5 电气元件检查方法

	内 容	工艺要求
检测电气元件	外观检查	外壳无裂纹，接线桩无锈，零部件齐全
	动作机构检查	动作灵活，不卡阻
	元件线圈、触点等检查	线圈无断路、短路；线圈无熔焊、变形或严重氧化锈蚀现象

注意事项：在不通电的情况下，检测电气元件的外观是否正常，用万用表检查各个电气元件的通断情况是否良好。

2. 电路安装与接线

（1）安装与接线步骤

电气控制电路安装与接线步骤见表3-6。

表 3-6 电气控制电路安装与接线步骤

安装步骤	内 容	工艺要求
安装电气元件	安装固定电源开关、熔断器、接触器和按钮等元件	（1）电气元件布置要整齐、合理，做到安装时便于布线，便于故障检修 （2）安装紧固用力均匀，紧固程度适当，防止电气元件的外壳被压裂损坏
布线	按电气接线图确定走线方向进行布线	（1）连线紧固、无毛刺 （2）布线平直、整齐、紧贴敷设面，走线合理 （3）尽量避免交叉，中间不能有接头 （4）电源和电动机配线、按钮接线要接到端子排上，进出线槽的导线要有端子标号

（2）电气控制电路检查

安装完毕的控制电路板，必须经过认真检查后，才能通电试车，以防止错接、漏接而造成控制功能不能实现或短路事故。

1）控制电路进行接线检查。电气控制电路接线自查表见表3-7。

表 3-7 电气控制电路接线自查表

检查项目	检查内容	检查工具
检查接线完整性	按电路原理图或电气安装接线图从电源端开始，逐段核对接线 （1）有无漏接，错接 （2）导线压接是否牢固，接触是否良好	电工常用工具
检查电路绝缘	电路的绝缘电阻不应小于1MΩ	500V 绝缘电阻表

2）控制电路进行安装工艺检查。将安装完成的电气控制电路进行安装工艺检查，电气控制电路安装工艺检查表见表3-8。

表 3-8　电气控制电路安装工艺检查表

检查项目	检查内容
电路布线工艺	（1）按图样要求正确选择元件 （2）引入线或引出线接线须适当留余量 （3）引入线或引出线接线须分类集中且排列整齐 （4）能做到横平竖直、无交叉、集中归边走线、贴面走线 （5）线路须规范而不凌乱 （6）配线与分色须按图样或规范要求 （7）线路整齐，长短一致 （8）接线端须压接线耳，无露铜现象 （9）接线端引出部分悬空段适合，且排列整齐 （10）端子压接牢固 （11）端子须套号码管
电路接线工艺	（1）导线须入线槽 （2）线槽引出线不得凌乱，导线须对准线槽孔入槽和出槽 （3）连接导线整齐 （4）导线端压接线耳，无露铜现象 （5）1 个接线端接线不超过 2 根 （6）接线端引出部分不得悬空过长，且排列整齐 （7）端子压接牢固 （8）端子须套号码管 （9）按图样清晰编码
电动机安装接线工艺	（1）按图样要求正确选择电动机 （2）电动机线路外露部分用缠绕管缠绕或扎带绑扎 （3）严格按图样要求接线 （4）电动机须做接地保护 （5）按图样要求正确接线

任务实施

电动机连续运行控制电路的安装任务单见表 3-9。

表 3-9　电动机连续运行控制电路的安装任务单

<table>
<tr><td colspan="2">项目三　电动机连续运行控制电路的安装与调试</td><td>日期：</td></tr>
<tr><td>班级：</td><td>学号：</td><td rowspan="2">指导教师签字：</td></tr>
<tr><td colspan="2">小组成员：</td></tr>
<tr><td colspan="3">任务二　电动机连续运行控制电路的安装</td></tr>
<tr><td colspan="3">操作要求：1. 正确掌握工具的使用
2. 严格参照电气控制电路的安装和布线要求
3. 良好的“7S”工作习惯</td></tr>
<tr><td colspan="3">1. 工具、设备准备：</td></tr>
</table>

（续）

2. 制订工作计划及组员分工：

3. 工作现场安全准备、检查：

4. 操作内容：图3-6所示电动机连续运行控制电路的安装

具体内容	操作要求与注意事项
绘制电气元件布置图	
绘制电气安装接线图	
电气元件选择与检测	
安装与布线	
电路接线检查	
安装工艺检查	

5. 绘制图3-6所示电动机连续运行控制电路电气元件布置图

6. 绘制图3-6所示电动机连续运行控制电路电气安装接线图

7. 请详细列出图3-6所示电动机连续运行控制电路中所需电气元件，并检测其好坏

电气元件名称	检查内容	检查结果	可能原因

8. 电路接线检查结果

检查内容	自检结果	互检结果	教师检查结果	存在问题
检查接线完整性	□合格□不合格	□合格□不合格	□合格□不合格	
检查电路绝缘	□合格□不合格	□合格□不合格	□合格□不合格	

9. 安装工艺检查结果

检查内容	自检结果	互检结果	教师检查结果	存在问题
电路布线工艺	□合格□不合格	□合格□不合格	□合格□不合格	
电路接线工艺	□合格□不合格	□合格□不合格	□合格□不合格	
电动机安装接线工艺	□合格□不合格	□合格□不合格	□合格□不合格	

10. 总结本次任务重点和要点：

11. 本次任务所存在的问题及解决方法：

任务评价

电动机连续运行控制电路的安装考核评价表见表3-10。

表3-10 电动机连续运行控制电路的安装考核评价表

项目三 电动机连续运行控制电路的安装与调试				日期：			
任务二 电动机连续运行控制电路的安装							
自评：□熟练□不熟练		互评：□熟练□不熟练		师评：□熟练□不熟练		指导教师签字：	
评价内容	作品（70分）						
序号	主要内容	考核要求	评分细则	配分	自评	互评	师评
1	电气元件布置图	元件数量正确、布置合理	（1）缺少电气元件，每个扣1分 （2）元件布置不合理扣3分	5分			
2	电气安装接线图	原理图上标号正确、元件文字符号正确	（1）标号错误扣5分 （2）元件触点标号错误、少标，每个扣2分 （3）接线图错误本项不得分	10分			
3	电气元件检测	（1）正确选择电气元件 （2）对电气元件质量进行检验	（1）元件选择不正确，错一个扣1分 （2）未对电气元件质量进行检验，每个扣0.5分	10分			
4	元件安装	（1）按图样的要求，正确利用工具，熟练地安装电气元件 （2）元件安装要准确、紧固 （3）按钮盒不固定在板上	（1）元件安装不牢固、安装元件时漏装螺钉，每个扣2分 （2）损坏元件每个扣5分	5分			
5	布线	（1）连线紧固、无毛刺 （2）电源和电动机配线、按钮接线要接到端子排上，进出线槽的导线要有端子标号，引出端要用别径压端子	（1）电动机运行正常，但未按电路图接线，扣5分 （2）接点松动、接头露铜过长、反圈、压绝缘层，标记线号不清楚、遗漏或误标，引出端无别径压端子，每处扣1分 （3）损伤导线绝缘或线芯，每根扣1分	20分			
6	电路接线与安装工艺检查	（1）元件在配电板上布置要合理 （2）布线要进线槽，美观	（1）元件布置不整齐、不匀称、不合理，每个扣2分 （2）布线不进行线槽，不美观，每根扣1分	20分			
作品总分							
评价内容	职业素养与操作规范（30分）						

（续）

序号	主要内容	考核要求	评分细则	配分	自评	互评	师评
1	安全操作	（1）应穿工作服、绝缘鞋 （2）能按安全要求使用工具和仪表操作 （3）穿线时能注意保护导线绝缘层 （4）操作过程中禁止将工具或元件放置在高处等较危险的地方	（1）没有穿戴防护用品扣5分 （2）操作前和完成后，未清点工具、仪表扣2分 （3）穿线时破坏导线绝缘层扣2分 （4）操作过程中将工具或元件放置在危险的地方造成自身或他人人身伤害则取消成绩	10分			
2	规范操作	（1）安装过程中工具与器材摆放规范 （2）安装过程中产生的废弃物按规定处置	（1）安装过程中，乱摆放工具、仪表、耗材，乱丢杂物扣5分 （2）完成任务后不按规定处置废弃物扣5分	10分			
3	文明操作	（1）操作完成后须清理现场 （2）在规定的工作范围内完成，不影响其他人 （3）操作结束不得将工具等物品遗留在设备内或元件上 （4）爱惜公共财物，不损坏元件和设备	（1）操作完成后不清理现场扣5分 （2）操作过程中随意走动，影响他人扣2分 （3）操作结束后将工具等物品遗留在设备或元件上扣3分 （4）操作过程中，恶意损坏元件和设备，取消成绩	10分			
职业素养与操作规范总分							
任务总分							

任务三 电动机连续运行控制电路的调试

任务描述

通电试车已安装完成的电动机连续运行控制电路，对照试车过程中产生的故障进行故障原因分析，找出故障点并排除。

1. 任务目标

知识目标：

1）掌握常见电气控制电路不通电检测方法与步骤。

2）掌握电动机连续运行控制电路通电试车方法与步骤。

3）掌握电动机连续运行控制电路典型故障现象、故障原因分析与排除方法。

能力目标：

1）能正确实施电动机连续运行控制电路不通电检测。

2）能正确通电调试电动机连续运行控制电路功能。

3）能根据电路故障现象分析故障原因、找到电路故障点并排除。

素质目标：

1）培养学生安全操作、规范操作、文明生产的职业素养。

2）培养学生敬业奉献、精益求精的工匠精神。

3）培养学生科学分析和解决问题的能力。

2. 任务步骤

1）对安装好的电动机连续运行控制电路进行不通电检测。

2）通电调试电动机连续运行控制电路的电路功能。

3）根据电路故障现象分析故障原因、找到电路故障点并排除。

3. 所需实训工具、仪表和器材

1）工具：螺钉旋具（十字槽、一字槽）、试电笔、剥线钳、尖嘴钳、钢丝钳等。

2）仪表：万用表（数字式或指针式均可）。

3）器材：低压断路器 1 个、熔断器 5 个、交流接触器 1 个、热继电器 1 个、按钮 2 个（红、绿色各 1 个）或组合按钮 1 个（按钮数 2～3 个）、接线端子板 1 个（10 段左右）、电动机 1 台、电路网孔板 1 块、号码管、线鼻子（针形和 U 形）若干、扎带若干和导线若干。

知识准备

一、电气控制电路不通电检测方法

电气控制电路不通电检测方法分为两种：

（1）电路接线外观检测

按电路原理图或安装接线图从电源端开始，逐段核对接线及接线端子处是否正确，有无漏接、错接之处。检查导线接线端子是否符合要求，压接是否牢固。

（2）电路通断检测

用万用表检查电路的通断情况，检查时，应选用倍率适当的电阻档，并进行校零，以防短路故障发生。

检查主电路时（可断开控制电路），可以用手压下接触器的衔铁来代替接触器得电吸合时的情况进行检查，依次测量从电源端（L1、L2、L3）到电动机出线端子（U、V、W）上的每一相电路的电阻值，检查是否存在开路现象。

检查控制电路时（可断开主电路），可将万用表表笔分别搭在控制电路的两个进线端上，此时万用表的读数应为“∞”。按下起动按钮时，读数应为接触器线圈的电阻值；压下接触器的衔铁，读数也应为接触器线圈的电阻值。

二、电动机连续运行控制电路不通电检测步骤

下面以图 3-12 所示电路为例来介绍电动机连续运行控制电路不通电检测步骤。

1. 主电路检测

用万用表的蜂鸣档，合上电源开关 QF，手动压合接触器 KM 的衔铁，使 KM 主触点闭合，测量从电源端到电动机出线端子上的每一相电路的电阻，测量步骤及结果见表 3-11。

表 3-11 电动机连续运行控制电路的主电路不通电检测

序号	测量步骤	标准参数	检测结果（电阻值）	可能原因	处理方法
1	断开控制电路，合上QF测量	∞	□0	（1）两相接线端子之间碰触导致短路 （2）导线绝缘击穿 （3）导线露铜过长	（1）检查电源接线端子间距 （2）检查导线端子绝缘情况 （3）检查导线露铜情况
			□有阻值	（1）导线毛刺 （2）导线与元件绝缘降低	检查电源线接线工艺
2	装FU1测量	∞	□0	（1）两相接线端子之间碰触导致短路 （2）导线绝缘击穿 （3）导线露铜过长	（1）检查电源接线端子绝缘情况 （2）检查导线绝缘情况 （3）检查导线露铜情况
			□有阻值	导线毛刺	检查电源线接线工艺
3	手动压合KM测量	有阻值，为几十欧	□∞	开路	（1）检查主电路接线是否可靠 （2）检查电动机是否断相
			□0	（1）两相短路 （2）电动机相应两相对地短路	（1）检查主电路接线是否正确 （2）检查电动机绕组匝间或端部相间绝缘层是否垫好 （3）检查绝缘引出线套管或绕组之间的接线套管是否套好 （4）检查绕组绝缘是否受潮、老化 （5）检查绕组是否受到机械损伤

2. 控制电路检测

装FU2熔体，测量控制电路两端电阻值，按下起动按钮SB1，测量控制电路两端电阻，手动压合接触器KM的衔铁，测量控制电路两端电阻，测量步骤及结果见表3-12。

表 3-12 电动机连续运行电路的控制电路不通电检测

序号	测量步骤	标准参数	检测结果（电阻值）	可能原因	处理方法
1	装FU2测量	∞	□0	控制回路短路	（1）检查电源接线端子绝缘情况 （2）检查导线绝缘情况 （3）检查导线露铜情况 （4）检查KM线圈是否跨接
			□有阻值	（1）按钮常开触点连通 （2）接触器常开触点连通	（1）检查按钮常开触点是否接错 （2）若按钮常开触点粘连，更换按钮 （3）检查接触器常开触点是否接错 （4）若触点粘连，更换接触器常开触点

（续）

序号	测量步骤	标准参数	检测结果（电阻值）	可能原因	处理方法
2	按下SB2测量	KM线圈电阻，为几百欧	□∞	（1）FR动断触点断开 （2）SB1常闭触点断开 （3）SB2常开触点未连通	检查1-2、2-3、3-4、4-0点之间电阻是否为0，否则更换触点或元件
			□0	控制回路短路	检查KM线圈是否跨接
3	手动压合KM测量	KM线圈电阻，为几百欧	□∞	KM自锁线未连通	检查KM常开触点是否并联在按钮两端
			□0	控制回路短路	检查KM线圈是否跨接

三、通电试车步骤

为保证人身安全，在通电试车时，应认真执行安全操作规程的有关规定：一人监护，一人操作。通电试车的步骤见表3-13。

表3-13 通电试车步骤

项目	操作步骤	观察现象
空载试车（不连接电动机）	（1）合上电源开关，引入三相电源	（1）电源指示灯是否亮 （2）检查负载接线端子三相电源是否正常
	（2）按下起动按钮	（1）接触器线圈是否吸合 （2）电气元件动作是否灵活，有无卡阻或噪声过大等现象
	（3）按下停止按钮SB2	接触器线圈是否释放
	（4）按下起动按钮	（1）接触器线圈是否吸合 （2）电气元件动作是否灵活，有无卡阻或噪声过大等现象
	（5）按压热继电器reset键	接触器线圈是否释放
	（6）按reset键复位	
负载试车（连接电动机）	（1）合上电源开关，引入三相电源	（1）电源指示灯是否亮 （2）检查负载接线端子三相电源是否正常
	（2）按下起动按钮	（1）接触器线圈是否吸合 （2）电气元件动作是否灵活，有无卡阻或噪声过大等现象 （3）电动机是否起动并持续运行
	（3）按下停止按钮SB2	（1）接触器线圈是否释放 （2）电动机是否停止
	（4）电流测量	电动机平稳运行时，用钳形电流表测量三相电流是否平衡
	（5）断开电源	先拆除三相电源线，再拆除电动机线，完成通电试车

四、电气控制电路故障原因分析与排除方法

电路调试过程中，如果控制电路出现不正常现象，应立即断开电源，分析故障原因，仔细检查电路，排除故障，在老师的允许下才能再次通电试车。下面以典型案例为例，讲解电动机连续运行控制电路的故障检查及排除过程。

典型案例：如图 3-12 所示电路，按下起动按钮 SB2，电动机正常运行，松开后电动机则停车。

检修过程如下：

1. 故障调查

可以采用试运转的方法，便于对故障的原始状态有个综合的印象和准确描述，如按下起动按钮和停止按钮，仔细观察故障的现象，从而判断和缩小故障范围。如本案例中，试运行现象为：按下起动按钮 SB2，KM 线圈吸合，电动机正常运行，松开后 KM 线圈释放，电动机则停车。

2. 故障原因分析

根据调查结果，参考电路原理图进行分析，初步判断出故障产生的部位——控制电路，然后逐步缩小故障范围——KM 线圈所在回路断路。

故障原因分析：按下起动按钮 SB2，KM 线圈吸合，电动机正常运行，主电路正常，松开后电动机停止，说明控制电路存在故障，即松开后 KM 线圈所在回路断路。

3. 用测量法确定故障点

主要通过对电路进行带电或断电时的有关参数如电压、电阻、电流等的测量，来判断电气元件的好坏、电路的通断情况，常用的故障检查方法有分阶电阻测量法、分阶电压测量法等，以下介绍常用的这两种检测故障方法。

（1）分阶电阻测量法

1）分阶电阻测量法测量过程。分阶电阻测量法检修示意图如图 3-13 所示。按起动按钮 SB2，若接触器 KM 不吸合，说明该电气回路有故障。

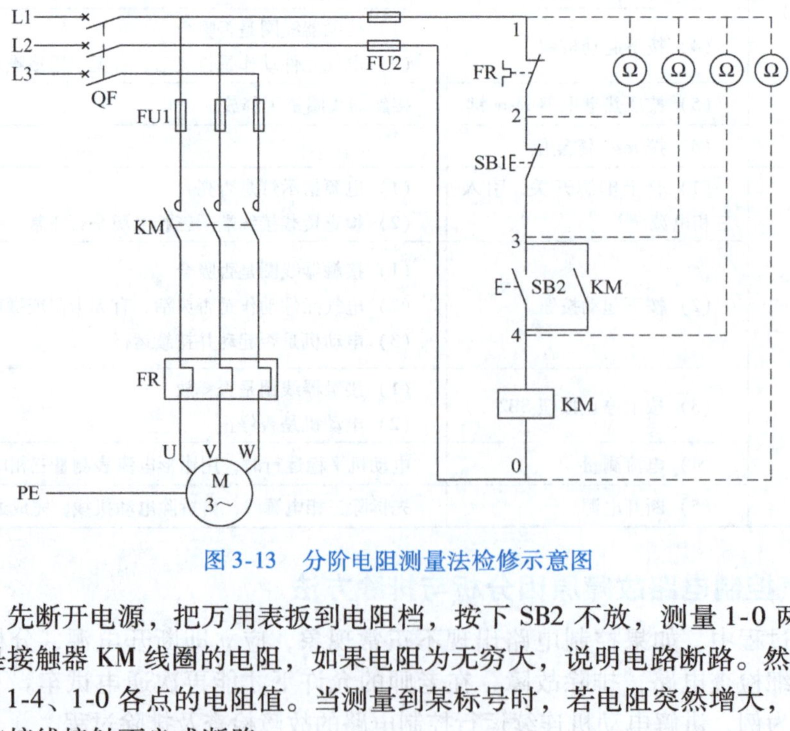

图 3-13　分阶电阻测量法检修示意图

检查时，先断开电源，把万用表扳到电阻档，按下 SB2 不放，测量 1-0 两点间的电阻，正常情况下是接触器 KM 线圈的电阻，如果电阻为无穷大，说明电路断路。然后逐段分阶测量 1-2、1-3、1-4、1-0 各点的电阻值。当测量到某标号时，若电阻突然增大，说明表棒刚跨过的触点或连接线接触不良或断路。

当检查 380V 且有变压器的控制电路中的熔断器是否熔断时，可能出现电源通过另一相熔断器和变压器的一次绕组回到已熔断的熔断器的出线端，造成熔断器没有熔断的假象。

2）分阶电阻测量法检测时的注意事项。分阶电阻测量法的优点是安全；缺点是测量电阻值不准确时易造成判断错误。为此应注意下述几点：

① 用分阶电阻测量法检查故障时一定要断开电源。

② 所测量电路如与其他电路并联，必须将该电路与其他电路断开，否则所测电阻值不准确。

③ 测量高电阻电气元件时，要将万用表的电阻档扳到适当的位置。

（2）分阶电压测量法

检查时，首先用万用表测量 1 号点与 0 号点之间的电压，若电路正常应为 380V，然后按住起动按钮 SB2 不放，同时将黑表棒接到 0 号线上，红表棒按 1、2、3、4 标号依次测量，分别测量 0-1、0-2、0-3、0-4 各阶之间的电压，电路正常情况下，各阶的电压值均为 380V，如测到 0-3 电压为 380V，测到 0-4 无电压，则说明起动按钮 SB2 的常开触点（3-4）断路，也可能是导线和 SB2 连接时出现故障或导线本身有故障等。图 3-14 为分阶电压测量法检修示意图。

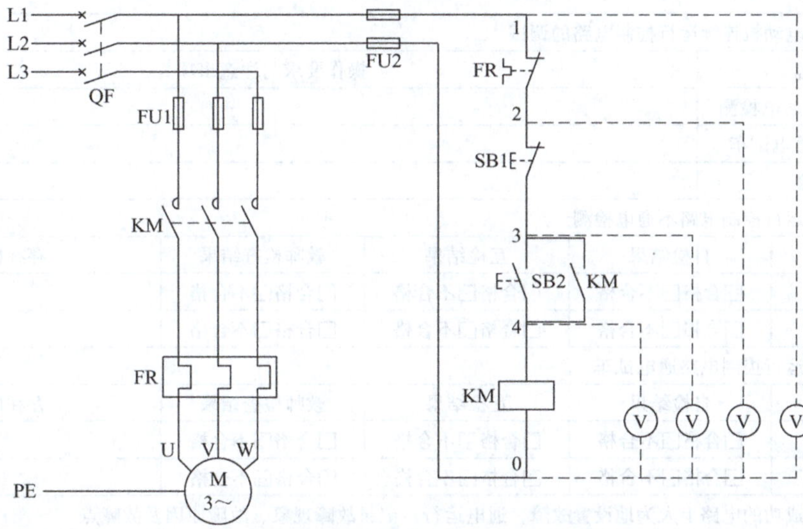

图 3-14 分阶电压测量法检修示意图

4. 故障排除

确定故障点后，就可以进行故障排除，检查起动按钮 SB2 常开触点是否损坏及连接 SB2 的导线连接情况，根据实际情况进行检修。

对故障点进行检修后，通电试车，用试验法观察下一个故障现象，进行第 2 个故障点的检测、检修，直到试车运行正常。

5. 记录检修结果

故障排除后，将检修过程与结果记录在相应表格里。

任务实施

电动机连续运行控制电路的调试任务单见表 3-14。

表 3-14 电动机连续运行控制电路的调试任务单

项目三 电动机连续运行控制电路的安装与调试		日期：
班级：	学号：	指导教师签字：
小组成员：		

任务三 电动机连续运行控制电路的调试

操作要求：1. 正确掌握电气控制电路不通电检测方法
2. 严格参照电气控制电路通电试车步骤与要求
3. 良好的“7S”工作习惯

1. 工具、设备准备：

2. 制订工作计划及组员分工：

3. 工作现场安全准备、检查：

4. 操作内容：电动机连续运行控制电路的调试

具体内容	操作要求与注意事项
电气控制电路不通电检测	
电气控制电路通电试车	
故障检修	

5. 电动机连续运行控制电路不通电检测

检测内容	自检结果	互检结果	教师检查结果	存在问题
主电路检测	□合格□不合格	□合格□不合格	□合格□不合格	
控制电路检测	□合格□不合格	□合格□不合格	□合格□不合格	

6. 电动机连续运行控制电路通电试车

试车步骤	自检结果	互检结果	教师检查结果	存在问题
空载试车	□合格□不合格	□合格□不合格	□合格□不合格	
负载试车	□合格□不合格	□合格□不合格	□合格□不合格	

7. 在通电试车成功的电路上人为地设置故障，通电运行，记录故障现象、故障原因及故障点

故障设置	故障现象	故障原因	故障点
起动按钮触点接触不良			
接触器 KM 线圈断路			
主电路一相熔断器熔断			
起动按钮触点接触不良			

8. 总结本次任务重点和要点：

9. 本次任务所存在的问题及解决方法：

任务评价

电动机连续运行控制电路的调试考核评价表见表 3-15。

表 3-15　电动机连续运行控制电路的调试考核评价表

项目三　电动机连续运行控制电路的安装与调试				日期：			
任务三　电动机连续运行控制电路的调试							
自评：□熟练□不熟练		互评：□熟练□不熟练		师评：□熟练□不熟练		指导教师签字：	
评价内容	作品（70 分）						
序号	主要内容	考 核 要 求	评 分 细 则	配分	自评	互评	师评
1	不通电测试	（1）主电路、控制电路检测步骤正确 （2）检查结果正确 （3）能正确分析错误原因	（1）不按步骤操作扣 5 分 （2）检测结果不正确，每个扣 5 分 （3）检测结果错误，不会分析原因扣 5 分	20 分			
2	通电试车	电路一次通电正常工作，且各项功能完好	（1）热继电器整定值错误扣 5 分 （2）主、控线路配错熔体，每个扣 5 分 （3）1 次试车不成功扣 5 分，2 次试车不成功扣 10 分，3 次不成功本项得分为 0 （4）开机烧电源或其他线路，本项记 0 分	30 分			
3	故障排除	（1）正确完整描述故障现象 （2）正确分析故障原因 （3）正确找出故障点 （4）能排除故障	（1）故障描述不完整每个扣 2 分 （2）分析故障原因错误扣 5 分 （3）未找出故障点，每个扣 5 分 （4）不能排除故障扣 10 分	20 分			
作品总分							
评价内容	职业素养与操作规范（30 分）						
序号	主要内容	考 核 要 求	评 分 细 则	配分	自评	互评	师评
1	安全操作	（1）应穿工作服、绝缘鞋 （2）能按安全要求使用工具和仪表操作 （3）操作过程中禁止将工具或元件放置在高处等较危险的地方 （4）试车前，未获得教师允许不能通电	（1）没有穿戴防护用品扣 5 分 （2）操作前和完成后，未清点工具、仪表扣 2 分 （3）操作过程中将工具或元件放置在危险的地方造成自身或他人人身伤害则取消成绩 （4）未经教师允许私自通电试车取消成绩	10 分			
2	规范操作	（1）调试过程中工具与器材摆放规范 （2）调试过程中产生的废弃物按规定处置	（1）调试过程中，乱摆放工具、仪表、耗材，乱丢杂物扣 5 分 （2）完成任务后不按规定处置废弃物扣 5 分	10 分			

项目一
项目二
项目三
项目四
项目五
项目六
项目七
参考文献

（续）

序号	主要内容	考核要求	评分细则	配分	自评	互评	师评
3	文明操作	（1）操作完成后须清理现场 （2）在规定的工作范围内完成，不影响其他人 （3）操作结束不得将工具等物品遗留在设备内或元件上 （4）爱惜公共财物，不损坏元件和设备	（1）操作完成后不清理现场扣5分 （2）操作过程中随意走动，影响他人扣2分 （3）操作结束后将工具等物品遗留在设备或元件上扣3分 （4）操作过程中，恶意损坏元件和设备，取消成绩	10分			
职业素养与操作规范总分							
任务总分							

项目拓展训练

电路故障检修案例1：在图3-7b中，按下SB2时，KM线圈得电；但松开按钮，接触器KM释放。

分析研究：故障是由于SB3按钮常闭触点失效引起的，推测是SB3常闭触点已断开了。

检查处理：核对接线，并无错误。用仪表检测，发现SB3常闭触点接触不良。经过检修，再用仪表测量正常，故障排除。

电路故障检修案例2：在图3-9中，按下SB3，接触器KM正常通电，但松开后，KM线圈释放，电动机停止；按下SB4时，KM的现象与上相同。

分析研究：由于SB3、SB4分别可以控制KM线圈，而且KM可以起动电动机，表明主电路正常，故障是控制电路引起的，从接触器只有点动，而没有自锁，推测是KM常开触点自锁线路有问题。

检查处理：核对接线，按钮接线及接触器自锁线均正确，仔细观察接触器常开触点发现KM的常开自锁触点的触点被烧坏变形，造成自锁不起作用。更换触点，检查后重新通电试车，接触器动作正常，故障排除。

练习题

一、选择题

1. 电源引入线采用（　　）。

A. L1、L2、L3标号　B. U、V、W标号　C. A、B、C标号　D. X、Y、Z标号

2. 读图的基本步骤有：（　　）、看电路图、看安装接线图。

A. 看元件清单　B. 看技术说明　C. 看图样说明　D. 看组件明细表

3. 绘制电气原理图时，通常把主电路和辅助电路分开，主电路用（　　）画在辅助电路的左侧或上部，辅助电路用细实线画在主电路的右侧或下部。

A. 粗实线　　B. 细实线　　C. 点画线　　D. 虚线

4. 在设计电气控制工程图时，首先设计的是（　　）。

A. 安装接线图　　B. 电路原理图　　C. 电气布置图　　D. 电气互连图

5. 维修电工以电路原理图、（　　）和元件布置图最为重要。

A. 配线方式图　　B. 安装接线图　　C. 接线方式图　　D. 组件位置图

6. 能够用来表示电动机和电气元件实际位置的图是（　　）。

A. 电路原理图　　B. 电气互连图　　C. 电气元件布置图　　D. 电气系统图

7. 利用接触器自身常开触点来维持接触器连续通电称为（　　）。

A. 串联　　B. 自锁　　C. 互锁　　D. 并联

8. 电气控制电路中自锁环节的功能是保证电动机控制系统（　　）。

A. 有点动功能　　B. 有定时控制功能

C. 起动后连续运行功能　　D. 自动减压起动功能

9. 电气控制电路中的自锁环节是将接触器的（　　）触点并联于起动按钮两端。

A. 辅助常开　　B. 辅助常闭　　C. 主触点　　D. 线圈

10. 在电气控制电路中采用两地分别控制方式，其控制按钮连接的规律是（　　）。

A. 全为串联　　B. 起动按钮串联，停止按钮并联

C. 全为并联　　D. 起动按钮并联，停止按钮串联

二、判断题

1. 绘制电路原理图时，辅助电路用细线条绘制在原理图的左侧。（　　）

2. 电气测绘前，先要了解原电路的控制过程、控制顺序、控制方法和布线规律等。（　　）

3. 绘制电路原理图时，电气元件应是未通电时的状态。（　　）

4. 分析控制电路时，如线路较复杂，则可先排除照明、显示等与控制关系不密切的电路，集中进行主要功能分析。（　　）

5. 分析电气控制原理时应当先主后辅。（　　）

6. 点动是指按下按钮时，电动机转动工作；松开按钮时，电动机停止。（　　）

7. 现有四个按钮，欲使它们都能控制接触器 KM 通电，则它们的动合触点应串联接到 KM 的线圈电路中。（　　）

8. 同一电动机多地控制时，各地起动按钮应按照并联原则来连接。（　　）

9. 电气控制电路中，交流接触器的辅助常开触点通常并联在起动按钮两端中实现自锁功能。（　　）

10. 三相笼型异步电动机的电气控制电路，如果使用热继电器做过载保护，就不必再装设熔断器做短路保护。（　　）

三、问答题

1. 电路原理图的基本组成电路有哪些？

2. 什么叫“自锁”？

3. 电动机的两地控制怎么实现？

项目四

电动机正反转控制电路的安装与调试

项目导入

三相交流异步电动机在工作的时候，根据负载需要，可能要改变旋转方向。通常把电动机顺时针和逆时针两个方向运行分别用正转和反转来表示。实现两个方向运行的控制电路称为电动机正反转控制电路。电动机全压起动正反转控制电路类型较多，有按钮控制、行程开关控制，时间继电器控制等。按钮和行程开关控制常用于小容量电动机，且拖动的机械装置转动惯量不大的设备。本项目主要介绍按钮控制的电动机正反转控制电路。

车间新装风机的电动机为三相交流异步电动机，需要项目组完成按钮和接触器双重联锁正反转控制电路的安装和调试。

项目要求：正确识读电动机正反转控制电路原理图；绘制相应的电气元件布置图和安装接线图；选择合适的电气元件，按工艺要求完成电气控制电路连接；完成电路的通电试车，并对电路产生的故障进行故障原因分析与排除。

本项目共包括三个任务：电动机正反转控制电路功能仿真、电动机正反转控制电路的安装、电动机正反转控制电路的调试。本项目所含知识点如图 4-1 所示。

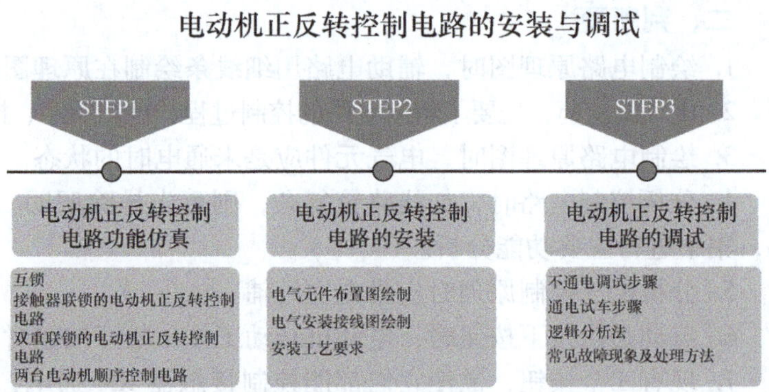

图 4-1　项目四知识点

学有所获

通过完成本项目，学生应达到以下目标：

知识目标：

1. 掌握电气控制系统图的读图、绘图原则与方法。
2. 掌握电动机正反转控制电路的工作原理。
3. 掌握电动机正反转控制电路元件布置图和安装接线图的绘制方法。
4. 掌握电动机正反转控制电路的电路安装接线步骤、工艺要求与安装技巧。
5. 掌握电动机正反转控制电路的故障原因分析与排除方法。

能力目标：

1. 会识读电动机正反转控制电路原理图，并能正确叙述其工作原理。

2. 能根据电路原理图绘制电气元件布置图和安装接线图。
3. 能根据要求选择合适的低压电气元件，按工艺要求安装电动机正反转控制电路。
4. 会进行不通电检测电动机正反转控制电路功能并通电试车。
5. 能根据电路故障现象分析故障原因、找到电路故障点并排除。

素质目标：

1. 培养学生安全操作、规范操作、文明生产的职业素养。
2. 培养学生敬业奉献、精益求精的工匠精神。
3. 培养学生科学分析和解决实际问题的能力。

任务一　电动机正反转控制电路功能仿真

任务描述

通过在仿真软件里选择合适的电气元件，绘制电路原理图，了解常用低压电器在电路中的作用；采用软件仿真实现电路功能，理解电动机正反转控制电路工作原理。

1. 任务目标

知识目标：

1）理解电气控制电路的互锁控制规律。
2）掌握电动机正反转控制电路工作原理。

能力目标：

1）能列出电动机正反转控制电路中元件的作用。
2）能正确仿真实现电动机正反转控制电路功能。
3）能正确分析电动机正反转控制电路工作原理。

素质目标：

1）培养学生安全操作、规范操作、文明生产的职业素养。
2）培养学生敬业奉献、精益求精的工匠精神。
3）培养学生科学分析和解决问题的能力。

2. 任务步骤

1）列出低压电气元件在电路中的作用。
2）采用仿真软件实现电动机正反转控制电路功能。

知识准备

一、接触器联锁的电动机正反转控制电路

生产机械的运动部件往往要求具有正、反两个方向的运动，如机床主轴的正反转、工作台的前进后退，起重机吊钩的上升与下降等，这就要求电动机能够实现可逆运行。从电动机原理可知，改变三相交流电动机定子绕组相序即可改变电动机旋转方向。

1. 识读电路图

接触器联锁的电动机正反转控制电路如图 4-2 所示，电路特点如下：

1）电路中采用了两个接触器，即正转用的接触器 KM1 和反转用的接触器

KM2，它们分别由正转按钮 SB2 和反转按钮 SB3 控制。从主电路图中可以看出，这两个接触器的主触点所接通的电源相序不同，接触器 KM1 按 L1-L2-L3 相序接线，接触器 KM2 则按 L3-L2-L1 相序接线。相应的控制电路有两条，一条是由按钮 SB2 和接触器 KM1 线圈等组成的正转控制电路；另一条是由按钮 SB3 和接触器 KM2 线圈等组成的反转控制电路。

2）接触器 KM1 和 KM2 的主触点绝对不允许同时闭合，否则将造成两相电源（如图 4-2 中的 L1 相和 L3 相）短路事故。为避免两个接触器 KM1 和 KM2 同时得电动作，可以在正、反转控制回路中分别串接对方接触器的一对常闭辅助触点，这样，当一个接触器得电动作时，通过其常闭辅助触点使另一个接触器不能得电动作，接触器间这种相互制约的作用称为接触器联锁（或互锁）。实现联锁作用的常闭辅助触点称为联锁触点（或互锁触点）。联锁符号用“▽”表示。

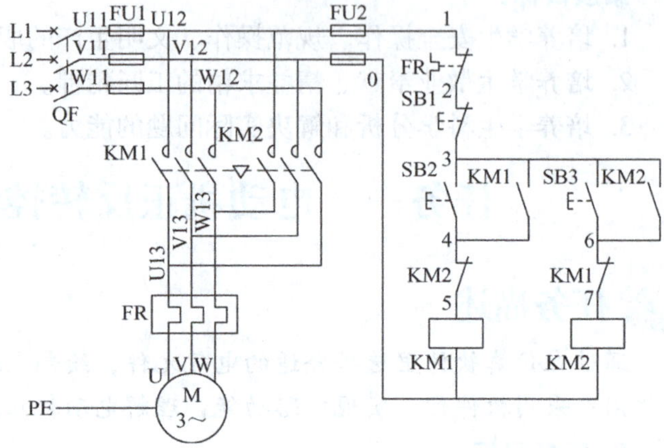

图 4-2　接触器联锁的电动机正反转控制电路

2. 电路工作原理

先合电源开关 QF。

1）正转起动过程如下：按下起动按钮 SB2，接触器 KM1 线圈得电，接触器 KM1 常闭触点分断，形成互锁。接触器 KM1 常开触点闭合，形成自锁。接触器 KM1 主触点闭合，电动机起动并正转。

2）反转起动过程如下：按下起动按钮 SB3，接触器 KM2 线圈得电，接触器 KM2 常闭触点分断，形成互锁。接触器 KM2 常开触点闭合，形成自锁。接触器 KM2 主触点闭合，电动机反转。

3）停止控制过程如下：

停止时，按下停止按钮 SB1，接触器 KM2（或 KM1）线圈失电，接触器 KM2（或 KM1）常闭触点复位，互锁解除，接触器 KM2（或 KM1）常开触点复位，自锁解除。接触器 KM2（或 KM1）主触点分断，电动机停止。

3. 电路的优缺点

接触器连锁正反转控制电路的优点是工作安全可靠，缺点是操作不方便。因为电动机从正转变为反转时，必须先按下停止按钮后，才能按反转起动按钮，否则由于接触器的联锁作用，不能实现反转。为克服此电路的不足，可采用按钮和接触器双重联锁的正反转控制电路。

二、按钮、接触器双重联锁的电动机正反转控制电路

1. 识读电路图

双重联锁的电动机正反转控制电路如图 4-3 所示，电路特点如下：

1）为克服接触器联锁的电动机正反转控制电路操作不便的缺点，把正转按钮 SB2 和反转按钮 SB3 换成两个复合按钮，并使两个复合按钮的常闭触点联锁。

2）当电动机从正转变为反转时，可直接按下反转按钮 SB3 即可实现，不必先按停止按钮 SB1。因为当按下反转按钮 SB3 时，串接在正转控制电路中 SB3 的常闭触点先分断，使正转接触器 KM1 线圈失电，接触器 KM1 的主触点和自锁触点分断，电动机 M 失电。SB3 的常闭触点分断后，其常开触点随后闭合，接通反转控制电路，电动机 M 便反转。同样，若使电动机从反转变为正转运行时，也只要直接按下正转按钮 SB2 即可。

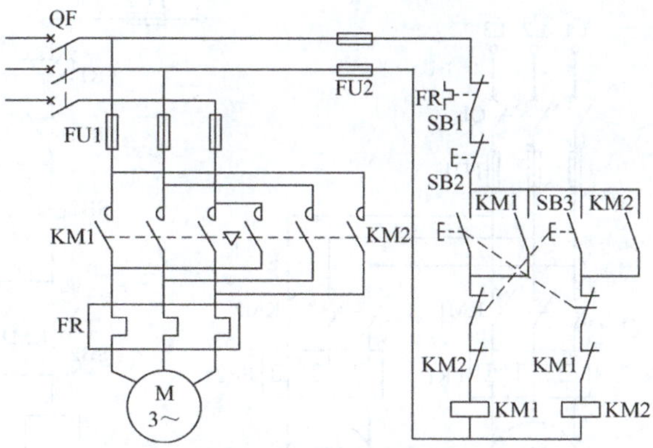

图 4-3　双重联锁的电动机正反转控制电路

3）该电路兼有两种联锁控制电路的优点，操作方便，工作安全可靠。

2. 电路工作原理

先合上电源开关 QF。

1）正转起动过程如下：按下起动按钮 SB2，起动按钮 SB2 常闭触点分断，形成互锁。起动按钮 SB2 常开触点闭合，接触器 KM1 线圈得电，接触器 KM1 常闭触点分断，形成互锁。接触器 KM1 常开触点闭合，形成自锁。接触器 KM1 主触点闭合，电动机起动并正转。

2）反转起动过程如下：按下起动按钮 SB3，起动按钮 SB3 常闭触点分断，形成互锁。接触器 KM1 线圈失电，接触器 KM1 常闭触点闭合。起动按钮 SB3 常开触点闭合，接触器 KM2 线圈得电，接触器 KM2 常闭触点分断，形成互锁，接触器 KM2 常开触点闭合，形成自锁。KM2 主触点闭合，电动机反转。

3）停止控制过程如下：停止时，按下停止按钮 SB1，接触器 KM2 线圈失电，接触器 KM2 常闭触点复位，互锁解除，接触器 KM2 常开触点复位，自锁解除。接触器 KM2 主触点分断，电动机停止。

三、顺序控制

在机床的控制电路中，常常要求电动机的起停有一定的顺序。例如磨床要求先起动润滑油泵，然后再起动主轴电动机；龙门刨床在移动前，导轨润滑油泵要先起动；铣床的主轴旋转后，工作台方可移动等。顺序控制电路有顺序起动、同时停止控制电路，有顺序起动、顺序停止控制电路，还有顺序起动、逆序停止控制电路等。

1. 识读电路图

两台电动机的顺序控制电路如图 4-4 所示，顺序控制特点如下：

图 4-4a 中电动机 M1 起动后，电动机 M2 才能起动，电动机 M1 在运行时，电动机 M2 可单独停止。

图 4-4b 中电动机 M1 起动后，电动机 M2 才能起动；电动机 M2 停止后，M1 电动机才能停止。

2. 电路工作原理

（1）图 4-4a 的工作原理

起动过程：按下起动按钮 SB2，接触器 KM1 线圈得电自锁，电动机 M1 起动，同时接触

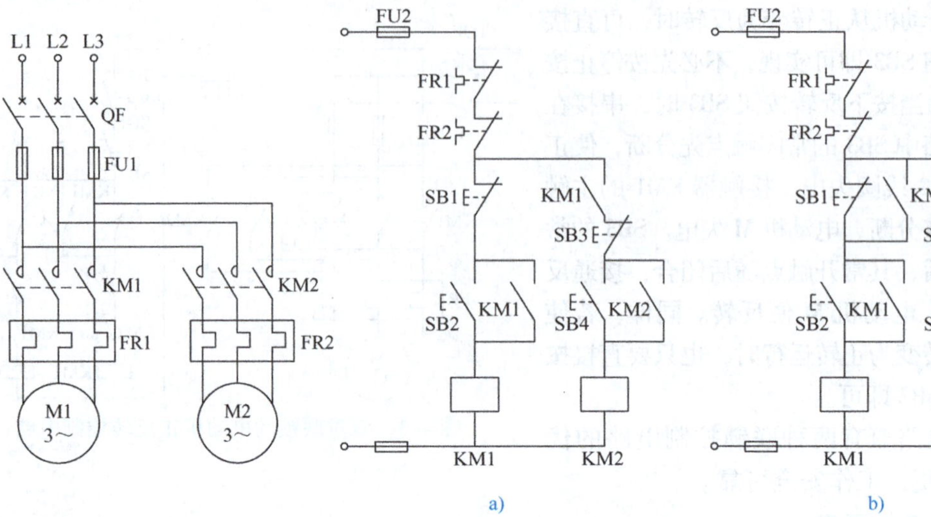

图 4-4　两台电动机的顺序控制电路

器 KM1 常开触点闭合，为电动机 M2 起动做准备。按下起动按钮 SB4，接触器 KM2 线圈得电自锁，电动机 M2 起动。

停止过程如下：按下停止按钮 SB1，接触器 KM1 线圈失电，电动机 M1、M2 同时停止。按下 SB3，接触器 KM2 线圈失电，电动机 M2 单独停止。

（2）图 4-4b 的工作原理

起动过程：按下起动按钮 SB2，接触器 KM1 线圈得电自锁，电动机 M1 起动，同时接触器 KM1 常开触点闭合，为电动机 M2 起动做准备。按下起动按钮 SB4，接触器 KM2 线圈得电自锁，电动机 M2 起动，同时接触器 KM2 常开触点把停止按钮 SB1 按钮短接，使得停止按钮 SB1 不能单独停止电动机 M1。

停止过程如下：只有先按下停止按钮 SB3 按钮，接触器 KM2 线圈失电，电动机 M2 停止，同时接触器 KM2 常开触点复位，再按下停止按钮 SB1 按钮，才能停止电动机 M1。

任务实施

电动机正反转控制电路功能仿真任务单见表 4-1。

表 4-1　电动机正反转控制电路功能仿真任务单

项目四　电动机正反转控制电路的安装与调试		日期：
班级：	学号：	指导教师签字：
小组成员：		
任务一　电动机正反转控制电路功能仿真		
操作要求：1. 正确掌握仿真软件的使用 2. 学会观察分析问题的能力 3. 良好的“7S”工作习惯		
1. 工具、设备准备：		

（续）

2. 制订工作计划及组员分工：

3. 工作现场安全准备、检查：

4. 操作内容：电动机正反转控制电路功能仿真

具体内容	操作要求与注意事项
选择电气元件	
绘制电路原理图	
电路功能仿真	

5. 请详细列出图 4-3 所示的电气控制电路中各元件的作用

电气元件名称	在电路中的作用	选用注意事项

6. 完成电动机正反转控制电路功能仿真，并描述控制电路工作原理

7. 总结本次任务重点和要点：

8. 本次任务所存在的问题及解决方法：

任务评价

电动机正反转控制电路功能仿真的考核评价表见表 4-2。

表 4-2　电动机正反转控制电路功能仿真考核评价表

<table>
<tr><td colspan="4">项目四　电动机正反转控制电路的安装与调试</td><td colspan="4">日期：</td></tr>
<tr><td colspan="8">任务一　电动机正反转控制电路功能仿真</td></tr>
<tr><td colspan="3">自评：□熟练□不熟练</td><td>互评：□熟练□不熟练</td><td colspan="2">师评：□熟练□不熟练</td><td colspan="2">指导教师签字：</td></tr>
<tr><td>评价内容</td><td colspan="7">作品（70 分）</td></tr>
<tr><td>序号</td><td>主要内容</td><td>考核要求</td><td>评分细则</td><td>配分</td><td>自评</td><td>互评</td><td>师评</td></tr>
<tr><td>1</td><td>元件选择</td><td>（1）操作仿真软件步骤正确
（2）能选择合适的电气元件和数量</td><td>（1）不按步骤操作扣 5 分
（2）选择结果不正确，每个扣 5 分
（3）选择结果错误，不会分析原因扣 5 分</td><td>20 分</td><td></td><td></td><td></td></tr>
</table>

（续）

序号	主要内容	考核要求	评分细则	配分	自评	互评	师评
2	电路原理图绘制	（1）元件位置摆放合理 （2）按要求将电气元件连接起来	（1）元件位置摆放不合理，每个扣5分 （2）连线错误扣5分 （3）不能完整绘制电路图，扣10分	30分			
3	电路功能仿真	根据电路情况，完成电路功能仿真	（1）仿真操作错误扣5分 （2）1次功能仿真不成功扣5分，2次不成功扣10分，3次不成功本项得分为0	20分			
作品总分							
评价内容	职业素养与操作规范（30分）						
序号	主要内容	考核要求	评分细则	配分	自评	互评	师评
1	安全操作	（1）开机前，未获得教师允许不能通电 （2）能按安全要求使用计算机操作	（1）未经教师允许私自开机取消成绩 （2）不按安全要求使用计算机，每次操作扣2分	10分			
2	规范操作	（1）仿真过程操作规范 （2）操作结束按步骤关闭计算机	（1）仿真过程中，不按要求操作计算机扣5分 （2）完成任务后不按步骤关闭计算机扣5分	10分			
3	文明操作	（1）操作完成后须清理现场 （2）在规定的工作范围内完成，不影响其他人 （3）操作结束不得将工具等物品遗留在设备内或元件上 （4）爱惜公共财物，不损坏元件和设备	（1）操作完成后不清理现场扣5分 （2）操作过程中随意走动，影响他人扣2分 （3）操作结束后将工具等物品遗留在设备或元件上扣3分 （4）操作过程中，恶意损坏元件和设备，取消成绩	10分			
职业素养与操作规范总分							
任务总分							

任务拓展

案例：在传送带应用中，为了安全起见，要求第一条传送带起动后第二条传送带才能起动，实现两条传送带的顺序起动。两台电动机顺序起动控制电路如图4-5所示，请分析工作原理。

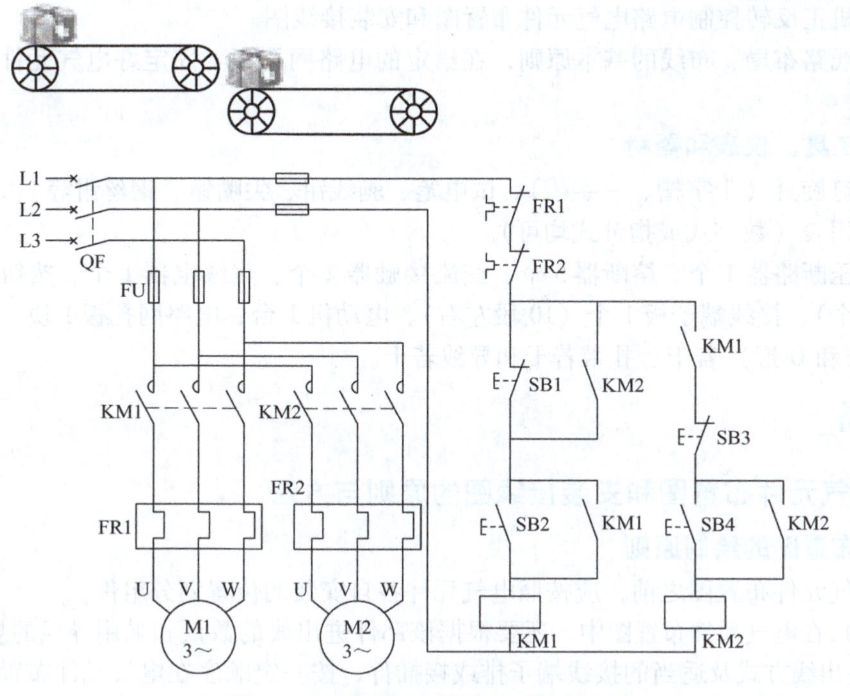

图 4-5　两台电动机顺序起动控制电路

任务二　电动机正反转控制电路的安装

任务描述

根据电动机正反转控制电路原理图，列出元件清单、选择与检测元件，绘制电气元件布置图和安装接线图，按工艺要求完成控制电路连接。

1. 任务目标

知识目标：

1）掌握列元件清单、选择元件的方法。

2）掌握电动机正反转控制电路电气元件布置图、安装接线图的绘制原则与方法。

3）掌握电动机正反转控制电路安装步骤、工艺要求和安装技能。

能力目标：

1）能正确选择低压电气元件，并能检测低压电气元件的好坏。

2）能正确绘制电动机正反转控制电路电气元件布置图和安装接线图。

3）能按照工艺要求正确安装电动机正反转控制电路。

素质目标：

1）培养学生安全操作、规范操作、文明生产的职业素养。

2）培养学生敬业奉献、精益求精的工匠精神。

3）培养学生科学分析和解决问题的能力。

2. 任务步骤

1）按照图 4-3 所示控制电路列出元件清单，配齐所需电气元件，并进行检测。

项目一 项目二 项目三 项目四 项目五 项目六 项目七 参考文献

2）绘制电动机正反转控制电路电气元件布置图和安装接线图。

3）按照电气线路布局、布线的基本原则，在给定的电路网孔板上固定好电气元件，并进行布线。

3. 所需实训工具、仪表和器材

1）工具：螺钉旋具（十字槽、一字槽）、试电笔、剥线钳、尖嘴钳、钢丝钳等。

2）仪表：万用表（数字式或指针式均可）。

3）器材：低压断路器1个、熔断器5个、交流接触器2个、热继电器1个、按钮3个（红、绿、黑各1个）、接线端子板1个（10段左右）、电动机1台、电路网孔板1块、号码管、线鼻子（针形和U形）若干、扎带若干和导线若干。

知识准备

一、绘制电气元件布置图和安装接线图的原则与方法

1. 电气元件布置图的绘制原则

1）在绘制电气元件布置图之前，应按照电气元件各自安装的位置划分组件。

2）在电气元件布置图中，还要根据该部件进出线的数量和采用导线的规格，选择进出线方式及适当的接线端子排或接插件，按一定顺序在电气元件布置图中标出进出线的接线号。

3）绘制电气元件布置图时，电动机要和被拖动的机械设备画在一起；操作手柄应画在便于操作的地方，行程开关应画在获取信息的地方。

电气元件的布置应满足以下要求：

1）同一组件中电气元件的布置应注意：将体积大和较重的电气元件安装在电路网孔板的下面，而发热元件应安装在电路网孔板的上部或后部，但热继电器宜放在电路网孔板下部，因为热继电器的出线端直接与电动机相连便于出线，而其进线端与接触器相连接，便于接线并使走线最短，且宜于散热。

2）强电与弱电分开走线，应注意弱电屏蔽和防止外界干扰。

3）需要经常维护、检修、调整的电气元件安装位置不宜过高或过低，人力操作开关及需经常监视的仪表的安装位置应符合人体工程学原理。

4）电气元件的布置应考虑安全间隙，并做到整齐、美观、对称，外形尺寸与结构类似的电器可放在一起，以利加工、安装和配线。若采用行线槽配线方式，应适当加大各排电器间距，以利布线和维护。

5）电气元件布置不宜过密，要留有一定的间距。

6）将散热元件及发热元件置于风道中，以保证得到良好的散热条件。而熔断器应置于风道外，以避免改变其工件特性。

7）总电源开关、紧急停止控制开关应安放在方便而明显的位置。

8）在电器布置图设计中，还要根据进出线的数量、采用导线规格及出线位置等，选择进出线方式及接线端子排、连接器或接插件，并按一定顺序标上进出线的接线号。电动机正反转控制电路元件布置图如图4-6所示。

2. 安装接线图的绘制原则

安装接线图是为安装电气设备和电气元件时进行配线或检查维修电气控制电路故障服务

的。实际应用中通常与电路原理图和电气元件布置图一起配合使用。

安装接线图是根据电气设备和电气元件的实际位置、配线方式和安装情况绘制的，其绘制原则如下：

1）绘制电气安装接线图时，各电气元件均按其在电路网孔板中的实际位置绘出。元件所占图面按实际尺寸以统一比例绘制。

2）绘制电气安装接线图时，一个元件的所有部件绘在一起，并用点画线框起来，有时将多个电气元件用点画线框起来，表示它们是安装在同一个电路网孔板上的。

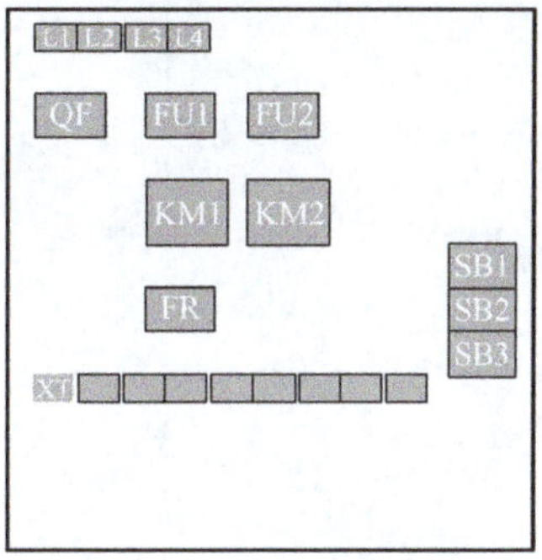

图 4-6 电动机正反转控制电路元件布置图

3）所有电气元件及其引线应标注与电气控制原理图一致的文字符号及接线回路标号。

4）电气元件之间的接线可直接相连，也可以采用单线表示法绘制，实含几根线可从电气元件上标注的接线回路标号数看出来，当电气元件数量较多或接线较复杂时，也可不画各元件间的连线，但是在各元件的接线端子回路标号处应标注另一元件的文字符号，以便识别，以便接线。

5）接线图中应标明配线用的各种导线的规格、型号、颜色、截面积等，另外，还应标明穿管的种类、内径、长度及接线根数、接线编号。

6）接线图中所有电气元件的图形符号、文字符号和各接线端子的编号必须与电气控制原理图中的一致，且符合国际规定。

7）电气安装接线图统一采用细实线。成束的接线可以用一条实线表示。接线很少时，可直接画出各电气元件间的接线方式，接线很多时，为了简化图形，可不画出各电气元件之间的接线。接线方式用符号标注在电气元件的接线端，并标明接线的线号和走向。

8）绘制电气安装接线图时，电路网孔板内外的电气元件之间的连线通过接线端子排进行连接，电路网孔板上有几条接至外电路的引线，端子排上就应绘出几个线的接点。

3. 安装接线图的绘制方法

安装接线图的绘制方法如下：

1）将电气控制电路原理图进行电路标号。

将电路原理图上的导线进行标号。主电路用英文字母标号，控制电路用阿拉伯数字标号。标号时采用“等电位”原则，即相同的导线采用同一标号，跨元件换标号，如图 4-7 所示。

2）将所有电气设备和电气元件都按其所在实际位置绘制在图纸上，且同一电器的各元件应根据其实际结构，使用与电路图相同的图形符号画在一起，并用点画线框上，其文字符号与电路图中标注应一致。

3）将控制电路原理图中所用到的低压元件两端标号逐个标记在安装接线图对应元件两端。

典型电动机正反转控制电路电气安装接线图如图 4-7 所示。

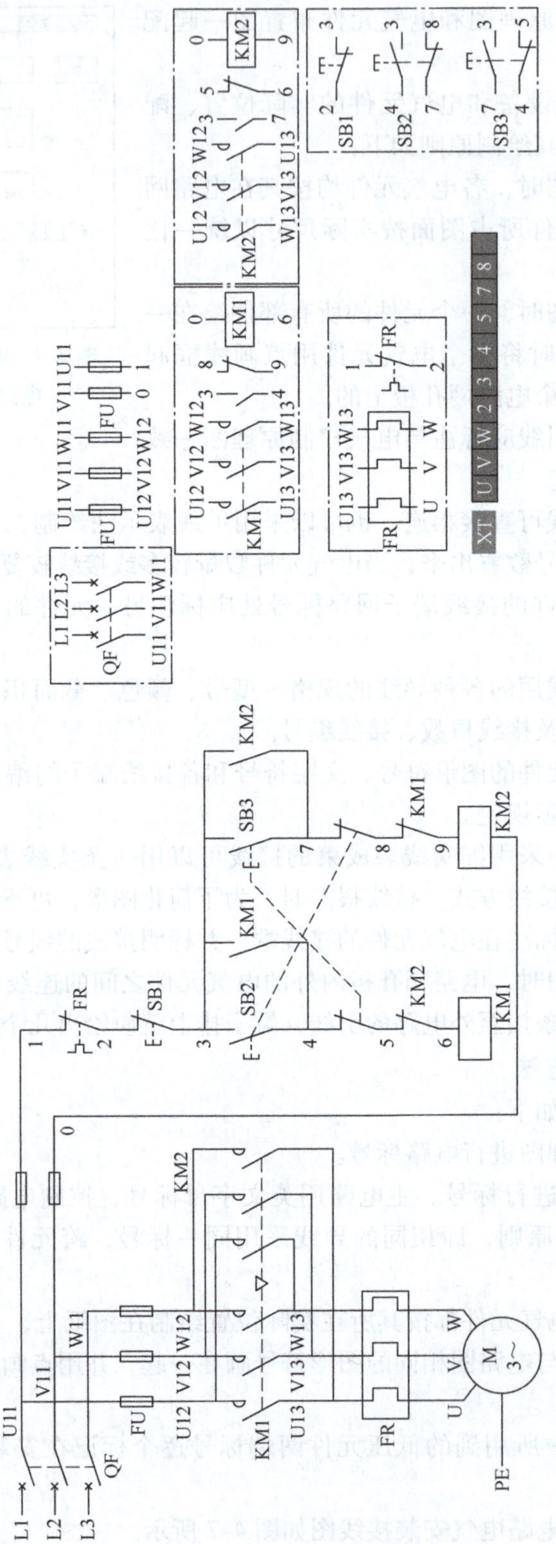

图 4-7 电动机正反转控制电路电气安装接线图

二、电气元件安装与布线

1. 电气元件安装

在电路网孔板上进行元件的布置与安装时，各元件的安装位置应整齐、匀称、间距合理，便于元件的更换。紧固各元件时要用力均匀，在紧固熔断器、接触器等易碎元件时，应用手按住元件，一边轻轻摇动，一边用旋具轮流旋紧对角线上的螺钉，直至手感觉摇不动后再适度旋紧一些即可。

2. 布线工艺要求

根据安装接线图进行板前明线布线，板前明线布线的工艺要求如下：

1）布线通道尽可能少，同路并行导线按主电路、控制电路分类集中，单层密排，紧贴安装面布线。

2）同一平面的导线应高低一致或前后一致，走线合理，不能交叉或架空。

3）对螺栓式接线端子，导线连接时应打钩圈，并按顺时针旋转；对瓦片式接线端子，导线连接时直线插入接线端子固定即可。导线连接不能压绝缘层，也不能露铜过长。

4）布线应横平竖直，分布均匀，变换走向时应垂直。

5）布线时严禁损伤线芯和导线绝缘。

6）所有从一个接线端子（或接线桩）到另一个接线端子的导线必须完整，中间无接头。

7）一个元件接线端子上的连接导线不得多于两根。

8）进出线应合理汇集在端子板上。

3. 安装接线注意事项

1）按钮内接线时，用力不可过猛，以防螺钉打滑。

2）按钮内部的接线不要接错，起动按钮必须接动合（常开）触点（可用万用表判别）。

3）接触器的自锁触点应并接在起动按钮的两端，停止按钮应串接在控制电路中。

4）热继电器的热元件应串接在主电路中，其动断（常闭）触点应串接在控制电路中，两者缺一不可，否则不能起到过载保护作用。

5）电动机外壳必须可靠接PE（保护接地）线。

三、电气控制电路安装步骤

1. 电气元件选择与检测

根据电气控制电路，列出电气元件清单，并检测电气元件好坏。电气元件检查方法见表4-3。

表4-3　电气元件检查方法

	内　容	工艺要求
检测电气元件	外观检查	外壳无裂纹，接线桩无锈，零部件齐全
	动作机构检查	动作灵活，不卡阻
	元件线圈、触点等检查	线圈无断路、短路；线圈无熔焊、变形或严重氧化锈蚀现象

注意事项：在不通电的情况下，检测电气元件的外观是否正常，用万用表检查各个电气元件的通断情况是否良好。

项目一 项目二 项目三 项目四 项目五 项目六 项目七 参考文献

2. 电路安装与接线

(1) 安装与接线步骤

电气控制电路安装步骤见表4-4。

表4-4 电气控制电路安装步骤

安装步骤	内容	工艺要求
安装电气元件	安装固定电源开关、熔断器、接触器和按钮等元件	(1) 电气元件布置要整齐、合理，做到安装时便于布线，便于故障检修 (2) 安装紧固用力均匀，紧固程度适当，防止电气元件的外壳被压裂损坏
布线	按电气接线图确定走线方向进行布线	(1) 连线紧固、无毛刺 (2) 布线平直、整齐、紧贴敷设面，走线合理 (3) 尽量避免交叉，中间不能有接头 (4) 电源和电动机配线、按钮接线要接到端子排上，进出线槽的导线要有端子标号

(2) 电气控制电路检查

安装完毕的控制电路板，必须经过认真检查后，才能通电试车，以防止错接、漏接而造成控制功能不能实现或短路事故。

1) 控制电路进行接线检查。电气控制电路接线检查表见表4-5。

表4-5 电气控制电路接线检查表

检查项目	检查内容	检查工具
检查接线完整性	按电路原理图或电气安装接线图从电源端开始，逐段核对接线 (1) 有无漏接，错接 (2) 导线压接是否牢固，接触是否良好	电工常用工具
检查电路绝缘	电路的绝缘电阻不应小于1MΩ	500V绝缘电阻表

2) 控制电路进行安装工艺检查。将安装完成的电气控制电路进行安装工艺检查，电气控制电路安装工艺检查表见表4-6。

表4-6 电气控制电路安装工艺检查表

检查项目	检查内容
电路布线工艺	(1) 按图样要求正确选择元件 (2) 引入线或引出线接线须适当留余量 (3) 引入线或引出线接线须分类集中且排列整齐 (4) 能做到横平竖直、无交叉、集中归边走线、贴面走线 (5) 线路须规范而不凌乱 (6) 配线与分色须按图样或规范要求 (7) 线路整齐，长短一致 (8) 接线端须压接线耳，无露铜现象 (9) 接线端引出部分悬空段适合，且排列整齐 (10) 端子压接牢固 (11) 端子须套号码管

（续）

检查项目	检查内容
电路接线工艺	（1）导线须入线槽 （2）线槽引出线不得凌乱，导线须对准线槽孔入槽和出槽 （3）连接导线整齐 （4）导线端压接线耳，无露铜现象 （5）1 个接线端接线不超过 2 根 （6）接线端引出部分不得悬空过长，且排列整齐 （7）端子压接牢固 （8）端子须套号码管 （9）按图样清晰编码
电动机安装接线工艺	（1）按图样要求正确选择电动机 （2）电动机线路外露部分用缠绕管缠绕或扎带绑扎 （3）严格按图样要求接线 （4）电动机须做接地保护 （5）按图样要求正确接线

任务实施

电动机正反转控制电路的安装任务单见表 4-7。

表 4-7　电动机正反转控制电路的安装任务单

<table>
<tr><td colspan="2">项目四　电动机正反转控制电路的安装与调试</td><td>日期：</td></tr>
<tr><td>班级：</td><td>学号：</td><td rowspan="2">指导教师签字：</td></tr>
<tr><td colspan="2">小组成员：</td></tr>
<tr><td colspan="3">任务二　电动机正反转控制电路的安装</td></tr>
<tr><td colspan="3">操作要求：1. 正确掌握工具的使用
2. 严格参照电气控制电路的安装和布线要求
3. 良好的“7S”工作习惯</td></tr>
<tr><td colspan="3">1. 工具、设备准备：</td></tr>
<tr><td colspan="3">2. 制订工作计划及组员分工：</td></tr>
<tr><td colspan="3">3. 工作现场安全准备、检查：</td></tr>
<tr><td colspan="3">4. 操作内容：图 4-3 所示电动机正反转控制电路的安装</td></tr>
<tr><td>具体内容</td><td colspan="2">操作要求与注意事项</td></tr>
<tr><td>绘制电气元件布置图</td><td colspan="2"></td></tr>
<tr><td>绘制电气安装接线图</td><td colspan="2"></td></tr>
<tr><td>电气元件选择与检测</td><td colspan="2"></td></tr>
</table>

（续）

具体内容	操作要求与注意事项
安装与布线	
电路接线检查	
安装工艺检查	

5. 绘制图4-3所示电动机正反转控制电路电气元件布置图

6. 绘制图4-3所示电动机正反转控制电路电气安装接线图

7. 请详细列出图4-3所示电动机正反转控制电路中所需电气元件，并检测其好坏

电气元件名称	检查内容	检查结果	可能原因

8. 电路接线检查结果

检查内容	自检结果	互检结果	教师检查结果	存在问题
检查接线完整性	□合格□不合格	□合格□不合格	□合格□不合格	
检查电路绝缘	□合格□不合格	□合格□不合格	□合格□不合格	

9. 安装工艺检查结果

检查内容	自检结果	互检结果	教师检查结果	存在问题
电路布线工艺	□合格□不合格	□合格□不合格	□合格□不合格	
电路接线工艺	□合格□不合格	□合格□不合格	□合格□不合格	
电动机安装接线工艺	□合格□不合格	□合格□不合格	□合格□不合格	

10. 总结本次任务重点和要点：

11. 本次任务所存在的问题及解决方法：

任务评价

电动机正反转控制电路的安装考核评价表见表4-8。

表4-8 电动机控制电路的安装考核评价表

项目四 电动机正反转控制电路的安装与调试				日期：			
任务二 电动机正反转控制电路的安装							
自评：□熟练□不熟练		互评：□熟练□不熟练	师评：□熟练□不熟练		指导教师签字：		
评价内容	作品（70分）						
序号	主要内容	考核要求	评分细则	配分	自评	互评	师评
1	电气元件布置图	元件数量正确、布置合理	（1）缺少电气元件，每个扣1分 （2）元件布置不合理扣3分	5分			
2	电气安装接线图	原理图上标号正确、元件文字符号正确	（1）标号错误扣5分 （2）元件触点标号错误、少标，每个扣2分 （3）接线图错误本项不得分	10分			
3	电气元件检测	（1）正确选择电气元件 （2）对电气元件质量进行检验	（1）元件选择不正确，错一个扣1分 （2）未对电气元件质量进行检验，每个扣0.5分	10分			
4	元件安装	（1）按图样的要求，正确利用工具，熟练地安装电气元件 （2）元件安装要准确、紧固 （3）按钮盒不固定在板上	（1）元件安装不牢固、安装元件时漏装螺钉，每个扣2分 （2）损坏元件每个扣5分	5分			
5	布线	（1）连线紧固、无毛刺 （2）电源和电动机配线、按钮接线要接到端子排上，进出线槽的导线要有端子标号，引出端要用别径压端子	（1）电动机运行正常，但未按电路图接线，扣5分 （2）接点松动、接头露铜过长、反圈、压绝缘层，标记线号不清楚、遗漏或误标，引出端无别径压端子，每处扣1分 （3）损伤导线绝缘或线芯，每根扣1分	20分			
6	电路接线与安装工艺检查	（1）元件在配电板上布置要合理 （2）布线要进线槽，美观	（1）元件布置不整齐、不匀称、不合理，每个扣2分 （2）布线不进行线槽，不美观，每根扣1分	20分			
作品总分							
评价内容	职业素养与操作规范（30分）						

（续）

序号	主要内容	考 核 要 求	评 分 细 则	配分	自评	互评	师评
1	安全操作	（1）应穿工作服、绝缘鞋 （2）能按安全要求使用工具操作 （3）穿线时能注意保护导线绝缘层 （4）操作过程中禁止将工具或元件放置在高处等较危险的地方	（1）没有穿戴防护用品扣5分 （2）操作前和完成后，未清点工具、仪表扣2分 （3）穿线时破坏导线绝缘层扣2分 （4）操作过程中将工具或元件放置在危险的地方造成自身或他人人身伤害则取消成绩	10分			
2	规范操作	（1）安装过程中工具与器材摆放规范 （2）安装过程中产生的废弃物按规定处置	（1）安装过程中，乱摆放工具、仪表、耗材，乱丢杂物扣5分 （2）完成任务后不按规定处置废弃物扣5分	10分			
3	文明操作	（1）操作完成后须清理现场 （2）在规定的工作范围内完成，不影响其他人 （3）操作结束不得将工具等物品遗留在设备内或元件上 （4）爱惜公共财物，不损坏元件和设备	（1）操作完成后不清理现场扣5分 （2）操作过程中随意走动，影响他人扣2分 （3）操作结束后将工具等物品遗留在设备或元件上扣3分 （4）操作过程中，恶意损坏元件和设备，取消成绩	10分			
职业素养与操作规范总分							
任务总分							

任务三　电动机正反转控制电路的调试

任务描述

通电试车已安装完成的电动机正反转控制电路，对照试车过程中产生的故障进行故障原因分析，找出故障点并排除。

1. 任务目标

知识目标：

1）掌握电动机正反转控制电路不通电检测方法与步骤。

2）掌握电动机正反转控制电路通电试车方法与步骤。

3）掌握电动机正反转控制电路典型故障现象、故障原因分析与排除方法。

能力目标：

1）能正确实施电动机正反转控制电路不通电检测。

2）能正确通电调试电动机正反转控制电路功能。

3）能根据电路故障现象分析故障原因、找到电路故障点并排除。

素质目标：

1）培养学生安全操作、规范操作、文明生产的职业素养。

2）培养学生敬业奉献、精益求精的工匠精神。

3）培养学生科学分析和解决问题的能力。

2. 任务步骤

1）对安装好的电动机正反转控制电路进行不通电检测。

2）通电调试电动机正反转控制电路的电路功能。

3）根据电路故障现象分析故障原因、找到电路故障点并排除。

3. 所需实训工具、仪表和器材

1）工具：螺钉旋具（十字槽、一字槽）、试电笔、剥线钳、尖嘴钳、钢丝钳等。

2）仪表：万用表（数字式或指针式均可）。

3）器材：低压断路器 1 个、熔断器 5 个、交流接触器 2 个、热继电器 1 个、按钮 3 个（红、绿、黑色各 1 个）、接线端子板 1 个（10 段左右）、电动机 1 台、电路网孔板 1 块、号码管、线鼻子（针形和 U 形）若干、扎带若干和导线若干。

知识准备

一、电气控制电路不通电检测方法

电气控制电路不通电检测方法分为两种：

（1）电路接线外观检测

按电路原理图或安装接线图从电源端开始，逐段核对接线及接线端子处是否正确，有无漏接、错接之处。检查导线接线端子是否符合要求，压接是否牢固。

（2）电路通断检测

用万用表检查电路的通断情况，检查时，应选用倍率适当的电阻档，并进行校零，以防短路故障发生。

检查主电路时（可断开控制电路），可以用手压下接触器的衔铁来代替接触器得电吸合时的情况进行检查，依次测量从电源端（L1、L2、L3）到电动机出线端子（U、V、W）上的每一相电路的电阻值，检查是否存在开路现象。

检查控制电路时（可断开主电路），可将万用表表笔分别搭在控制电路的两个进线端上，此时读数应为“∞”。按下起动按钮时，读数应为接触器线圈的电阻值；压下接触器的衔铁，读数也应为接触器线圈的电阻值。

二、电动机连续运行控制电路不通电检测步骤

1. 主电路检测

以图 4-7 所示电路为例来介绍电动机正反转控制电路不通电检测。

用万用表的蜂鸣档，合上电源开关 QF，手动压合接触器 KM1、KM2 的衔铁，使接触器 KM1、KM2 主触点闭合，测量从电源端到电动机出线端子上的每

一相电路的电阻，电动机正反转电路的主电路不通电检测见表4-9。

表4-9 电动机正反转电路的主电路不通电检测

序号	测量步骤	标准参数	检测结果（电阻值）	可能原因	处理方法
1	断开控制电路，合上QF测量	∞	□0	（1）两相接线端子之间碰触导致短路 （2）导线绝缘击穿 （3）导线露铜过长	（1）检查电源接线端子间距 （2）检查导线端子绝缘情况 （3）检查导线露铜情况
			□有阻值	（1）导线毛刺 （2）导线与元件绝缘降低	检查电源线接线工艺
2	装FU1测量	∞	□0	（1）两相接线端子之间碰触导致短路 （2）导线绝缘击穿 （3）导线露铜过长	（1）检查电源接线端子绝缘情况 （2）检查导线绝缘情况 （3）检查导线露铜情况
			□有阻值	导线毛刺	检查电源线接线工艺
3	手动压合KM1测量	有阻值，为几十欧	□∞	开路	（1）检查主电路接线是否可靠 （2）检查电动机是否断相
			□0	（1）两相短路 （2）电动机相应两相对地短路	（1）检查主电路接线是否正确 （2）检查电动机绕组匝间或端部相间绝缘层是否垫好 （3）检查绝缘引出线套管或绕组之间的接线套管是否套好 （4）检查绕组绝缘是否受潮、老化 （5）检查绕组是否受到机械损伤
4	手动压合KM2测量	有阻值，为几十欧	□∞	开路	电动机绕组断相
			□0	（1）电动机对应相之间短路 （2）电动机相应两相对地短路	（1）检查电动机绕组匝间或端部相间绝缘层是否垫好 （2）检查绝缘引出线套管或线圈组之间的接线套管是否套好 （3）检查绕组绝缘是否受潮、老化 （4）检查绕组是否受到机械损伤

2. 控制电路检测

装FU2熔体，测量控制电路两端电阻值，分别按下起动按钮SB2、SB3，测量控制电路两端电阻，手动压合接触器 KM1、KM2 的衔铁，测量控制电路两端电阻，电动机正反转电路的控制电路不通电检测见表 4-10。

表 4-10　电动机正反转电路的控制电路不通电检测

序号	测量步骤	标准参数	检测结果（电阻值）	可能原因	处理方法
1	装 FU2 测量	∞	□0	控制回路短路	（1）检查电源接线端子绝缘情况 （2）检查导线绝缘情况 （3）检查导线露铜情况 （4）检查 KM 线圈是否跨接
			□有阻值	（1）按钮常开触点连通 （2）接触器常开触点连通	（1）检查按钮常开触点是否接错 （2）若按钮常开触点粘连，更换按钮 （3）检查接触器常开触点是否接错 （4）若触点粘连，更换接触器常开触点
2	按下 SB2 测量	KM1 线圈电阻，为几百欧	□∞	（1）FR 动断触点断开 （2）SB1 常闭触点断开 （3）SB2 常开触点未连通 （4）SB3 常闭触点未连通 （5）KM2 常闭触点断开	检查 1-2、2-3、3-4、4-5、5-6、6-0 点之间电阻是否为 0，否则更换触点或元件
			□0	控制回路短路	检查 KM1 线圈是否跨接
3	手动压合 KM1 测量	KM1 线圈电阻，为几百欧	□∞	KM1 自锁线未连通	检查 KM1 常开触点是否并联在按钮 SB2 两端
			□0	控制回路短路	检查 KM1 线圈是否跨接
4	按下 SB3 测量	KM2 线圈电阻，为几百欧	□∞	（1）SB3 常开触点未连通 （2）SB2 常闭触点断开 （3）KM1 常闭触点断开	检查 3-7、7-8、8-9 点之间电阻是否为 0，否则更换触点或元件
			□0	控制回路短路	检查 KM2 线圈是否跨接
5	手动压合 KM2 测量	KM2 线圈电阻，为几百欧	□∞	KM2 自锁线未连通	检查 KM2 常开触点是否并联在按钮 SB3 两端
			□0	控制回路短路	检查 KM2 线圈是否跨接
6	按住 SB2，再按下 SB3 测量	先有阻值，然后变为∞	□有阻值后不变	SB3 常闭触点不能互锁	检查 SB3 常闭触点是否串入 KM1 线圈回路
7	按住 SB3，再按下 SB2 测量	先有阻值，然后变为∞	□有阻值后不变	SB2 常闭触点不能互锁	检查 SB2 常闭触点是否串入 KM2 线圈回路

（续）

序号	测量步骤	标准参数	检测结果（电阻值）	可能原因	处理方法
8	按住 SB2，再压合 KM2 测量	先显示电阻，然后变为∞	□有阻值后不变	KM2 常闭触点不能互锁	（1）检查 KM2 常闭触点是否串入 KM1 线圈回路 （2）检查元件常闭触点或连接导线是否分断 （3）检查接触器触点是否由于灰尘或者是触点表面形成了具有绝缘作用的氧化膜导致不连通 （4）检查接触器弹簧压力是否不足
9	按住 SB3，再压合 KM1 测量	先显示电阻，然后变为∞	□有阻值后不变	KM1 常闭触点不能互锁	（1）检查 KM1 常闭触点是否串入 KM2 线圈回路 （2）检查元件常闭触点或连接导线是否分断 （3）检查接触器触点是否由于灰尘或者是触点表面形成了具有绝缘作用的氧化膜导致不连通 （4）检查接触器弹簧压力是否不足

三、通电试车步骤

为保证人身安全，在通电试车时，应认真执行安全操作规程的有关规定：一人监护，一人操作。通电试车的步骤见表 4-11。

表 4-11 通电试车步骤

项目	操作步骤	观察现象
空载试车（不连接电动机）	（1）合上电源开关，引入三相电源	（1）电源指示灯是否亮 （2）检查负载接线端子三相电源是否正常
	（2）按正转起动按钮 SB2	（1）正转控制接触器线圈是否吸合 （2）电气元件动作是否灵活，有无卡阻或噪声过大等现象
	（3）按反转起动按钮 SB3	（1）正转控制接触器线圈是否释放，反转控制接触器线圈是否吸合 （2）电气元件动作是否灵活，有无卡阻或噪声过大等现象
	（4）按正转起动按钮 SB2	（1）反转控制接触器线圈是否释放，正转控制接触器线圈是否吸合 （2）电气元件动作是否灵活，有无卡阻或噪声过大等现象
	（5）按停止按钮 SB1	所有接触器线圈是否释放
	（6）按正转起动按钮 SB2	（1）正转控制接触器线圈是否吸合 （2）电气元件动作是否灵活，有无卡阻或噪声过大等现象
	（7）按压热继电器 reset 键	所有接触器线圈是否释放
	（8）按 reset 键复位	

（续）

项目	操作步骤	观察现象
负载试车（连接电动机）	（1）合上电源开关，引入三相电源	（1）电源指示灯是否亮 （2）检查负载接线端子三相电源是否正常
	（2）按正转起动按钮 SB2	（1）正转控制接触器线圈是否吸合 （2）电气元件动作是否灵活，有无卡阻或噪声过大等现象 （3）电动机是否起动并正转连续运行
	（3）按反转起动按钮 SB3	（1）正转控制接触器线圈是否释放，反转控制接触器线圈是否吸合 （2）电气元件动作是否灵活，有无卡阻或噪声过大等现象 （3）电动机是否反转连续运行
	（4）按正转起动按钮 SB2	（1）反转控制接触器线圈是否释放，正转控制接触器线圈是否吸合 （2）电气元件动作是否灵活，有无卡阻或噪声过大等现象 （3）电动机是否正转连续运行
	（5）按停止按钮 SB1	（1）所有接触器线圈是否释放 （2）电动机是否停止
	（6）电流测量	电动机平稳运行时，用钳形电流表测量三相电流是否平衡
	（7）断开电源	先拆除三相电源线，再拆除电动机线，完成通电试车

四、电气控制电路故障原因分析与排除方法

电路调试过程中，如果控制电路出现不正常现象，应立即断开电源，分析故障原因，仔细检查电路，排除故障，在老师的允许下才能再次通电试车。下面以典型案例为例，讲解电动机正反转控制电路的故障检查及排除过程。

典型案例：如图 4-3 所示电路，按下正转按钮 SB2，电动机正常运转，按下反转按钮 SB3，电动机不转。

检修过程如下：

1. 故障调查

可以采用试运转的方法，以便对故障的原始状态有个综合的印象和准确描述。例如试运转结果：按下正转按钮 SB2，接触器 KM1 线圈吸合，电动机正常运转；按下反转按钮 SB3，接触器 KM2 线圈不吸合，电动机停止。

2. 故障原因分析

故障原因分析：分析电路故障时，我们可以采用逻辑分析法进行分析。所谓逻辑分析法是一种根据电路原理图、控制环节的动作程序及它们之间的联系，结合故障现象，快速缩小故障范围的一种方法。逻辑分析法的特点是先依据电路原理图中各支路构成回路的电气逻辑联系，结合观测的故障现象，将不影响故障产生的支

路与回路剔除。然后，结合各支路电路元件之间的电气联锁关系确定可能的故障原因，从而达到准确快速查找原因，缩小范围的目的。

本案例中根据调查结果，按下反转按钮 SB3，电动机不起动，参考电路原理图进行分析，初步判断出故障产生的部位为控制电路，然后逐步缩小故障范围，即 KM2 线圈所在回路断路。

采用逻辑分析法分析过程如下：按下正转按钮 SB2，接触器 KM1 吸合，电动机正转正常，根据电路原理，可以确定主电路由电源 L1、L2、L3 经过熔断器、接触器 KM1 主触点到电动机的线路是正常的，同时控制电路正转回路 1-2-3-4-5-6-0 回路正常。按下反转按钮 SB3，接触器 KM2 不吸合，电动机不起动，反转失效，那么可以将故障范围锁定在 3-7-8-9-0 号点这段回路。

3. 用测量法确定故障点

通过对电路进行带电或断电时的有关参数如电压、电阻、电流等的测量，来判断电气元件的好坏、电路的通断情况，常用的故障检查方法有分阶电阻测量法、分阶电压测量法等。本案例中运用逻辑分析法锁定故障范围后可以重点测量 3-7-8-9-0 标号之间线路的电阻。这里采用分阶电阻测量法：检查时，先切断电源，按下反转按钮 SB3，然后依次逐段测量相邻两标号点 3-7、3-8、3-9、3-0 之间的电阻。如测得某两点间的电阻为无穷大，说明这两点间的触点或连接导线断路。当测得 3-7 两点间电阻值为 0，3-8 两点间的电阻为无穷大时，说明标号 7、8 两点之间存在故障，可能是连接 SB2 常闭触点的导线断路或按钮 SB3 常开触点断路。图 4-8 为分阶电阻测量法检修示意图。

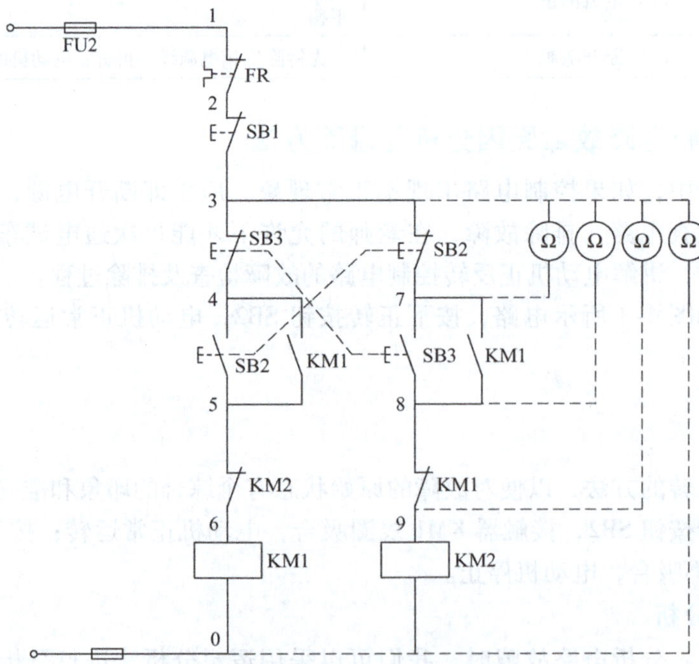

图 4-8 分阶电阻测量法检修示意图

4. 故障排除

确定故障点后，就可以进行故障排除，检查连接按钮 SB2 的导线连接情况和按钮 SB3 常开触点是否损坏，根据实际情况进行检修。

对故障点进行检修后，通电试车，用试验法观察下一个故障现象，进行第 2 个故障点的检测、检修，直到试车运行正常。

5. 记录检修结果

故障排除后，将检修过程与结果记录在相应表格里。

任务实施

电动机正反转控制电路的调试任务单见表 4-12。

表 4-12　电动机正反转控制电路的调试任务单

项目四　电动机正反转控制电路的安装与调试		日期：
班级：	学号：	指导教师签字：
小组成员：		
任务三　电动机正反转控制电路的调试		
操作要求：1. 正确掌握电气控制电路不通电检测方法 2. 严格参照电气控制电路通电试车步骤与要求 3. 良好的“7S”工作习惯		
1. 工具、设备准备：		
2. 制订工作计划及组员分工：		
3. 工作现场安全准备、检查：		

4. 操作内容：电动机正反转控制电路的调试

具体内容	操作要求与注意事项
电气控制电路不通电检测	
电气控制电路通电试车	
故障检修	

5. 电动机正反转控制电路不通电检测

检测内容	自检结果	互检结果	教师检查结果	存在问题
主电路检测	□合格□不合格	□合格□不合格	□合格□不合格	
控制电路检测	□合格□不合格	□合格□不合格	□合格□不合格	

6. 电动机正反转控制电路通电试车

试车步骤	自检结果	互检结果	教师检查结果	存在问题
空载试车	□合格□不合格	□合格□不合格	□合格□不合格	
负载试车	□合格□不合格	□合格□不合格	□合格□不合格	

（续）

7. 在通电试车成功的电路上人为地设置故障，通电运行，记录故障现象、故障原因及故障点			
故障设置	故障现象	故障原因	故障点
起动按钮触点接触不良			
接触器 KM 线圈断路			
主电路一相熔断器熔断			
起动按钮触点接触不良			
8. 总结本次任务重点和要点：			
9. 本次任务所存在的问题及解决方法：			

任务评价

电动机正反转控制电路的调试考核评价表见表 4-13。

表 4-13 电动机正反转控制电路的调试考核评价表

项目四 电动机正反转控制电路的安装与调试				日期：			
任务三 电动机正反转控制电路的调试							
自评：□熟练□不熟练		互评：□熟练□不熟练	师评：□熟练□不熟练	指导教师签字：			
评价内容	作品（70 分）						
序号	主要内容	考核要求	评分细则	配分	自评	互评	师评
1	不通电测试	（1）主电路、控制电路检测步骤正确 （2）检查结果正确 （3）能正确分析错误原因	（1）不按步骤操作扣 5 分 （2）检测结果不正确，每个扣 5 分 （3）检测结果错误，不会分析原因扣 5 分	20 分			
2	通电试车	电路一次通电正常工作，且各项功能完好	（1）热继电器整定值错误扣 5 分 （2）主、控线路配错熔体，每个扣 5 分 （3）1 次试车不成功扣 5 分，2 次试车不成功扣 10 分，3 次不成功本项得分为 0 （4）开机烧电源或其他线路，本项记 0 分	30 分			

（续）

序号	主要内容	考核要求	评分细则	配分	自评	互评	师评
3	故障排除	（1）正确完整描述故障现象 （2）正确分析故障原因 （3）正确找出故障点 （4）能排除故障	（1）故障描述不完整每个扣2分 （2）分析故障原因错误扣5分 （3）未找出故障点，每个扣5分 （4）不能排除故障扣10分	20分			
作品总分							
评价内容	职业素养与操作规范（30分）						
序号	主要内容	考核要求	评分细则	配分	自评	互评	师评
1	安全操作	（1）应穿工作服、绝缘鞋 （2）能按安全要求使用工具和仪表操作 （3）操作过程中禁止将工具或元件放置在高处等较危险的地方 （4）试车前，未获得教师允许不能通电	（1）没有穿戴防护用品扣5分 （2）操作前和完成后，未清点工具、仪表扣2分 （3）操作过程中将工具或元件放置在危险的地方造成自身或他人人身伤害则取消成绩 （4）未经教师允许私自通电试车取消成绩	10分			
2	规范操作	（1）调试过程中工具与器材摆放规范 （2）调试过程中产生的废弃物按规定处置	（1）调试过程中，乱摆放工具、仪表、耗材，乱丢杂物扣5分 （2）完成任务后不按规定处置废弃物扣5分	10分			
3	文明操作	（1）操作完成后须清理现场 （2）在规定的工作范围内完成，不影响其他人 （3）操作结束不得将工具等物品遗留在设备内或元件上 （4）爱惜公共财物，不损坏元件和设备	（1）操作完成后不清理现场扣5分 （2）操作过程中随意走动，影响他人扣2分 （3）操作结束后将工具等物品遗留在设备或元件上扣3分 （4）操作过程中，恶意损坏元件和设备，取消成绩	10分			
职业素养与操作规范总分							
任务总分							

项目拓展训练

电路故障检修案例1：在图4-3所示电动机正反转控制电路中，按下SB2或SB3时，接触器KM1、KM2均能正常动作，但松开按钮时接触器释放。

分析研究：故障是由于两只接触器的自锁线路失效引起的，推测接触器 KM1、KM2 自锁线路未接或接线错误。

检查处理：核对接线，发现将接触器 KM1 的自锁触点并接在 SB3 触点上，接触器 KM2 的自锁触点并接在 SB2 触点上，使两只接触器均不能自锁。改正接线重新试车，故障排除。

电路故障检修案例 2：在图 4-3 所示电动机正反转控制电路中，按下 SB2，接触器 KM1 剧烈振动，主触点严重起弧，电动机时转时停；松开正转按钮 SB2，则接触器 KM1 释放。按下反转按钮 SB3 时，接触器 KM2 的现象与接触器 KM1 相同。

分析研究：由于起动按钮 SB2、SB3 分别可以控制接触器 KM1 及 KM2，而且接触器 KM1、KM2 都可以起动电动机，表明主电路正常，故障是控制电路引起的，从接触器振动现象看，推测是自锁联锁线路有问题。

检查处理：核对接线，按钮接线及两只接触器自锁线均正确，查到接触器联锁线时，发现将接触器 KM1 的常闭联锁触点错接到接触器 KM1 线圈回路中，将接触器 KM2 的常闭联锁触点错接到接触器 KM2 线圈回路中。当按下起动按钮时，接触器得电动作后，联锁触点分断，切断自身线圈通路，造成线圈失电而触点复位，又使线圈得电而动作，接触器不断接通、断开，产生振动。改正接线，检查后重新通电试车，接触器动作正常，故障排除。

电路故障检修案例 3：在图 4-4a 中，试车时，按下起动按钮 SB2，电动机 M1 起动后运行，按下起动按钮 SB4，电动机 M2 也正常运行，但按下停止按钮 SB3 时，M2 却不能停机。

分析研究：两台电动机都能正常起动，说明主电路没有问题。而且起动按钮都正常，可能是停止按钮和自锁线路有故障。

检查处理：仔细检查控制电路，发现接触器 KM 自锁触点并没有并联在起动按钮 SB4 上，而是把停止按钮 SB3 也并联进去了，造成停止按钮 SB3 失去作用。更改线路后重新试车，故障排除。

练习题

一、选择题

1. 当两个接触器形成互锁时，应将其中一个接触器的（　　）触点串进另一个接触器的控制回路中。

A. 辅助常开　　B. 辅助常闭　　C. 主　　D. 辅助常开或辅助常闭

2. 三相交流异步电动机正反转控制电路在实际工作中最常用、最可靠的是（　　）。

A. 倒顺开关　　B. 接触器联锁　　C. 按钮联锁　　D. 按钮与接触器双重联锁

3. 按钮联锁的电动机正反转控制电路的优点是操作方便，缺点是容易产生电源两相（　　）事故。

A. 短路　　B. 断路　　C. 过载　　D. 失压

4. 起重机的升降控制电路属于（　　）控制电路。

A. 正反转　　B. 点动　　C. 顺序　　D. 自锁

5. 复合按钮在按下时其触点动作情况是（　　）。

A. 常开触点先接通，常闭触点后断开
B. 常闭触点先断开，常开触点后接通
C. 常开触点接通与常闭触点断开同时进行
D. 无法判断

6. 多台电动机可从（　　）实现顺序控制。
A. 主电路　　B. 控制电路　　C. 信号电路　　D. 主电路和控制电路共同

7. 三相交流异步电动机控制电路中短路保护环节是依靠（　　）的作用实现的。
A. 热继电器　　B. 时间继电器　　C. 接触器　　D. 熔断器

8. 热继电器做三相交流异步电动机的保护时，适用于（　　）。
A. 重载起动间断工作时的过载保护　　B. 轻载起动连续工作时的过载保护
C. 频繁起动时的过载保护　　D. 任何负载和工作制的过载保护

9. 低压断路器的热脱扣器用作（　　）。
A. 过载保护　　B. 断路保护　　C. 短路保护　　D. 失压保护

10. 接触器检修后由于灭弧装置损坏，该接触器（　　）使用。
A. 仍能继续　　B. 不能
C. 在额定电流下可以　　D. 短路故障下也可

二、判断题

1. 任意对调三相交流异步电动机两相定子绕组与电源相连的顺序，即可实现反转。（　　）
2. 依靠接触器的辅助常闭触点实现的互锁机制称为机械互锁。（　　）
3. 电动机正反转控制电路中采用接触器常开触点串入对方线圈回路实现互锁。（　　）
4. 接触器不具有欠电压保护的功能。（　　）
5. 当电网或电动机发生负荷过载或短路时，熔断器能够自动切断电路。（　　）
6. 电动机正反转控制电路中采用复合按钮可以实现不停车正反转控制切换。（　　）
7. 电动机正反转控制电路中主电路的两个接触器是并联连接方式。（　　）
8. 按钮用来短时间接通或断开小电流，常用于控制电路，绿色表示起动，红色表示停止。（　　）
9. 交流电动机的控制电路必须采用交流操作。（　　）
10. 热继电器和过电流继电器在起过载保护作用时可相互替代。（　　）

三、问答题

1. 什么“互锁”？
2. 电动机正反转控制电路常用的控制方法有哪几种？
3. 请标出图 4-2 中哪里设置的是电气互锁？哪里是机械互锁？为什么一定要设置电气互锁和机械互锁？

项目五

工作台自动往返控制电路的安装与调试

项目导入

在生产过程中，一些自动或半自动的生产机械要求运动部件的行程或位置受到限制，或者在一定范围内自动往返循环工作，以方便对工件进行连续加工，提高工作效率。

总装车间行车主车电动机需要实现自动往返运动控制，需要项目组完成电动机自动往返控制电路的安装与调试。

项目要求：正确识读工作台自动往返控制电路原理图；绘制相应的电气元件布置图和安装接线图；选择合适的电气元件，按工艺要求完成电气控制电路连接；完成电路的通电试车，并对电路产生的故障进行故障原因分析与排除。

本项目共包括三个任务：工作台自动往返控制电路功能仿真、工作台自动往返控制电路的安装、工作台自动往返控制电路的调试。本项目所含知识点如图 5-1 所示。

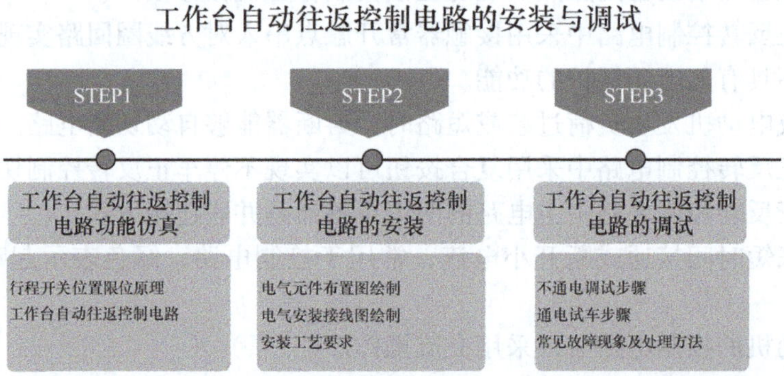

图 5-1　项目五知识点

学有所获

通过完成本项目，学生应达到以下目标：

知识目标：

1. 掌握行程开关的位置限制原理。
2. 掌握工作台自动往返控制电路的工作原理。
3. 掌握工作台自动往返控制电路元件布置图和安装接线图的绘制方法。
4. 掌握工作台自动往返控制电路的电路安装接线步骤、工艺要求与安装技巧。
5. 掌握工作台自动往返控制电路的故障原因分析与排除方法。

能力目标：

1. 会识读工作台自动往返控制电路原理图，并能正确叙述其工作原理。

2. 能根据电路原理图绘制元件布置图和安装接线图。
3. 能根据要求选择合适的电气元件，按工艺要求安装工作台自动往返控制电路。
4. 会进行不通电检测工作台自动往返控制电路功能并通电试车。
5. 能根据电路故障现象分析故障原因、找到电路故障点并排除。

素质目标：

1. 培养学生安全操作、规范操作、文明生产的职业素养。
2. 培养学生敬业奉献、精益求精的工匠精神。
3. 培养学生科学分析和解决实际问题的能力。

任务一　工作台自动往返控制电路功能仿真

任务描述

通过在仿真软件里选择合适的电气元件，绘制电路原理图，了解常用低压电气元件在电路中的作用；采用仿真软件实现电路功能，理解工作台自动往返控制电路工作原理。

1. 任务目标

知识目标：

1）理解行程开关的位置限制原理。
2）掌握工作台自动往返控制电路工作原理。

能力目标：

1）能正确利用行程开关实现位置限制。
2）能列出工作台自动往返控制电路中元件的作用。
3）能正确仿真实现工作台自动往返控制电路功能。
4）能正确分析工作台自动往返控制电路工作原理。

素质目标：

1）培养学生安全操作、规范操作、文明生产的职业素养。
2）培养学生敬业奉献、精益求精的工匠精神。
3）培养学生科学分析和解决问题的能力。

2. 任务步骤

1）描述工作台自动往返控制电路中各元件的作用。
2）采用仿真软件实现工作台自动往返控制电路功能。

知识准备

有些生产机械，如万能铣床，要求工作台在一定距离内能自动往返，而自动往返通常是利用行程开关控制电动机的正反转来实现工作台的自动往返运动。

1. 识读电路图

由行程开关组成的工作台自动往返控制电路图如图 5-2 所示。为了使电动机的正反转控制与工作台的左右相配合，在控制电路中设置了 4 个行程开关 SQ1、SQ2、SQ3 和 SQ4，并把它们安装在工作台需限位的地方。其中行程开关SQ1、SQ2被用来自动切换电动机正反转，实现工作台自动往返行程控制。行程开关SQ3和SQ4被用来做终端保护，以防止行程开关SQ1、SQ2失灵，工作台越过限定位置而造成事故。在工作台边的T形槽中装有两块挡铁，挡铁1只能和行程开关SQ1、SQ3相碰，挡铁2只能和行程开关SQ2、SQ4相碰。当工作台达到限定位置时，挡铁碰撞行程开关，使其触点动作，自动换接电动机正反转控制电路，通过机械机构使工作台自动往返运动。工作台行程可通过移动挡铁位置来调节。

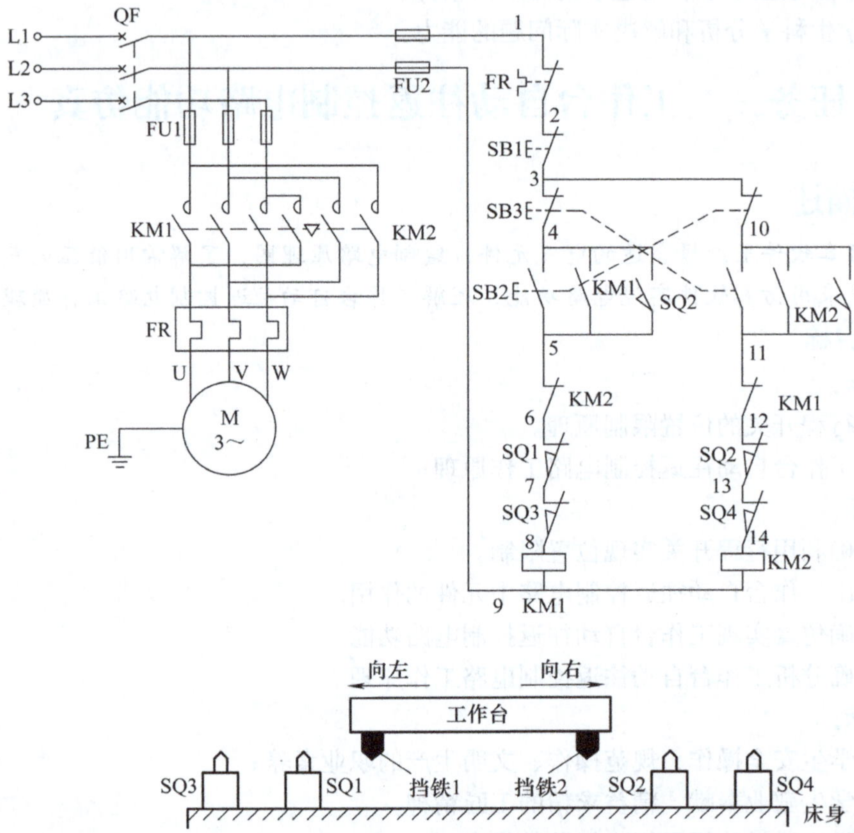

图5-2 由行程开关组成的工作台自动往返控制电路图

2. 电路工作原理

按下起动按钮SB2，接触器KM1得电并自锁，电动机正转，工作台向左移动，当到达左移预定位置后，挡铁1压下行程开关SQ1，行程开关SQ1常闭触点打开使接触器KM1断电，行程开关SQ1常开触点闭合使接触器KM2得电，电动机由正转变为反转，工作台向右移动。当到达右移预定位置后，挡铁2压下行程开关SQ2，使接触器KM2断电，接触器KM1得电，电动机由反转变为正转，工作台向左移动，如此周而复始地自动往返工作。当按下停止按钮SB1时，电动机停止，工作台停止移动。若因行程开关SQ1、SQ2失灵，则由极限保护行程开关SQ3、SQ4实现保护，避免运动部件因超出极限位置而发生事故。

任务实施

工作台自动往返控制电路功能仿真任务单见表5-1。

表5-1 工作台自动往返控制电路功能仿真任务单

项目五 工作台自动往返控制电路的安装与调试		日期：
班级：	学号：	指导教师签字：
小组成员：		
任务一 工作台自动往返控制电路功能仿真		
操作要求：1. 正确掌握仿真软件的使用 2. 学会观察分析问题的能力 3. 良好的"7S"工作习惯		
1. 工具、设备准备：		
2. 制订工作计划及组员分工：		
3. 工作现场安全准备、检查：		
4. 操作内容：工作台自动往返控制电路功能仿真		

具体内容	操作要求与注意事项
选择电气元件	
绘制电路原理图	
电路功能仿真	

5. 请详细列出图5-2所示的电气控制电路中各元件的作用

电气元件名称	在电路中的作用	选用注意事项

（续）

6. 完成工作台自动往返控制电路功能仿真，并描述控制电路工作原理
7. 总结本次任务重点和要点：
8. 本次任务所存在的问题及解决方法：

任务评价

工作台自动往返控制电路功能仿真的考核评价表见表5-2。

表5-2 工作台自动往返控制电路功能仿真考核评价表

<table>
<tr><td colspan="4">项目五　工作台自动往返控制电路的安装与调试</td><td colspan="4">日期：</td></tr>
<tr><td colspan="8">任务一　工作台自动往返控制电路功能仿真</td></tr>
<tr><td colspan="2">自评：□熟练□不熟练</td><td>互评：□熟练□不熟练</td><td>师评：□熟练□不熟练</td><td colspan="4">指导教师签字：</td></tr>
<tr><td>评价内容</td><td colspan="7">作品（70分）</td></tr>
<tr><td>序号</td><td>主要内容</td><td>考核要求</td><td>评分细则</td><td>配分</td><td>自评</td><td>互评</td><td>师评</td></tr>
<tr><td>1</td><td>元件选择</td><td>（1）操作仿真软件步骤正确
（2）能选择合适的电气元件和数量</td><td>（1）不按步骤操作扣5分
（2）选择结果不正确，每个扣5分
（3）选择结果错误，不会分析原因扣5分</td><td>20分</td><td></td><td></td><td></td></tr>
<tr><td>2</td><td>电路原理图绘制</td><td>（1）元件位置摆放合理
（2）按要求将电气元件连接起来</td><td>（1）元件位置摆放不合理，每个扣5分
（2）连线错误扣5分
（3）不能完整绘制电路图，扣10分</td><td>30分</td><td></td><td></td><td></td></tr>
<tr><td>3</td><td>电路功能仿真</td><td>根据电路情况，完成电路功能仿真</td><td>（1）仿真操作错误扣5分
（2）1次功能仿真不成功扣5分，2次不成功扣10分，3次不成功本项得分为0</td><td>20分</td><td></td><td></td><td></td></tr>
<tr><td colspan="5">作品总分</td><td></td><td></td><td></td></tr>
</table>

（续）

评价内容	职业素养与操作规范（30分）						
序号	主要内容	考核要求	评分细则	配分	自评	互评	师评
1	安全操作	（1）开机前，未获得教师允许不能通电 （2）能按安全要求使用计算机操作	（1）未经教师允许私自开机取消成绩 （2）操作过程中造成自身或他人人身伤害则取消成绩	10分			
2	规范操作	（1）仿真过程操作规范 （2）操作结束按步骤关闭计算机	（1）仿真过程中，不按要求操作计算机扣5分 （2）完成任务后不按步骤关闭计算机扣5分	10分			
3	文明操作	（1）操作完成后须清理现场 （2）在规定的工作范围内完成，不影响其他人 （3）操作结束不得将个人废弃物品遗留在工位上 （4）爱惜公共财物，不损坏设备	（1）操作完成后不清理现场扣5分 （2）操作过程中随意走动，影响他人扣2分 （3）操作结束后将工具等物品遗留在设备或器件上扣3分 （4）操作过程中，恶意损坏元件和设备，取消成绩	10分			
职业素养与操作规范总分							
任务总分							

任务拓展

案例：一辆小车由电动机拖动，其运行控制电路如图5-3所示，请分析电路工作原理。

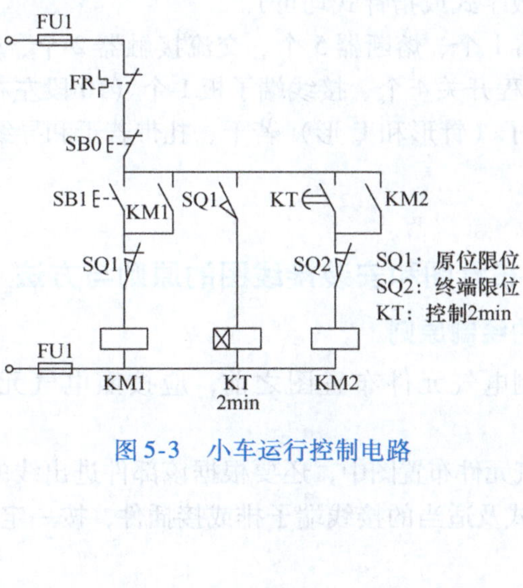

图5-3　小车运行控制电路

任务二　工作台自动往返控制电路的安装

任务描述

根据工作台自动往返控制电路原理图，列出元件清单，选择与检测元件，绘制电气元件布置图和电气安装接线图，按工艺要求完成控制电路连接。

1. 任务目标

知识目标：

1）掌握列元件清单、选择电气元件的方法。

2）掌握工作台自动往返控制电路电气元件布置图、安装接线图的绘制原则与方法。

3）掌握工作台自动往返控制电路安装步骤、工艺要求和安装技能。

能力目标：

1）能正确选择电气元件，并检测电气元件的好坏。

2）能正确绘制工作台自动往返控制电路电气元件布置图和安装接线图。

3）能按照工艺要求正确安装工作台自动往返控制电路。

素质目标：

1）培养学生安全操作、规范操作、文明生产的职业素养。

2）培养学生敬业奉献、精益求精的工匠精神。

3）培养学生科学分析和解决问题的能力。

2. 任务步骤

1）按照图5-2所示控制电路列出元件清单，配齐所需电气元件，并进行检测。

2）绘制工作台自动往返控制电路电气元件布置图和安装接线图。

3）按照电气线路布局、布线的基本原则，在给定的电路网孔板上固定好电气元件，并进行布线。

3. 所需实训工具、仪表和器材

1）工具：螺钉旋具（十字槽、一字槽）、试电笔、剥线钳、尖嘴钳、钢丝钳等。

2）仪表：万用表（数字式或指针式均可）。

3）器材：低压断路器1个、熔断器5个、交流接触器2个、热继电器1个、按钮3个（红、绿、黑各1个）、行程开关4个、接线端子板1个（10段左右）、电动机1台、电路网孔板1块、号码管、线鼻子（针形和U形）若干、扎带若干和导线若干。

知识准备

一、绘制电气元件布置图和安装接线图的原则与方法

1. 电气元件布置图的绘制原则

1）在绘制电气元件布置图之前，应按照电气元件各自安装的位置划分组件。

2）在电气元件布置图中，还要根据该部件进出线的数量和采用导线的规格，选择进出线方式及适当的接线端子排或接插件，按一定顺序在电气元件布置图中

标出进出线的接线号。

3）绘制电气元件布置图时，电动机要和被拖动的机械设备画在一起；操作手柄应画在便于操作的地方，行程开关应画在获取信息的地方。

电气元件的布置应满足以下要求：

1）同一组件中电气元件的布置应注意：将体积大和较重的电气元件安装在电路网孔板的下面，而发热元件应安装在电路网孔板的上部或后部，热继电器宜放在电路网孔板下部，因为热继电器的出线端直接与电动机相连便于出线，而其进线端与接触器相连接，便于接线并使走线最短，且宜于散热。

2）强电与弱电分开走线，应注意弱电屏蔽和防止外界干扰。

3）需要经常维护、检修、调整的电气元件安装位置不宜过高或过低，人力操作开关及需经常监视的仪表的安装位置应符合人体工程学原理。

4）电气元件的布置应考虑安全间隙，并做到整齐、美观、对称，外形尺寸与结构类似的电器可放在一起，以利加工、安装和配线。若采用行线槽配线方式，应适当加大各排电器间距，以利布线和维护。

5）电气元件布置不宜过密，要留有一定的间距。

6）将散热元件及发热元件置于风道中，以保证得到良好的散热条件。而熔断器应置于风道外，以避免改变其工件特性。

7）总电源开关、紧急停止控制开关应安放在方便而明显的位置。

8）在电器布置图设计中，还要根据进出线的数量、采用导线规格及出线位置等，选择进出线方式及接线端子排、连接器或接插件，并按一定顺序标上进出线的接线号。工作台自动往返控制电路电气元件布置图如图 5-4 所示。

2. 安装接线图的绘制原则

安装接线图是为安装电气设备和电气元件时进行配线或检查维修电气控制电路故障服务的。实际应用中通常与电路原理图和电气元件布置图一起配合使用。

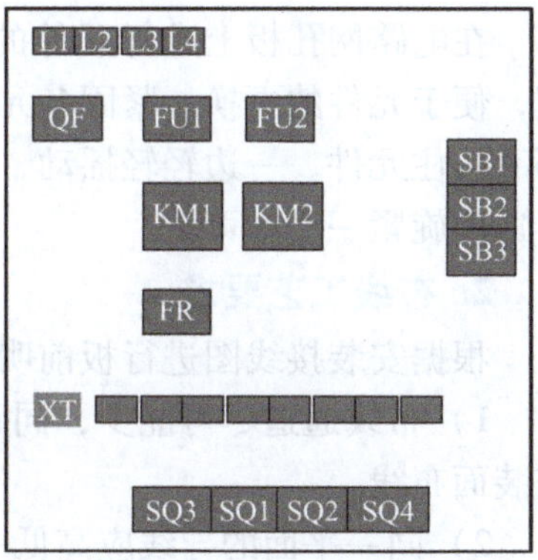

图 5-4 工作台自动往返控制电路电气元件布置图

安装接线图是根据电气设备和电气元件的实际位置、配线方式和安装情况绘制的，其绘制原则如下：

1）绘制电气安装接线图时，各电气元件均按其在电路网孔板中的实际位置绘出。元件所占图面按实际尺寸以统一比例绘制。

2）绘制电气安装接线图时，一个元件的所有部件绘在一起，并用点画线框起来，有时将多个电气元件用点画线框起来，表示它们是安装在同一个电路网孔板上的。

3）所有电气元件及其引线应标注与电气控制原理图一致的文字符号及接线回路标号。

4）电气元件之间的接线可直接相连，也可以采用单线表示法绘制，实含几根线可从电气元件上标注的接线回路标号数看出来，当电气元件数量较多或接线较复杂时，也可不画各元件间的连线，但是在各元件的接线端子回路标号处应标注另一元件的文字符号，以便识别，以便接线。

5）接线图中应标明配线用的各种导线的规格、型号、颜色、截面积等，另外，还应标明穿管的种类、内径、长度及接线根数、接线编号。

6）接线图中所有电气元件的图形符号、文字符号和各接线端子的编号必须与电气控制原理图中的一致，且符合国际规定。

7）电气安装接线图统一采用细实线。成束的接线可以用一条实线表示。接线很少时，可直接画出各电气元件间的接线方式，接线很多时，为了简化图形，可不画出各电气元件之间的接线方式，改用符号标注在电气元件的接线端，并标明接线的线号和走向。

8）绘制电气安装接线图时，电路网孔板内、外的电气元件之间的连线通过接线端子排进行连接，电路网孔板上有几条接至外电路的引线，端子排上就应绘出几个线的接点。

3. 安装接线图的绘制方法

安装接线图的绘制方法如下：

1）将电气控制电路原理图进行电路标号。

将电路原理图上的导线进行标号，主电路用英文字母标号，控制电路用阿拉伯数字标号。标号时采用“等电位”原则，即相同的导线采用同一标号，跨元件换标号。

2）将所有电气设备和电气元件都按其所在实际位置绘制在图纸上，且同一电器的各元件应根据其实际结构，使用与电路图相同的图形符号画在一起，并用点画线框上，其文字符号与电路图中标注应一致。

3）将控制电路原理图中所用到的低压元件两端标号逐个标记在安装接线图对应元件两端。

工作台自动往返控制电路电气安装接线图如图5-5所示。

二、电气元件安装与布线

1. 电气元件安装

在电路网孔板上进行元件的布置与安装时，各元件的安装位置应整齐、匀称、间距合理，便于元件的更换。紧固各元件时要用力均匀，在紧固熔断器、接触器等易碎元件时，应用手按住元件，一边轻轻摇动，一边用旋具轮流旋紧对角线上的螺钉，直至手感觉摇不动后再适度旋紧一些即可。

2. 布线工艺要求

根据安装接线图进行板前明线布线，板前明线布线的工艺要求如下：

1）布线通道尽可能少，同路并行导线按主电路、控制电路分类集中，单层密排，紧贴安装面布线。

2）同一平面的导线应高低一致或前后一致，走线合理，不能交叉或架空。

3）对螺栓式接线端子，导线连接时应打钩圈，并按顺时针旋转；对瓦片式接线端子，导线连接时直线插入接线端子固定即可。导线连接不能压绝缘层，也不能露铜过长。

4）布线应横平竖直，分布均匀，变换走向时应垂直。

5）布线时严禁损伤线芯和导线绝缘。

6）所有从一个接线端子（或接线桩）到另一个接线端子的导线必须完整，中间无接头。

7）一个元件接线端子上的连接导线不得多于两根。

8）进出线应合理汇集在端子板上。

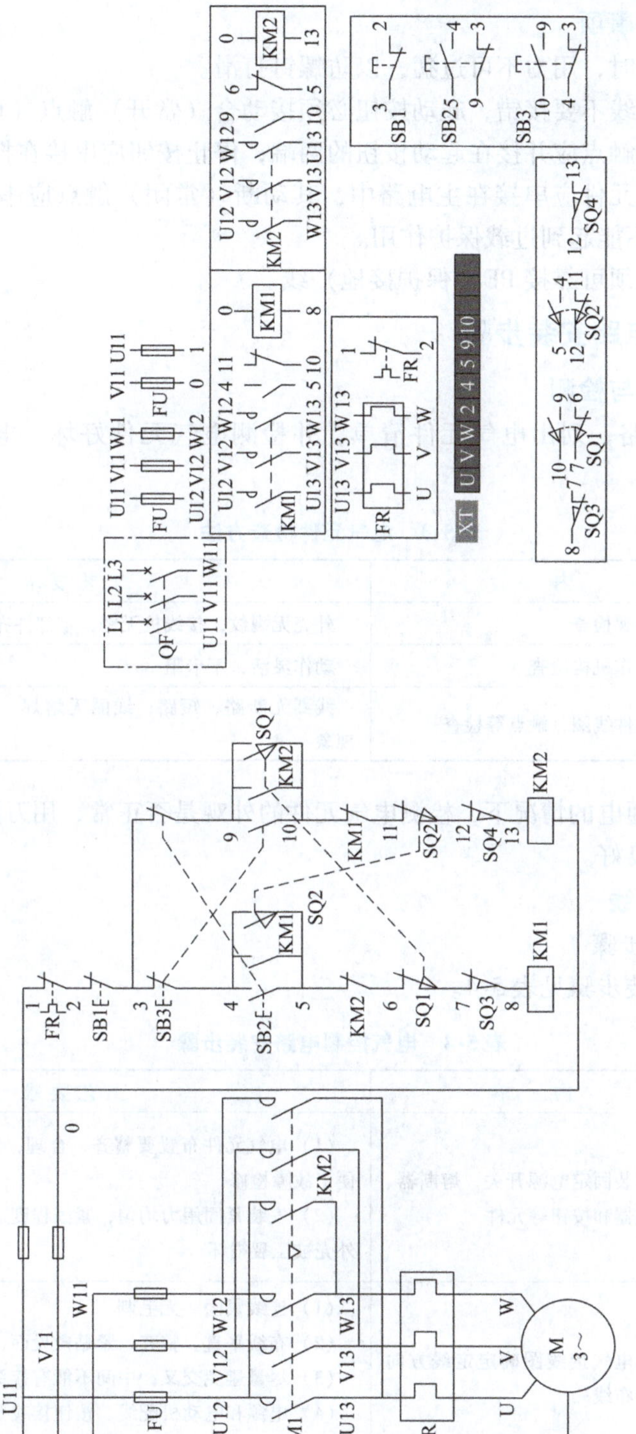

图 5-5 工作台自动往返控制电路电气安装接线图

3. 安装接线注意事项

1）按钮内部接线时，用力不可过猛，以防螺钉打滑。

2）按钮内部的接线不要接错，起动按钮必须接动合（常开）触点（可用万用表判别）。

3）接触器的自锁触点应并接在起动按钮的两端，停止按钮应串接在控制电路中。

4）热继电器的热元件应串接在主电路中，其动断（常闭）触点应串接在控制电路中，两者缺一不可，否则不能起到过载保护作用。

5）电动机外壳必须可靠接 PE（保护接地）线。

三、电气控制电路安装步骤

1. 电气元件选择与检测

根据电气控制电路，列出电气元件清单，并检测电气元件好坏。电气元件检查方法见表 5-3。

表 5-3 电气元件检查方法

	内　　容	工艺要求
检测电气元件	外观检查	外壳无裂纹，接线桩无锈，零部件齐全
	动作机构检查	动作灵活，不卡阻
	元件线圈、触点等检查	线圈无断路、短路；线圈无熔焊、变形或严重氧化锈蚀现象

注意事项：在不通电的情况下，检测电气元件的外观是否正常，用万用表检查各个电气元件的通断情况是否良好。

2. 电路安装与接线

（1）安装与接线步骤

电气控制电路安装步骤见表 5-4。

表 5-4 电气控制电路安装步骤

安装步骤	内　　容	工艺要求
安装电气元件	安装固定电源开关、熔断器、接触器和按钮等元件	（1）电气元件布置要整齐、合理，做到安装时便于布线，便于故障检修 （2）安装紧固用力均匀，紧固程度适当，防止电气元件的外壳被压裂损坏
布线	按电气接线图确定走线方向进行布线	（1）连线紧固、无毛刺 （2）布线平直、整齐、紧贴敷设面，走线合理 （3）尽量避免交叉，中间不能有接头 （4）电源和电动机配线、按钮接线要接到端子排上，进出线槽的导线要有端子标号

（2）电气控制电路检查

安装完毕的电路网孔板，必须经过认真检查后，才能通电试车，以防止错接、漏接而造成控制功能不能实现或短路事故。

1）控制电路进行接线检查。电气控制电路接线检查表见表5-5。

表5-5 电气控制电路接线检查表

检查项目	检查内容	检查工具
检查接线完整性	按电路原理图或电气接线图从电源端开始，逐段核对接线 （1）有无漏接，错接 （2）导线压接是否牢固，接触是否良好	电工常用工具
检查电路绝缘	电路的绝缘电阻不应小于1MΩ	500V绝缘电阻表

2）控制电路进行安装工艺检查。将安装完成的电气控制电路进行安装工艺检查，电气控制电路安装工艺检查表见表5-6。

表5-6 电气控制电路安装工艺检查表

检查项目	检查内容
电路布线工艺	（1）按图样要求正确选择元件 （2）引入线或引出线接线须适当留余量 （3）引入线或引出线接线须分类集中且排列整齐 （4）能做到横平竖直、无交叉、集中归边走线、贴面走线 （5）线路须规范而不凌乱 （6）配线与分色须按图样或规范要求 （7）线路整齐，长短一致 （8）接线端须压接线耳，无露铜现象 （9）接线端引出部分悬空段适合，且排列整齐 （10）端子压接牢固 （11）端子须套号码管
电路接线工艺	（1）导线须入线槽 （2）线槽引出线不得凌乱，导线须对准线槽孔入槽和出槽 （3）连接导线整齐 （4）导线端压接线耳，无露铜现象 （5）1个接线端接线不超过2根 （6）接线端引出部分不得悬空过长，且排列整齐 （7）端子压接牢固 （8）端子须套号码管 （9）按图样清晰编码
电动机安装接线工艺	（1）按图样要求正确选择电动机 （2）电动机线路外露部分用缠绕管缠绕或扎带绑扎 （3）严格按图样要求接线 （4）电动机须做接地保护 （5）按图样要求正确接线

任务实施

工作台自动往返控制电路的安装任务单见表5-7。

表 5-7 工作台自动往返控制电路的安装任务单

<table>
<tr><td colspan="2">项目五　工作台自动往返控制电路的安装与调试</td><td>日期：</td></tr>
<tr><td>班级：</td><td>学号：</td><td rowspan="2">指导教师签字：</td></tr>
<tr><td colspan="2">小组成员：</td></tr>
<tr><td colspan="3">任务二　工作台自动往返控制电路的安装</td></tr>
<tr><td colspan="3">操作要求：1. 正确掌握工具的使用
2. 严格参照电气控制电路的安装和布线要求
3. 良好的“7S”工作习惯</td></tr>
<tr><td colspan="3">1. 工具、设备准备：</td></tr>
<tr><td colspan="3">2. 制订工作计划及组员分工：</td></tr>
<tr><td colspan="3">3. 工作现场安全准备、检查：</td></tr>
</table>

4. 操作内容：工作台自动往返控制电路的安装

具体内容	操作要求与注意事项
绘制电气元件布置图	
绘制电气安装接线图	
电气元件选择与检测	
安装与布线	
电路接线检查	
安装工艺检查	

5. 绘制工作台自动往返控制电路电气元件布置图

6. 绘制工作台自动往返控制电路电气安装接线图

7. 请详细列出图 5-2 所示工作台自动往返控制电路中所需电气元件，并检测其好坏

电气元件名称	检查内容	检查结果	可能原因

（续）

8. 电路接线检查结果				
检查内容	自检结果	互检结果	教师检查结果	存在问题
检查接线完整性	□合格□不合格	□合格□不合格	□合格□不合格	
检查电路绝缘	□合格□不合格	□合格□不合格	□合格□不合格	
9. 安装工艺检查结果				
检查内容	自检结果	互检结果	教师检查结果	存在问题
电路布线工艺	□合格□不合格	□合格□不合格	□合格□不合格	
电路接线工艺	□合格□不合格	□合格□不合格	□合格□不合格	
电动机安装接线工艺	□合格□不合格	□合格□不合格	□合格□不合格	
10. 总结本次任务重点和要点：				
11. 本次任务所存在的问题及解决方法：				

任务评价

工作台自动往返控制电路的安装考核评价表见表5-8。

表5-8 工作台自动往返控制电路的安装考核评价表

项目五 工作台自动往返控制电路的安装与调试				日期：			
任务二 工作台自动往返控制电路的安装							
自评：□熟练□不熟练		互评：□熟练□不熟练		师评：□熟练□不熟练		指导教师签字：	
评价内容	作品（70分）						
序号	主要内容	考核要求	评分细则	配分	自评	互评	师评
1	电气元件布置图	元件数量正确、布置合理	（1）缺少电气元件，每个扣1分 （2）元件布置不合理扣3分	5分			
2	电气安装接线图	原理图上标号正确、元件文字符号正确	（1）标号错误扣5分 （2）元件触点标号错误、少标，每个扣2分 （3）接线图错误本项不得分	10分			
3	电气元件检测	（1）正确选择电气元件 （2）对电气元件质量进行检验	（1）元件选择不正确，错一个扣1分 （2）未对电气元件质量进行检验，每个扣0.5分	10分			

（续）

序号	主要内容	考核要求	评分细则	配分	自评	互评	师评
4	元件安装	（1）按图样的要求，正确利用工具，熟练地安装电气元件 （2）元件安装要准确、紧固 （3）按钮盒不固定在板上	（1）元件安装不牢固、安装元件时漏装螺钉，每个扣2分 （2）损坏元件每个扣5分	5分			
5	布线	（1）连线紧固、无毛刺 （2）电源和电动机配线、按钮接线要接到端子排上，进出线槽的导线要有端子标号，引出端要用别径压端子	（1）电动机运行正常，但未按电路图接线，扣5分 （2）接点松动、接头露铜过长、反圈、压绝缘层，标记线号不清楚、遗漏或误标，引出端无别径压端子，每处扣1分 （3）损伤导线绝缘或线芯，每根扣1分	20分			
6	电路接线与安装工艺检查	（1）元件在配电板上布置要合理 （2）布线要进线槽，美观	（1）元件布置不整齐、不匀称、不合理，每个扣2分 （2）布线不进行线槽，不美观，每根扣1分	20分			
		作品总分					
评价内容	职业素养与操作规范（30分）						
序号	主要内容	考核要求	评分细则	配分	自评	互评	师评
1	安全操作	（1）应穿工作服、绝缘鞋 （2）能按安全要求使用工具操作 （3）穿线时能注意保护导线绝缘层 （4）操作过程中禁止将工具或元件放置在高处等较危险的地方	（1）没有穿戴防护用品扣5分 （2）操作前和完成后，未清点工具、仪表扣2分 （3）穿线时破坏导线绝缘层扣2分 （4）操作过程中将工具或元件放置在危险的地方造成自身或他人人身伤害则取消成绩	10分			
2	规范操作	（1）安装过程中工具与器材摆放规范 （2）安装过程中产生的废弃物按规定处置	（1）安装过程中，乱摆放工具、仪表、耗材，乱丢杂物扣5分 （2）完成任务后不按规定处置废弃物扣5分	10分			

（续）

序号	主要内容	考核要求	评分细则	配分	自评	互评	师评
3	文明操作	（1）操作完成后须清理现场 （2）在规定的工作范围内完成，不影响其他人 （3）操作结束不得将工具等物品遗留在设备内或元件上 （4）爱惜公共财物，不损坏元件和设备	（1）操作完成后不清理现场扣5分 （2）操作过程中随意走动，影响他人扣2分 （3）操作结束后将工具等物品遗留在设备或元件上扣3分 （4）操作过程中，恶意损坏元件和设备，取消成绩	10分			
职业素养与操作规范总分							
任务总分							

任务三　工作台自动往返控制电路的调试

任务描述

通电试车已安装完成的工作台自动往返控制电路，对照试车过程中产生的故障进行故障原因分析，找出故障点并排除。

1. 任务目标

知识目标：

1）掌握常见电气控制电路不通电检测方法与步骤。

2）掌握工作台自动往返控制电路通电试车方法与步骤。

3）掌握工作台自动往返控制电路典型故障现象、故障原因分析与排除方法。

能力目标：

1）能正确实施工作台自动往返控制电路不通电检测。

2）能正确通电调试工作台自动往返控制电路功能。

3）能根据电路故障现象分析故障原因、找到电路故障点并排除。

素质目标：

1）培养学生安全操作、规范操作、文明生产的职业素养。

2）培养学生敬业奉献、精益求精的工匠精神。

3）培养学生科学分析和解决问题的能力。

2. 任务步骤

1）对安装好的工作台自动往返控制电路进行通电前主电路和控制电路检测。

2）通电调试工作台自动往返控制电路的电路功能。

3）根据电路故障现象分析故障原因、找到电路故障点并排除。

3. 所需实训工具、仪表和器材

1）工具：螺钉旋具（十字槽、一字槽）、试电笔、剥线钳、尖嘴钳、钢丝钳等。

2）仪表：万用表（数字式或指针式均可）。

3）器材：低压断路器1个、熔断器5个、交流接触器2个、热继电器1个、按钮3个（红、绿、黑色各1个）、行程开关4个、接线端子板1个（10段左右）、电动机1台、电路网孔板1块、号码管、线鼻子（针形和U形）若干、扎带若干和导线若干。

知识准备

一、电气控制电路不通电检测方法

电气控制电路不通电检测方法分为两种：

（1）电路接线外观检测

按电路原理图或安装接线图从电源端开始，逐段核对接线及接线端子处是否正确，有无漏接、错接之处。检查导线接线端子是否符合要求，压接是否牢固。

（2）电路通断检测

用万用表检查电路的通断情况，检查时，应选用倍率适当的电阻档，并进行校零，以防短路故障发生。

检查主电路时（可断开控制电路），可以用手压下接触器的衔铁来代替接触器得电吸合时的情况进行检查，依次测量从电源端（L1、L2、L3）到电动机出线端子（U、V、W）上的每一相电路的电阻值，检查是否存在开路现象。

检查控制电路时（可断开主电路），可将万用表表笔分别搭在控制电路的两个进线端上，此时读数应为“∞”。按下起动按钮时，读数应为相应回路接触器线圈的电阻值；压下接触器的衔铁，读数也应为相应回路接触器线圈的电阻值。压下行程开关，读数也应为相应回路接触器线圈的电阻值。按住一个起动按钮，再按下另一个起动按钮，测量值应先显示接触器线圈电阻值再显示无穷大，同样的方法来检查接触器、按钮、行程开关的互锁控制。

二、工作台自动往返控制电路不通电检测步骤

以图5-5所示电路为例来介绍工作台自动往返控制电路不通电检测。

1. 主电路检测

用万用表的蜂鸣档，合上电源开关QF，手动压合接触器KM1、KM2的衔铁，使KM1、KM2主触点闭合，测量从电源端到电动机出线端子上的每一相电路的电阻，工作台自动往返电路的主电路不通电检测见表5-9。

表5-9 工作台自动往返电路的主电路不通电检测

序号	测量步骤	标准参数	检测结果（电阻值）	可能原因	处理方法
1	断开控制电路，合上QF测量	∞	□0	（1）两相接线端子之间碰触导致短路 （2）导线绝缘击穿 （3）导线露铜过长	（1）检查电源接线端子间距 （2）检查导线端子绝缘情况 （3）检查导线露铜情况
			□有阻值	（1）导线毛刺 （2）导线与元件绝缘降低	检查电源线接线工艺

（续）

序号	测量步骤	标准参数	检测结果（电阻值）	可能原因	处理方法
2	装 FU1 测量	∞	□0	（1）两相接线端子之间碰触导致短路 （2）导线绝缘击穿 （3）导线露铜过长	（1）检查电源接线端子绝缘情况 （2）检查导线绝缘情况 （3）检查导线露铜情况
			□有阻值	导线毛刺	检查电源线接线工艺
3	手动压合 KM1 测量	有阻值，为几十欧	□∞	开路	（1）检查主电路接线是否可靠 （2）检查电动机是否断相
			□0	（1）两相短路 （2）电动机相应两相对地短路	（1）检查主电路接线是否正确 （2）检查电动机绕组匝间或端部相间绝缘层是否垫好 （3）检查绝缘引出线套管或绕组之间的接线套管是否套好 （4）检查绕组绝缘是否受潮、老化 （5）检查绕组是否受到机械损伤
4	手动压合 KM2 测量	有阻值，为几十欧	□∞	开路	电动机绕组断相
			□0	（1）电动机对应相之间短路 （2）电动机相应两相对地短路	（1）检查电动机绕组匝间或端部相间绝缘层是否垫好 （2）检查绝缘引出线套管或线圈组之间的接线套管是否套好 （3）检查绕组绝缘是否受潮、老化 （4）检查绕组是否受到机械损伤

2. 控制电路检测

装 FU2 熔体，测量控制电路两端电阻值，分别按下起动按钮 SB2、SB3，测量控制电路两端电阻，手动压合接触器 KM1、KM2 的衔铁，手动压合 SQ1、SQ2，测量控制电路两端电阻，工作台自动往返电路的控制电路不通电检测见表 5-10。

表 5-10 工作台自动往返电路的控制电路不通电检测

序号	测量步骤	标准参数	检测结果（电阻值）	可能原因	处理方法
1	装 FU2 测量	∞	□0	控制回路短路	（1）检查电源接线端子绝缘情况 （2）检查导线绝缘情况 （3）检查导线露铜情况 （4）检查 KM 线圈是否跨接
			□有阻值	（1）按钮常开触点连通 （2）接触器常开触点连通	（1）检查按钮常开触点是否接错 （2）若按钮常开触点粘连，更换按钮 （3）检查接触器常开触点是否接错 （4）若触点粘连，更换接触器常开触点
2	按下 SB2 测量	KM1 线圈电阻，为几百欧	□∞	（1）FR 动断触点断开 （2）SB1 常闭触点断开 （3）SB2 常开触点未连通 （4）SB3 常闭触点未连通 （5）KM2 常闭触点断开	检查 1-2、2-3、3-4、4-5、5-6、6-0 点之间电阻是否为 0，否则更换触点或元件
			□0	控制回路短路	检查 KM1 线圈是否跨接
3	手动压合 KM1 测量	KM1 线圈电阻，为几百欧	□∞	KM1 自锁线未连通	检查 KM1 常开触点是否并联在按钮 SB2 两端
			□0	控制回路短路	检查 KM1 线圈是否跨接
4	按下 SB3 测量	KM2 线圈电阻，为几百欧	□∞	（1）SB3 常开触点未连通 （2）SB2 常闭触点断开 （3）KM1 常闭触点断开	检查 3-7、7-8、8-9 点之间电阻是否为 0，否则更换触点或元件
			□0	控制回路短路	检查 KM2 线圈是否跨接
5	手动压合 KM2 测量	KM2 线圈电阻，为几百欧	□∞	KM2 自锁线未连通	检查 KM2 常开触点是否并联在按钮 SB3 两端
			□0	控制回路短路	检查 KM2 线圈是否跨接
6	按住 SB2，再按下 SB3 测量	先有阻值，然后变为∞	□有阻值后不变	SB3 常闭触点不能互锁	检查 SB3 常闭触点是否串入 KM1 线圈回路
7	按住 SB3，再按下 SB2 测量	先有阻值，然后变为∞	□有阻值后不变	SB2 常闭触点不能互锁	检查 SB2 常闭触点是否串入 KM2 线圈回路

（续）

序号	测量步骤	标准参数	检测结果（电阻值）	可能原因	处理方法
8	按住SB2，再压合KM2测量	先显示电阻，然后变为∞	□有阻值后不变	KM2常闭触点不能互锁	（1）检查KM2常闭触点是否串入KM1线圈回路 （2）检查元件常闭触点或连接导线是否分断 （3）检查接触器触点是否由于灰尘或者是触点表面形成了具有绝缘作用的氧化膜导致不连通 （4）检查接触器弹簧压力是否不足
9	按住SB3，再压合KM1测量	先显示电阻，然后变为∞	□有阻值后不变	KM1常闭触点不能互锁	（1）检查KM1常闭触点是否串入KM2线圈回路 （2）检查元件常闭触点或连接导线是否分断 （3）检查接触器触点是否由于灰尘或者是触点表面形成了具有绝缘作用的氧化膜导致不连通 （4）检查接触器弹簧压力是否不足
10	手动压合SQ1测量	KM2线圈电阻，为几百欧	□∞	SQ1未接通	检查SQ1常开触点是否并联在按钮SB3两端
			□0	控制回路短路	检查KM2线圈是否跨接
11	手动压合SQ2测量	KM1线圈电阻，为几百欧	□∞	SQ2未接通	检查SQ2常开触点是否并联在按钮SB2两端
			□0	控制回路短路	检查KM2线圈是否跨接
12	按住SB2，再压合SQ1测量	先显示电阻，然后变为∞	□有阻值后不变	SQ1常闭触点不能互锁	（1）检查SQ1常闭触点是否串入KM1线圈回路 （2）检查元件常闭触点或连接导线是否分断
13	按住SB3，再压合SQ2测量	先显示电阻，然后变为∞	□有阻值后不变	SQ2常闭触点不能互锁	（1）检查SQ2常闭触点是否串入KM2线圈回路 （2）检查元件常闭触点或连接导线是否分断
14	按住SB2，再压合SQ3测量	先显示电阻，然后变为∞	□有阻值后不变	SQ3常闭触点不能分断	（1）检查SQ3常闭触点是否串入KM1线圈回路 （2）检查元件常闭触点或连接导线是否分断

（续）

序号	测量步骤	标准参数	检测结果（电阻值）	可能原因	处理方法
15	按住SB3，再压合SQ4测量	先显示电阻，然后变为∞	□有阻值后不变	SQ4常闭触点不能分断	（1）检查SQ4常闭触点是否串入KM2线圈回路 （2）检查元件常闭触点或连接导线是否分断

三、通电试车步骤

为保证人身安全，在通电试车时，应认真执行安全操作规程的有关规定：一人监护，一人操作。通电试车的步骤见表5-11。

表5-11 通电试车步骤

项目	操作步骤	观察现象
空载试车（不接电动机）	（1）合上电源开关，引入三相电源	（1）电源指示灯是否亮 （2）检查负载接线端子三相电源是否正常
	（2）按正转起动控制按钮SB2	（1）正转接触器线圈是否吸合，主触点是否闭合，常开触点是否闭合 （2）电气元件动作是否灵活，有无卡阻或噪声过大等现象
	（3）按反转起动控制按钮SB3	（1）正转接触器线圈是否释放，反转接触器线圈是否吸合，主触点是否闭合 （2）电气元件动作是否灵活，有无卡阻或噪声过大等现象
	（4）按正转起动控制按钮SB2	（1）反转控制接触器线圈是否释放，正转控制接触器线圈是否吸合，主触点是否闭合 （2）电气元件动作是否灵活，有无卡阻或噪声过大等现象
	（5）按压正转控制限位行程开关SQ1	（1）正转接触器线圈是否释放，反转控制接触器线圈是否吸合，主触点是否闭合 （2）电气元件动作是否灵活，有无卡阻或噪声过大等现象
	（6）按压反转控制限位行程开关SQ2	（1）反转控制接触器线圈是否释放，正转接触器线圈是否释放，主触点是否闭合 （2）电气元件动作是否灵活，有无卡阻或噪声过大等现象
	（7）按停止按钮SB1	所有接触器线圈是否释放
	（8）按正转起动控制按钮SB2	（1）正转接触器线圈是否吸合，主触点是否闭合，常开触点是否闭合 （2）电气元件动作是否灵活，有无卡阻或噪声过大等现象
	（9）按压热继电器reset键	所有接触器线圈是否释放
	（10）按reset键复位	

（续）

项　　目	操 作 步 骤	观 察 现 象
负载试车（连接电动机）	（1）合上电源开关，引入三相电源	（1）电源指示灯是否亮 （2）检查负载接线端子三相电源是否正常
	（2）按正转起动控制按钮 SB2	（1）正转接触器线圈是否吸合，主触点是否闭合，常开触点是否闭合 （2）电气元件动作是否灵活，有无卡阻或噪声过大等现象 （3）电动机是否正转并连续运行
	（3）按反转起动控制按钮 SB3	（1）正转接触器线圈是否释放，反转接触器线圈是否吸合，主触点是否闭合 （2）电气元件动作是否灵活，有无卡阻或噪声过大等现象 （3）电动机是否反转并连续运行
	（4）按正转起动控制按钮 SB2	（1）反转控制接触器线圈是否释放，正转控制接触器线圈是否吸合，主触点是否闭合 （2）电气元件动作是否灵活，有无卡阻或噪声过大等现象 （3）电动机是否正转并连续运行
	（5）按压正转控制限位行程开关 SQ1	（1）正转接触器线圈是否释放，反转控制接触器线圈是否吸合，主触点是否闭合 （2）电气元件动作是否灵活，有无卡阻或噪声过大等现象 （3）电动机是否反转并连续运行
	（6）按压反转控制限位行程开关 SQ2	（1）反转控制接触器线圈是否释放，正转接触器线圈是否释放，主触点是否闭合 （2）电气元件动作是否灵活，有无卡阻或噪声过大等现象 （3）电动机是否正转并连续运行
	（7）按停止按钮 SB1	（1）所有接触器线圈是否释放 （2）电动机是否停止
	（8）电流测量	电动机平稳运行时，用钳形电流表测量三相电流是否平衡
	（9）断开电源	先拆除三相电源线，再拆除电动机线，完成通电试车

四、电气控制电路故障原因分析与排除方法

电路调试过程中，如果控制电路出现不正常现象，应立即断开电源，分析故障原因，仔细检查电路，排除故障，在老师的允许下才能再次通电试车。下面以典型案例为例，讲解工作台自动往返控制电路的故障检查及排除过程。

典型案例：如图 5-6 所示电路，工作台运行到左边极限位置，挡铁 1 撞击到行程开关 SQ1，电动机停止，工作台停止运行。

检修过程如下：

1. 故障调查

可以采用试运转的方法，以便对故障的原始状态有个综合的印象和准确描述。例如试运转结果：按下起动按钮 SB2，接触器 KM1 吸合，主触点闭合，电

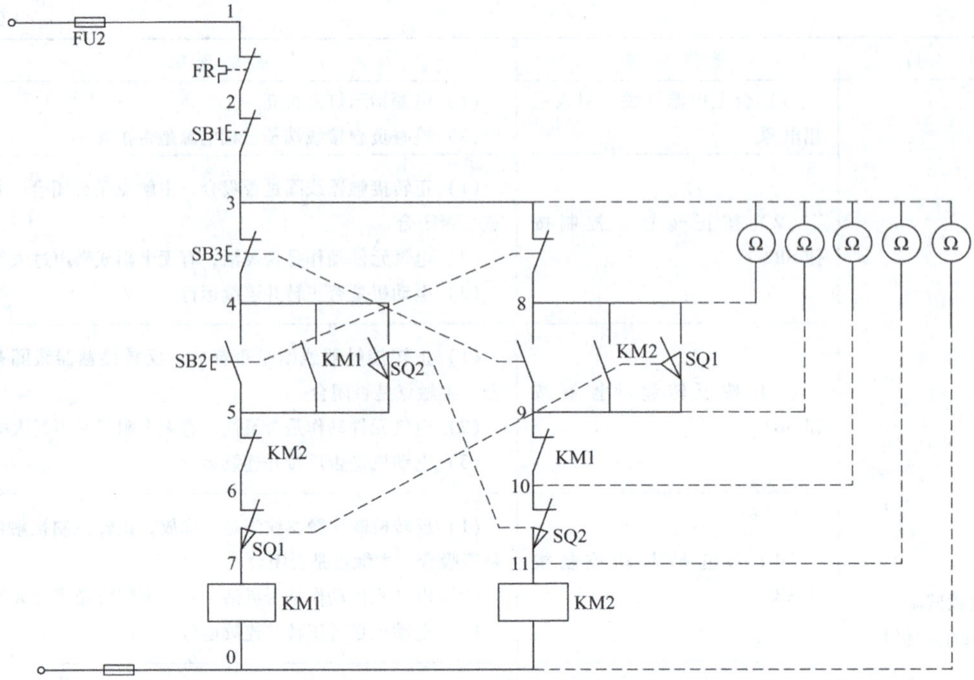

图 5-6 工作台自动往返控制电路分阶电阻测量法检修示意图

动机起动，工作台向左运行，当挡铁 1 撞击到行程开关 SQ1，电动机停止，工作台停止运行。

2. 故障原因分析

根据调查结果，参考电路原理图进行分析，初步判断出故障产生的部位——控制电路，然后逐步缩小故障范围——KM2 线圈所在回路断路。

故障原因分析：按下起动按钮 SB2，电动机起动，工作台正常起动并运行，撞击到行程开关后电动机没有反方向起动运行，导致工作台停止运动。说明 KM2 线圈所在控制电路存在故障，即 KM2 线圈所在回路断路。

3. 用测量法确定故障点

通过对电路进行带电或断电时的有关参数如电压、电阻、电流等的测量，来判断电气元件的好坏、电路的通断情况，常用的故障检查方法有分阶电压测量法、分阶电阻测量法等。这里采用分阶电阻测量法：检查时，先切断电源，按下起动按钮 SB3，然后依次逐段测量相邻两标号点 3-8、3-9、3-10、3-11、3-0 间的电阻。如测得某两点间的电阻为无穷大，说明这两点间的触点或连接导线断路。当测得 3-8 两点间电阻值为 0，3-9 两点间的电阻为无穷大时，说明标号 8、9 两点之间存在故障，可能是连接行程开关 SQ1 的导线断路或行程开关 SQ1 常开触点断路。

4. 故障排除

确定故障点后，就可以进行故障排除，检查连接行程开关 SQ1 的导线连接情况和行程开关 SQ1 常开触点是否损坏，根据实际情况进行检修。

对故障点进行检修后，通电试车，用试验法观察下一个故障现象，进行第 2 个故障点的检测、检修，直到试车运行正常。

5. 记录检修结果

故障排除后，将检修过程与结果记录在相应表格里。

任务实施

工作台自动往返控制电路的调试任务单见表 5-12。

表 5-12 工作台自动往返控制电路的调试任务单

<table>
<tr><td colspan="3">项目五 工作台自动往返控制电路的安装与调试</td><td colspan="2">日期：</td></tr>
<tr><td colspan="2">班级：</td><td>学号：</td><td colspan="2" rowspan="2">指导教师签字：</td></tr>
<tr><td colspan="3">小组成员：</td></tr>
<tr><td colspan="5">任务三 工作台自动往返控制电路的调试</td></tr>
<tr><td colspan="5">操作要求：1. 正确掌握电气控制电路不通电检测方法
2. 严格参照电气控制电路通电试车步骤与要求
3. 良好的“7S”工作习惯</td></tr>
<tr><td colspan="5">1. 工具、设备准备：</td></tr>
<tr><td colspan="5">2. 制订工作计划及组员分工：</td></tr>
<tr><td colspan="5">3. 工作现场安全准备、检查：</td></tr>
<tr><td colspan="5">4. 操作内容：工作台自动往返控制电路的调试</td></tr>
<tr><td>具体内容</td><td colspan="4">操作要求与注意事项</td></tr>
<tr><td>电气控制电路不通电检测</td><td colspan="4"></td></tr>
<tr><td>电气控制电路通电试车</td><td colspan="4"></td></tr>
<tr><td>故障检修</td><td colspan="4"></td></tr>
<tr><td colspan="5">5. 工作台自动往返控制电路不通电检测</td></tr>
<tr><td>检测内容</td><td>自检结果</td><td>互检结果</td><td>教师检查结果</td><td>存在问题</td></tr>
<tr><td>主电路检测</td><td>□合格□不合格</td><td>□合格□不合格</td><td>□合格□不合格</td><td></td></tr>
<tr><td>控制电路检测</td><td>□合格□不合格</td><td>□合格□不合格</td><td>□合格□不合格</td><td></td></tr>
<tr><td colspan="5">6. 工作台自动往返控制电路通电试车</td></tr>
<tr><td>试车步骤</td><td>自检结果</td><td>互检结果</td><td>教师检查结果</td><td>存在问题</td></tr>
<tr><td>空载试车</td><td>□合格□不合格</td><td>□合格□不合格</td><td>□合格□不合格</td><td></td></tr>
<tr><td>负载试车</td><td>□合格□不合格</td><td>□合格□不合格</td><td>□合格□不合格</td><td></td></tr>
<tr><td colspan="5">7. 在通电试车成功的电路上人为地设置故障，通电运行，记录故障现象、故障原因及故障点</td></tr>
<tr><td>故障设置</td><td>故障现象</td><td>故障原因</td><td colspan="2">故障点</td></tr>
<tr><td>熔断器 FU2 断</td><td></td><td></td><td colspan="2"></td></tr>
<tr><td>行程开关 SQ2 常开触点接触不良</td><td></td><td></td><td colspan="2"></td></tr>
<tr><td>KM2 接触器自锁触点接触不良</td><td></td><td></td><td colspan="2"></td></tr>
</table>

（续）

故障设置	故障现象	故障原因	故障点
主电路一相熔断器熔断			
热继电器常闭触点接触不良			

8. 总结本次任务重点和要点：

9. 本次任务所存在的问题及解决方法：

任务评价

工作台自动往返控制电路的调试考核评价表见表5-13。

表5-13 工作台自动往返控制电路的调试考核评价表

<table>
<tr><td colspan="5">项目五 工作台自动往返控制电路的安装与调试</td><td colspan="3">日期：</td></tr>
<tr><td colspan="8">任务三 工作台自动往返控制电路的调试</td></tr>
<tr><td colspan="2">自评：□熟练□不熟练</td><td>互评：□熟练□不熟练</td><td colspan="2">师评：□熟练□不熟练</td><td colspan="3">指导教师签字：</td></tr>
<tr><td>评价内容</td><td colspan="7">作品（70分）</td></tr>
<tr><td>序号</td><td>主要内容</td><td>考 核 要 求</td><td>评 分 细 则</td><td>配分</td><td>自评</td><td>互评</td><td>师评</td></tr>
<tr><td>1</td><td>不通电测试</td><td>（1）主电路、控制电路检测步骤正确
（2）检查结果正确
（3）能正确分析错误原因</td><td>（1）不按步骤操作扣5分
（2）检测结果不正确，每个扣5分
（3）检测结果错误，不会分析原因扣5分</td><td>20分</td><td></td><td></td><td></td></tr>
<tr><td>2</td><td>通电试车</td><td>电路一次通电正常工作，且各项功能完好</td><td>（1）热继电器整定值错误扣5分
（2）主、控线路配错熔体，每个扣5分
（3）1次试车不成功扣5分，2次试车不成功扣10分，3次不成功本项得分为0
（4）开机烧电源或其他线路，本项记0分</td><td>30分</td><td></td><td></td><td></td></tr>
</table>

（续）

序号	主要内容	考核要求	评分细则	配分	自评	互评	师评
3	故障排除	（1）正确完整描述故障现象 （2）正确分析故障原因 （3）正确找出故障点 （4）能排除故障	（1）故障描述不完整每个扣2分 （2）分析故障原因错误扣5分 （3）未找出故障点，每个扣5分 （4）不能排除故障扣10分	20分			
		作品总分					
评价内容		职业素养与操作规范（30分）					
序号	主要内容	考核要求	评分细则	配分	自评	互评	师评
1	安全操作	（1）应穿工作服、绝缘鞋 （2）能按安全要求使用工具和仪表操作 （3）操作过程中禁止将工具或元件放置在高处等较危险的地方 （4）调试前，未获得教师允许不能通电	（1）没有穿戴防护用品，扣5分 （2）操作前和完成后，未清点工具、仪表、耗材扣2分 （3）操作过程中造成自身或他人人身伤害则取消成绩 （4）未经教师允许私自通电试车取消成绩	10分			
2	规范操作	（1）调试过程中工具与器材摆放规范 （2）调试过程中产生的废弃物按规定处置	（1）调试过程中，乱摆放工具、仪表、耗材，乱丢杂物扣5分 （2）完成任务后不按规定处置废弃物扣5分	10分			
3	文明操作	（1）操作完成后须清理现场 （2）在规定的工作范围内完成，不影响其他人 （3）操作结束不得将个人废弃物品遗留在工位上 （4）爱惜公共财物，不损坏设备	（1）操作完成后不清理现场扣5分 （2）操作过程中随意走动，影响他人扣2分 （3）操作结束后将工具等物品遗留在设备或元件上扣3分 （4）操作过程中，恶意损坏元件和设备，取消成绩	10分			
		职业素养与操作规范总分					
		任务总分					

项目拓展训练

电路故障检修案例1：在图5-2中，试车时，电动机起动后工作台运行，工作台到达规定位置，挡块撞击行程开关时接触器动作，但工作台运动方向不改变，继续按原方向移动而不能返回。

分析研究：行程开关动作时两只接触器可以切换，表明行程控制作用及接触器线圈所在的辅助电路接线正确，推测主电路中电源换相连线错接。

检查处理：核对接触器KM1、KM2主触点之间的换相连线，发现L1、L3两相主触点之间的接线未交换位置，造成接触器KM1、KM2分别动作时送入电动机的电源相序相同，电动机仅有一个转向，使设备失控。改正主电路换相连线后重新试车，故障排除。

电路故障检修案例2：在图5-2中，试车时，电动机起动后工作台运行，电动机只有一个方向的运行正常，另一个方向起动时电动机转速慢。

分析研究：电动机两个方向均能起动，说明电动机正转、反转控制电路正常。一个方向起动时电动机转速慢，说明主电路回路某一相断开。

检查处理：核查KM1、KM2主触点各相的连线情况，用万用表分别测量每一相的连接情况，将断路的电路连接后再重新试车，故障排除。

练 习 题

一、选择题

1. 行程开关的常开触点和常闭触点的文字符号是（　　）。

A. QS　　B. SQ　　C. KT　　D. FU

2. 下列电器属于主令电器的是（　　）。

A. 断路器　　B. 接触器　　C. 电磁铁　　D. 行程开关

3. 行程开关在电路中作用不包括下列哪个？（　　）

A. 限位　　B. 保护　　C. 位移转换为电信号　　D. 过载保护

4. 控制工作台自动往返的控制电器是（　　）。

A. 低压断路器　　B. 时间继电器　　C. 行程开关　　D. 中间继电器

5. 自动往返行程控制电路属于对三相交流异步电动机实现自动转换的（　　）控制。

A. 自锁　　B. 点动　　C. 联锁　　D. 正反转

6. 下列电器不能用来通断主电路的是（　　）。

A. 接触器　　B. 低压断路器　　C. 刀开关　　D. 熔断器

7. 热继电器在电路中做三相交流异步电动机的（　　）保护。

A. 短路　　B. 过电压　　C. 过电流　　D. 过载

8. 绘制电路原理图时，通常把主线路和辅助线路分开，主线路用粗实线画在辅助线路的左侧或上部，辅助线路用（　　）画在主线路的右侧或下部。

A. 粗实线　　B. 细实线　　C. 点画线　　D. 虚线

9. 对三相交流异步电动机的电路进行电气测绘时，一般先测绘（　　），后测绘控制线路。

A. 主线路　　B. 各支路　　C. 某一回路　　D. 控制线路

10. 分析电气控制原理时，应当（　　）。

A. 先主后辅　　B. 先电后机　　C. 先辅后主　　D. 化零为整

二、判断题

1. 行程开关、限位开关、终端开关是同一种开关。（　　）
2. 按钮常用于控制电路，绿色表示起动，红色表示停止。（　　）
3. 热继电器的额定电流就是其触点的额定电流。（　　）
4. 主令控制器除了手动式产品外，还有由电动机驱动的产品。（　　）
5. 刀开关可以用于分断堵转的电动机。（　　）
6. 一台额定电压为 220V 的交流接触器在交流 220V 和直流 220V 的电源上均可使用。（　　）
7. 只要外加电压不变化，交流电磁铁的吸力在吸合前、后是不变的。（　　）
8. 热继电器的作用是用于过载保护或短路保护。（　　）
9. 工作台自动往返控制电路中设置两组行程开关的目的是进行双重保护。（　　）
10. 电气控制电路中可以利用行程开关的常开触点实现不停车自动往返控制。（　　）

三、问答题

1. 三相交流异步电动机有哪些保护环节？分别由哪些元件来实现？
2. 行程开关的作用是什么？
3. 请标出图 5-2 中设置了哪些限位保护措施？各元件在电路中有什么作用？

项目六

电动机星形-三角形减压起动控制电路的安装与调试

项目导入

对于容量大于 7.5kW 以上的电动机，由于起动瞬间电动机的起动电流是电动机额定电流的 5 ~7 倍（很大），一般采用减压起动方式。

水房 1 号水泵电动机需要实现星 - 三角形减压起动，需要项目组完成电动机控制电路的安装与调试。

项目要求：正确识读三相交流异步电动机星形-三角形减压起动控制电路原理图；绘制相应的电气元件布置图和安装接线图；选择合适的电气元件，按工艺要求完成电气控制电路连接；完成电路的通电试车，并对电路产生的故障进行故障原因分析与排除。

本项目共包含三个任务：电动机星形-三角形减压起动控制电路功能仿真、电动机星形-三角形减压起动控制电路的安装、电动机星形-三角形减压起动控制电路的调试。本项目所包含知识点如图 6-1 所示。

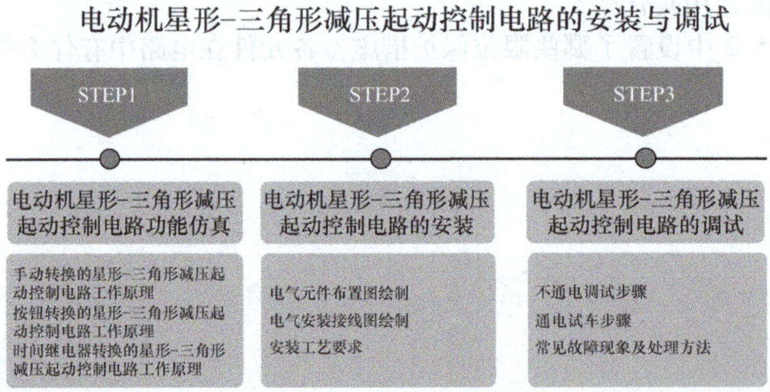

图 6-1 项目六知识点

学有所获

通过完成本项目，学生应达到以下目标：

知识目标：

1. 了解电动机星形-三角形减压起动延时时间确定方法。

2. 掌握三相交流异步电动机星形-三角形减压起动控制电路的工作原理。

3. 掌握三相交流异步电动机星形-三角形减压起动控制电路元件布置图和安装接线图的绘制方法。

4. 掌握三相交流异步电动机星形-三角形减压起动控制电路的电路安装接线步骤、工艺要求与安装技巧。

5. 掌握三相交流异步电动机星形-三角形减压起动控制电路的故障原因分析与排除方法。

能力目标：

1. 会识读三相交流异步电动机星形-三角形减压起动控制电路原理图，并能正确叙述其工作原理。

2. 能根据电路原理图绘制元件布置图和安装接线图。

3. 能根据要求选择合适的低压电器元件，按工艺要求安装电动机星形-三角形减压起动控制电路。

4. 会进行不通电检测电动机星形-三角形减压起动控制电路功能并通电试车。

5. 能根据电路故障现象分析故障原因、找到电路故障点并排除。

素质目标：

1. 培养学生安全操作、规范操作、文明生产的职业素养。

2. 培养学生敬业奉献、精益求精的工匠精神。

3. 培养学生科学分析和解决实际问题的能力。

任务一　电动机星形-三角形减压起动控制电路功能仿真

任务描述

应用仿真软件对笼型电动机星形-三角形减压起动控制电路进行仿真，分析并理解笼型异步电动机的星形-三角形减压起动控制电路工作原理。

1. 任务目标

知识目标：

1）掌握电气控制系统图的读图、绘图原则与方法。

2）了解电动机星形-三角形减压起动延时时间确定方法。

3）掌握电动机星形-三角形减压起动控制电路工作原理。

能力目标：

1）能正确识读电气控制系统图。

2）能正确分析常见电动机星形-三角形减压起动控制电路工作原理。

素质目标：

1）培养学生安全操作、规范操作、文明生产的职业素养。

2）培养学生敬业奉献、精益求精的工匠精神。

3）培养学生科学分析和解决问题的能力。

2. 任务步骤

1）列出低压电气元件在电路中的作用。

2）分析电动机星形-三角形减压起动控制电路工作原理。

知识准备

星形-三角形减压起动是指电动机起动时，把定子绕组接成星形，以降低起动电压，减小起动电流，待电动机起动后，再把定子绕组改接成三角形，使电动机全压运行。星形-三角形起动只能用于正常运行时为三角形联结的电动机，且适合于轻载或空载起动的场合。

一、手动星形-三角形减压起动控制电路

1. 识读电路图

手动星形-三角形减压起动控制电路如图 6-2 所示。图中手动控制开关 SA 有两个位置。QF 为三相电源开关，FU 做短路保护。

2. 电路工作原理

起动时，将开关 SA 置于“起动”位置，电动机定子绕组被连接成星形减压起动，当电动机转速上升到一定值后，再将开关 SA 置于“运行”位置，使电动机定子绕组连接成三角形，电动机全压运行。

3. 电路的优缺点

此电路较简单，所需的电气元件也较少，操作简单，但安全性、稳定性差，当电动机转速达到一定值后，操作人员必须用手来扳动 SA 开关进行切换。本电路只适合小容量的电动机起动，且时间很难掌握。为克服此电路的不足，可采用按钮转换的星形-三角形减压起动控制电路。

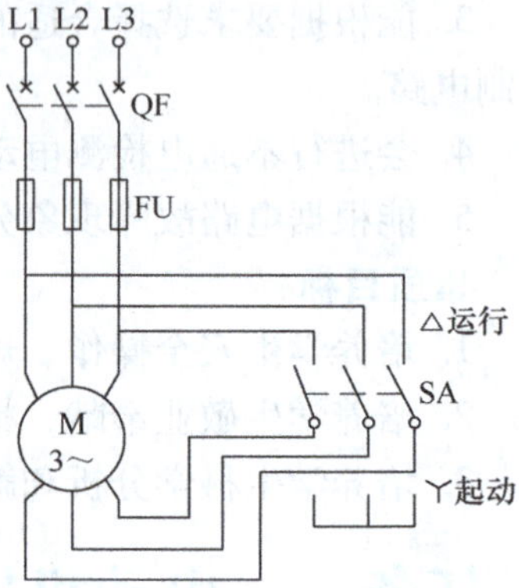

图 6-2 手动星形-三角形减压起动控制电路

二、按钮转换的星形-三角形减压起动控制电路

1. 识读电路图

如图 6-3 所示，按钮转换的星形-三角形减压起动控制电路的特点如下：

1）为克服手动星形-三角形起动控制电路的不足之处，将 SA 开关用 SB 按钮和接触器来取代。

2）图中采用了 3 个接触器、3 个按钮。KM1 和 KM3 构成星形起动，KM1 和 KM2 构成三角形全压运行。SB1 为总停止按钮，SB2 是星形起动按钮，SB3 是三角形起动按钮。

3）该电路具有必要的电气保护和联锁，操作方便，工作安全可靠。

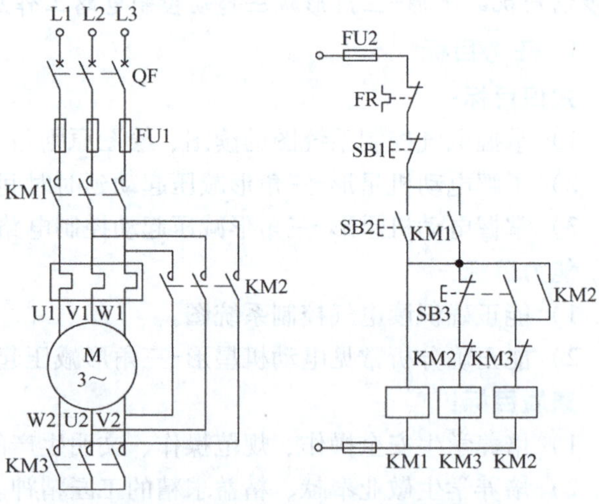

图 6-3 按钮转换的星形-三角形减压起动控制电路原理图

2. 电路工作原理

按下起动按钮 SB2，接触器 KM1 和 KM3 线圈同时得电自锁，电动机进入星形起动状态。待电动机转速接近额定转速时，按下起动按钮 SB3，接触器 KM3 线圈失电星形起动停止，同时接通接触器 KM2 线圈自锁，电动机转换成三角形全压运行。按下停止按钮 SB1 控制电路断电，所有线圈失电，主电路断开，电动机停止。其中接触器 KM2 和 KM3 常闭触点为互锁保护。

3. 电路的优缺点

此电路采用按钮手动控制星形-三角形时的切换，同样存在操作不方便，切换时间不易

掌握的缺点。为克服此电路的不足，可采用时间继电器转换的星形-三角形减压起动。

三、时间继电器转换的星形-三角形减压起动控制电路

1. 识读电路图

时间继电器转换的星形-三角形减压起动控制电路原理图如图 6-4 所示。该电路由 3 个接触器、1 个热继电器、1 个时间继电器和 2 个按钮组成。接触器 KM1 作引入电源用，接触器 KM2 和 KM3 分别做星形减压起动用和三角形运行用，时间继电器 KT 用作控制星形减压起动时间和完成星形-三角形自动切换。SB1 是起动按钮，SB2 是停止按钮，熔断器 FU1 做主电路的短路保护，熔断器 FU2 做控制电路的短路保护，热继电器 FR 做过载保护。

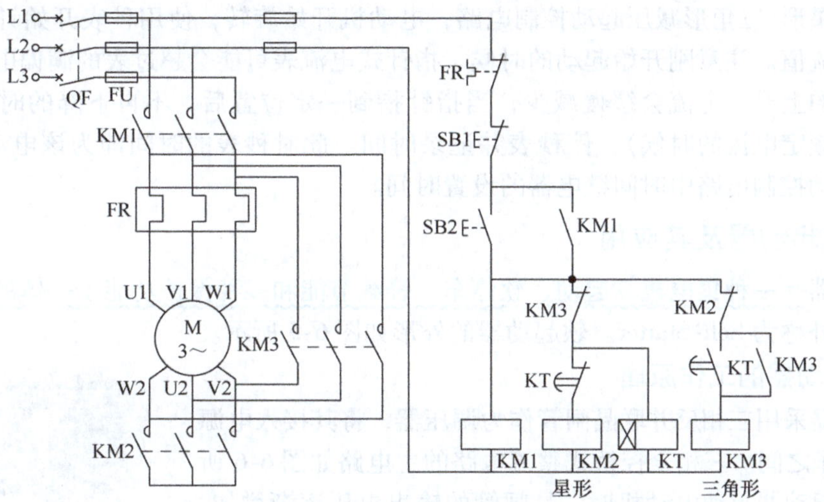

图 6-4　时间继电器转换的星形-三角形减压起动控制电路原理图

2. 电路工作原理

先合上电源开关 QF。

（1）减压起动过程

按下起动按钮 SB2，接触器 KM1 线圈得电，接触器 KM1 常开触点闭合，形成自锁。接触器 KM1 主触点闭合，接触器 KM2 线圈得电，接触器 KM2 常闭触点分断，形成互锁。接触器 KM2 主触点闭合，电动机连接成星形减压起动。时间继电器 KT 线圈得电，开始计时。

（2）减压起动结束和全压运行过程

当电动机转速上升到一定值时，时间继电器 KT 延时结束，时间继电器 KT 常闭触点分断。接触器 KM2 线圈失电，电动机星形联结起动结束。时间继电器 KT 延时常开触点闭合，接触器 KM3 线圈得电，接触器 KM3 常闭触点断开，形成互锁，时间继电器 KT 线圈失电。接触器 KM3 常开触点闭合，形成自锁。接触器 KM3 主触点闭合，电动机连接成三角形全压运行。

（3）停止控制过程

按下停止按钮 SB1，接触器 KM1 线圈失电，接触器 KM1 主触点复位，接触器 KM1 常开触点复位，自锁解除。接触器 KM3 线圈失电，接触器 KM3 常开触点复位，自锁解除，接触器 KM3 主触点复位，电动机停止。

3. 电路的优缺点

电动机星形-三角形减压起动的电路简单、成本低。起动时起动电流降低为直接起动电流的1/3，起动转矩也降为直接起动转矩的1/3，这种方法仅仅适合于电动机轻载或空载起动的场合。

四、时间继电器的参数设置

在电动机星形-三角形减压起动控制电路中，时间继电器的延时时间设置是关键。在工厂里设置时间继电器的延时时间，工程技术员一般采用经验设置法，这一方法对参数设置者有一定的要求，且电动机星形-三角形减压起动控制过程中，由于负载性质不同，星形-三角形起动转换时间也就不同，建议使用测电流法来设定切换时间。具体方法如下：按起动按钮起动电动机星形-三角形减压起动控制电路，电动机开始旋转，使用秒表开始计时，并注意观测表的电流值。注意刚开始起动的时候，指针式电流表可能会超过表的满偏电流值，随着电动机转速的上升，电流会缓慢减少，当指针指到一定位置后，不再下降的时候（或者接近电动机的额定电流的时候），停秒表并记录时间。此时秒表的时间即为该电动机星形-三角形减压起动控制电路中时间继电器的设置时间。

五、软起动器及其应用

软起动器是一种集电机软起动、软停车、轻载节能和多种保护功能于一体的新颖电机控制装置，国外称为 Soft-Starter。软起动器的外形如图6-5所示。

1. 软起动器的工作原理

软起动器采用三相反并联晶闸管作为调压器，将其接入电源和电动机定子之间。三相全控桥式整流电路的主电路如图6-6所示。使用软起动器起动电动机时，晶闸管的输出电压逐渐增加，电动机逐渐加速，直到晶闸管全导通，电动机工作在额定电压下的机械特性上，实现平滑起动，降低起动电流，避免起动过电流跳闸。待电动机达到额定转速时，起动过程结束，软起动器自动用旁路接触器取代已完成任务的晶闸管，为电动机正常运转提供额定电压，以降低晶闸管的热损耗，延长软起动器的使用寿命，提高其工作效率，又使电网避免了谐波污染。软起动器同时还提供软停车功能，软停车与软起动过程相反，电压逐渐降低，转速逐渐下降到零，避免自由停车引起的转矩冲击。软起动与软停车的电压曲线如图6-7所示。

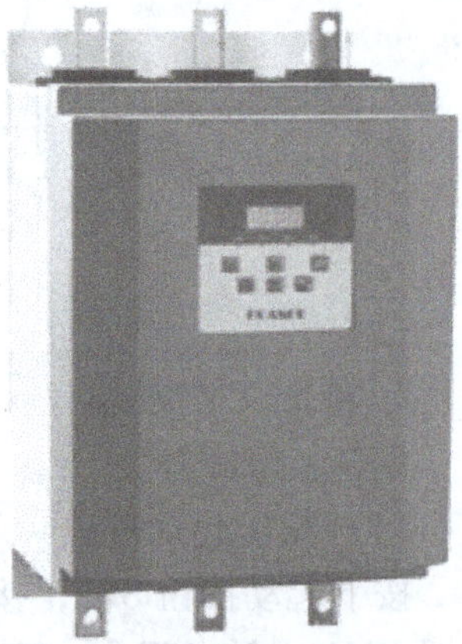

图6-5 软起动器的外形

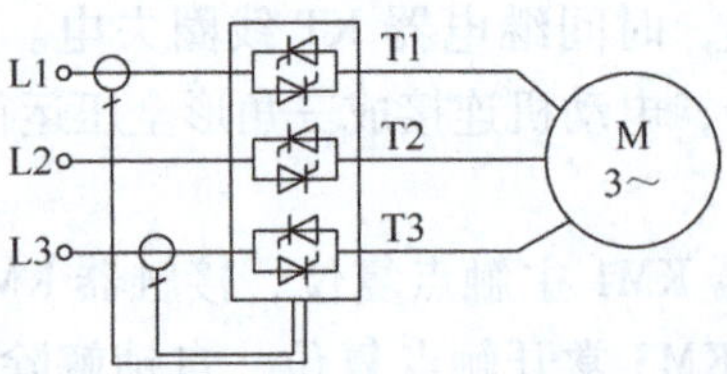

图6-6 三相全控桥式整流电路的主电路

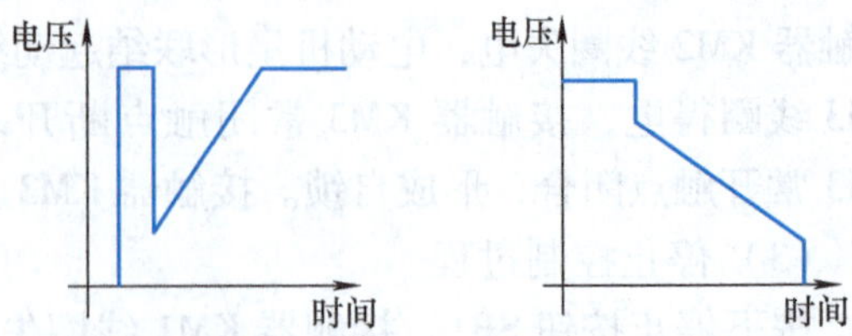

a) 软起动电压曲线　b) 软停车电压曲线

图6-7 软起动与软停车电压曲线

2. 软起动器的选用

（1）选型

目前市场上常见的软起动器有旁路型、无旁路型、节能型等，根据负载性质选择不同型号的软起动器。

旁路型：在电动机达到额定转速时，用旁路接触器取代已完成任务的软起动器，降低晶闸管的热损耗，提高其工作效率，也可以用一台软起动器去起动多台电动机。

无旁路型：晶闸管处于全导通状态，电动机工作于全压方式，忽略电压谐波分量，经常用于短时重复工作的电动机。

节能型：当电动机负荷较轻时，软起动器自动降低施加于电动机定子上的电压，减少电动机电流励磁分量，提高电动机功率因数。

（2）选规格

根据电动机的标称功率和电流负载性质选择起动器，一般软起动器的软起动电流稍大于电动机工作电流，还应考虑保护功能是否完备，例如缺相保护、短路保护、过载保护、逆序保护、过电压保护、欠电压保护等。

3. 日常维修检查

平时注意检查软起动器的环境条件，防止在超过其允许的环境条件下运行。注意检查软起动器周围是否有妨碍其通风散热的物体，确保软起动器四周有足够的空间（大于150mm）。

定期检查配电线端子是否松动，柜内元件有否过热、变色、焦臭味等异常现象。

定期清扫灰尘，以免影响散热，防止晶闸管因温升过高而损坏，同时也可避免因积尘而引起的漏电和短路事故。

清扫灰尘可用干燥的毛刷进行，也可用皮老虎吹和吸尘器吸。对于大块污垢，可用绝缘棒去除。若有条件，可用0.6MPa左右的压缩空气吹除。

平时注意观察风机的运行情况，一旦发现风机转速慢或异常，应及时修理（如清除油垢、积尘，加润滑油，更换损坏或变质的电容器），对损坏的风机要及时更换。如果在没有风机的情况下使用软起动器，将会损坏晶闸管。

如果软起动器使用环境较潮湿或易结露，应经常用红外灯泡或电吹风烘干，驱除潮气，以避免漏电或短路事故的发生。

4. 软起动器的应用

原则上，笼型三相交流异步电动机凡不需要调速的各种应用场合都可适用。应用范围是交流380V（也可660V），电动机功率从几千瓦到800kW。软起动器特别适用于各种泵类负载或风机类负载需要软起动与软停车的场合，同样对于变负载工况、电动机长期处于轻载运行的场合也适用。软起动器可广泛用于纺织、冶金、石油化工、水处理、船舶、运输、医药、食品加工、采矿和机械设备等行业。

软起动器除了软起动功能外，还具有运行保护功能（如过电流、过载、缺相、过热等）。用软起动器运行时不工作的特点，还可以实现一台软起动器起动多台电动机。图6-8为软起动器的一拖二示意图，即

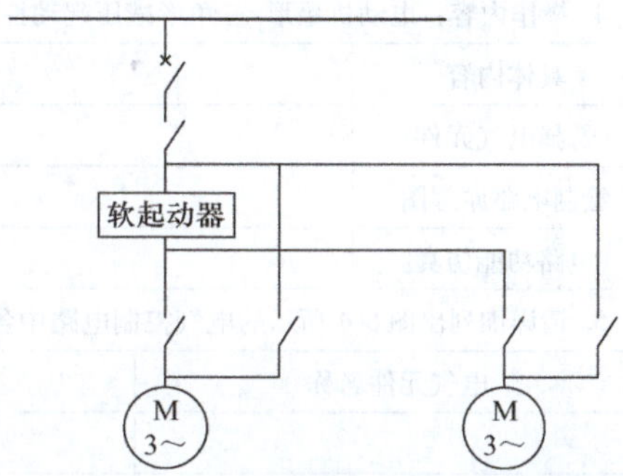

图6-8 软起动器的一拖二示意图

采用一台软起动器带两台水泵，可以依次起动、停止两台水泵。一拖二方案主要特点是节约一台软起动器，减少了投资，充分体现了方案的经济性、实用性。

1）起动过程：首先选择一台电动机在软起动器拖动下按所选定的起动方式逐渐提升输出电压，达到工频电压后，旁路接触器接通。然后，软起动器从该回路中切除，去起动下一台电机。

2）停止过程：先起动软起动器与旁路接触器并联运行，然后切除旁路，最后软起动器按所选定的停车方式逐渐降低输出电压直到停止。

任务实施

电动机星形-三角形减压起动控制电路功能仿真任务单见表6-1。

表 6-1 电动机星形-三角形减压起动控制电路功能仿真任务单

<table>
<tr><td colspan="2">项目六 电动机星形-三角形减压起动控制电路的安装与调试</td><td>日期：</td></tr>
<tr><td>班级：</td><td>学号：</td><td rowspan="2">指导教师签字：</td></tr>
<tr><td colspan="2">小组成员：</td></tr>
<tr><td colspan="3">任务一 电动机星形-三角形减压起动控制电路功能仿真</td></tr>
<tr><td colspan="3">操作要求：1. 正确掌握仿真软件的使用
2. 学会观察分析问题的能力
3. 良好的“7S”工作习惯</td></tr>
<tr><td colspan="3">1. 工具、设备准备：</td></tr>
<tr><td colspan="3">2. 制订工作计划及组员分工：</td></tr>
<tr><td colspan="3">3. 工作现场安全准备、检查：</td></tr>
<tr><td colspan="3">4. 操作内容：电动机星形-三角形减压起动控制电路功能仿真</td></tr>
</table>

具体内容	操作要求与注意事项
选择电气元件	
绘制电路原理图	
电路功能仿真	

5. 请详细列出图 6-4 所示的电气控制电路中各元件的作用

电气元件名称	在电路中的作用	选用注意事项

（续）

电气元件名称	在电路中的作用	选用注意事项

6. 完成电动机星形-三角形减压起动控制电路功能仿真，并描述控制电路工作原理

7. 总结本次任务重点和要点：

8. 本次任务所存在的问题及解决方法：

任务评价

电动机星形-三角形减压起动控制电路功能仿真的考核评价表见表6-2。

表6-2 电动机星形-三角形减压起动控制电路功能仿真考核评价表

项目六 电动机星形-三角形减压起动控制电路的安装与调试				日期：			
任务一 电动机星形-三角形减压起动控制电路功能仿真							
自评：□熟练□不熟练		互评：□熟练□不熟练		师评：□熟练□不熟练		指导教师签字：	
评价内容	作品（70分）						
序号	主要内容	考核要求	评分细则	配分	自评	互评	师评
1	元件选择	（1）操作仿真软件步骤正确 （2）能选择合适的电气元件和数量	（1）不按步骤操作扣5分 （2）选择结果不正确，每个扣5分 （3）选择结果错误，不会分析原因扣5分	20分			

（续）

序号	主要内容	考核要求	评分细则	配分	自评	互评	师评
2	电路原理图绘制	（1）元件位置摆放合理 （2）按要求将电气元件连接起来	（1）元件位置摆放不合理，每个扣5分 （2）连线错误扣5分 （3）不能完整绘制电路图，扣10分	30分			
3	电路功能仿真	根据电路情况，完成电路功能仿真	（1）仿真操作错误扣5分 （2）1次功能仿真不成功扣5分，2次不成功扣10分，3次不成功本项得分为0	20分			
作品总分							
评价内容	职业素养与操作规范（30分）						
序号	主要内容	考核要求	评分细则	配分	自评	互评	师评
1	安全操作	（1）开机前，未获得教师允许不能通电 （2）能按安全要求使用计算机操作	（1）未经教师允许私自开机取消成绩 （2）操作过程中造成自身或他人人身伤害则取消成绩	10分			
2	规范操作	（1）仿真过程操作规范 （2）操作结束按步骤关闭计算机	（1）仿真过程中，不按要求操作计算机扣5分 （2）完成任务后不按步骤关闭计算机扣5分	10分			
3	文明操作	（1）操作完成后须清理现场 （2）在规定的工作范围内完成，不影响到其他人 （3）操作结束不得将个人废弃物品遗留在工位上 （4）爱惜公共财物，不损坏设备	（1）操作完成后不清理现场扣5分 （2）操作过程中随意走动，影响他人扣2分 （3）操作结束后将工具等物品遗留在设备或器件上扣3分 （4）操作过程中，恶意损坏元件和设备，取消成绩	10分			
职业素养与操作规范总分							
任务总分							

任务拓展

案例：图6-9所示是两台电动机顺序起动控制原理图，请分析两个控制电路的工作原理，并分析其优缺点。

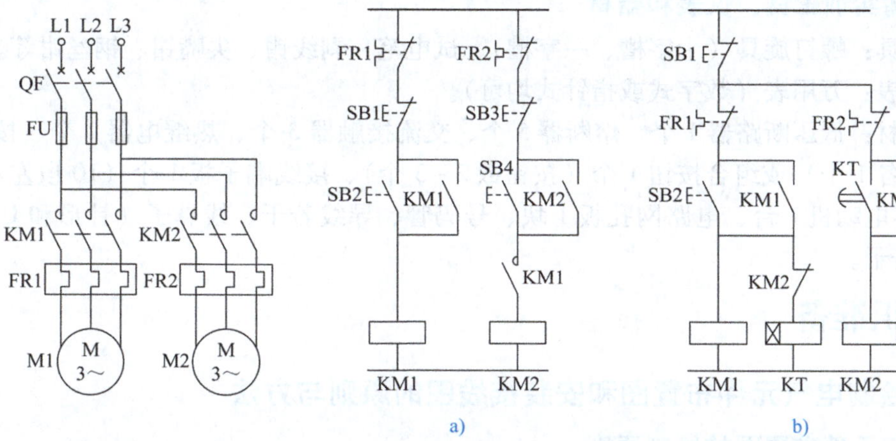

图 6-9　两台电动机顺序起动控制原理图

任务二　电动机星形-三角形减压起动控制电路的安装

任务描述

根据电动机星形-三角形减压起动控制电路原理图，列出元件清单，选择与检测元件，绘制电气元件布置图和安装接线图，按工艺要求完成控制电路连接。

1. 任务目标

知识目标：

1）掌握列元件清单、元件选型的方法。

2）掌握电动机星形-三角形减压起动控制电路电气元件布置图和安装接线图的绘制原则与方法。

3）掌握电动机星形-三角形减压起动控制电路安装步骤、工艺要求和安装技能。

能力目标：

1）能正确选择低压电气元件，并能检测低压电气元件的好坏。

2）能正确绘制电动机星形-三角形减压起动控制电路电气元件布置图和安装接线图。

3）能按照工艺要求正确安装电动机星形-三角形减压起动控制电路。

素质目标：

1）培养学生安全操作、规范操作、文明生产的职业素养。

2）培养学生敬业奉献、精益求精的工匠精神。

3）培养学生科学分析和解决问题的能力。

2. 任务步骤

1）按照图 6-4 所示控制电路列出元件清单，配齐所需电气元件，并进行检测。

2）绘制电动机星形-三角形减压起动控制电路电气元件布置图和安装接线图。

3）按照电气线路布局、布线的基本原则，在给定的电路网孔板上固定好电气元件，并进行布线。

3. 所需实训工具、仪表和器材

1）工具：螺钉旋具（十字槽、一字槽）、试电笔、剥线钳、尖嘴钳、钢丝钳等。

2）仪表：万用表（数字式或指针式均可）。

3）器材：低压断路器1个、熔断器5个、交流接触器3个、热继电器1个、按钮2个（红、绿色各1个）或组合按钮1个（按钮数2~3个）、接线端子板1个（10段左右）、三相交流异步电动机1台、电路网孔板1块、号码管、导线若干、线鼻子（针形和U形）若干、扎带若干。

知识准备

一、绘制电气元件布置图和安装接线图的原则与方法

1. 电气元件布置图的绘制原则

1）在绘制电气元件布置图之前，应按照电气元件各自安装的位置划分组件。

2）在电气元件布置图中，还要根据该部件进出线的数量和采用导线的规格，选择进出线方式及适当的接线端子排或接插件，按一定顺序在电气元件布置图中标出进出线的接线号。

3）绘制电气元件布置图时，电动机要和被拖动的机械设备画在一起；操作手柄应画在便于操作的地方，行程开关应画在获取信息的地方。

电气元件的布置应满足以下要求：

1）同一组件中电气元件的布置应注意将体积大和较重的电气元件安装在电路网孔板的下面，而发热元件应安装在电路网孔板的上部或后部，但热继电器宜放在电路网孔板下部，因为热继电器的出线端直接与电动机相连便于出线，而其进线端与接触器相连接，便于接线并使走线最短，且宜于散热。

2）强电与弱电分开走线，应注意弱电屏蔽和防止外界干扰。

3）需要经常维护、检修、调整的电气元件安装位置不宜过高或过低，人力操作开关及需经常监视的仪表的安装位置应符合人体工程学原理。

4）电气元件的布置应考虑安全间隙，并做到整齐、美观、对称，外形尺寸与结构类似的电气元件可放在一起，以利加工、安装和配线。若采用行线槽配线方式，应适当加大各排电气间距，以利布线和维护。

5）电气元件布置不宜过密，要留有一定的间距。

6）将散热元件及发热元件置于风道中，以保证得到良好的散热条件。而熔断器应置于风道外，以避免改变其工件特性。

7）总电源开关、紧急停止控制开关应安放在方便而明显的位置。

8）在电气元件布置图设计中，还要根据进出线的数量、采用导线规格及出线位置等，选择进出线方式及接线端子排、连接器或接插件，并按一定顺序标上进出线的接线号。

电动机星形-三角形减压起动控制电路电气元件布置图如图6-10所示。

2. 安装接线图的绘制原则

安装接线图是为安装电气设备和电气元件时进行配线或检查维修电气控制电路故障服务的。实际应用中通常与电路原理图和电气元件布置图一起配合使用。

安装接线图是根据电气设备和电气元件的实际位置、配线方式和安装情况绘制的，其绘制原则如下：

1）绘制电气安装接线图时，各电气元件均按其在电路网孔板中的实际位置绘出。元件所占图面按实际尺寸以统一比例绘制。

2）绘制电气安装接线图时，一个元件的所有部件绘在一起，并用点画线框起来，有时将多个电气元件用点画线框起来，表示它们是安装在同一个电路网孔板上的。

3）所有电气元件及其引线应标注与电气控制原理图一致的文字符号及接线回路标号。

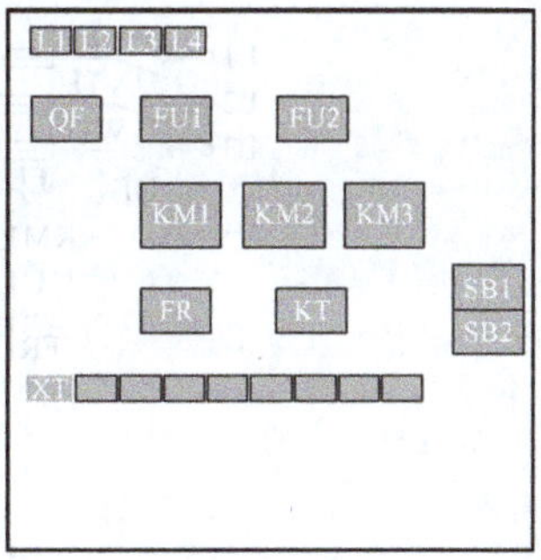

图 6-10　电动机星形-三角形减压起动控制电路电气元件布置图

4）电气元件之间的接线可直接相连，也可以采用单线表示法绘制，实含几根线可从电气元件上标注的接线回路标号数看出来，当电气元件数量较多或接线较复杂时，也可不画各元件间的连线，但是在各元件的接线端子回路标号处应标注另一元件的文字符号，以便识别，以便接线。

5）电气安装接线图中应标明配线用的各种导线的规格、型号、颜色、截面积等，另外，还应标明穿管的种类、内径、长度及接线根数、接线编号。

6）电气安装接线图中所有电气元件的图形符号、文字符号和各接线端子的编号必须与电气控制原理图中的一致，且符合国际规定。

7）电气安装接线图统一采用细实线。成束的接线可以用一条实线表示。接线很少时，可直接画出各电气元件间的接线方式，接线很多时，为了简化图形，可不画出各电气元件之间的接线。接线方式用符号标注在电气元件的接线端，并标明接线的线号和走向。

8）绘制电气安装接线图时，电路网孔板内外的电气元件之间的连线通过接线端子排进行连接，电路网孔板上有几条接至外电路的引线，端子排上就应绘出几个线的接点。

3. 电气安装接线图的绘制方法

电气安装接线图的绘制方法如下：

1）将电气控制电路原理图进行电路标号。

将电路原理图上的导线进行标号，主电路用英文字母标号，控制电路用阿拉伯数字标号。标号时采用“等电位”原则，即相同的导线采用同一标号，跨元件换标号。

2）将所有电气设备和电气元件都按其所在实际位置绘制在图样上，且同一电气元件的各部件应根据其实际结构，使用与电路图相同的图形符号画在一起，并用点画线框上，其文字符号与电路图中标注应一致。

3）将控制电路原理图中所用到的低压元件两端标号逐个标记在安装接线图对应元件两端。

电动机星形-三角形减压起动控制电路电气安装接线图如图 6-11 所示。

二、电气元件安装与布线

1. 电气元件安装

在电路网孔板上进行元件的布置与安装时，各元件的安装位置应整齐、匀称、间距合理，便于元件的更换。紧固各元件时要用力均匀，在紧固熔断器、接触器等易碎元件时，应用手按住元件，一边轻轻摇动，一边用旋具轮流旋紧对角线上的螺钉，直至手感觉摇不动后

项目一
项目二
项目三
项目四
项目五
项目六
项目七
参考文献

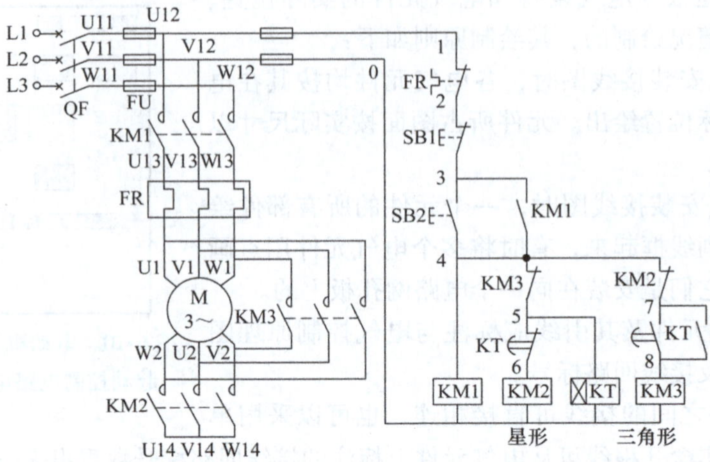

a) 电路原理图标号

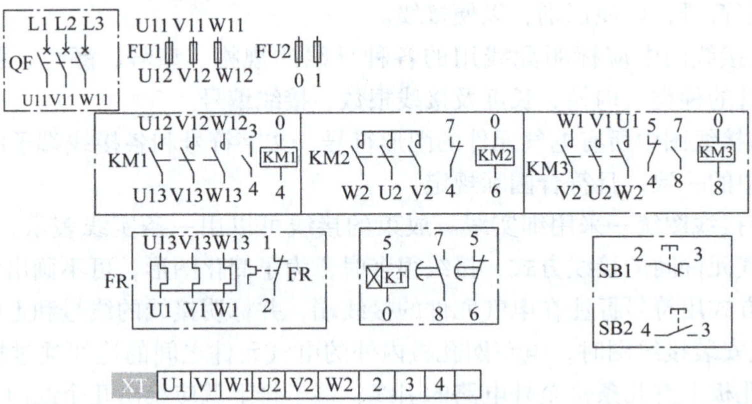

b) 电气安装接线图

图 6-11　电动机星形-三角形减压起动控制电路电气安装接线图

再适度旋紧一些即可。

2. 布线工艺要求

根据安装接线图进行板前明线布线，板前明线布线的工艺要求如下：

1）布线通道尽可能少，同路并行导线按主电路、控制电路分类集中，单层密排，紧贴安装面布线。

2）同一平面的导线应高低一致或前后一致，走线合理，不能交叉或架空。

3）对螺栓式接线端子，导线连接时应打钩圈，并按顺时针旋转；对瓦片式接线端子，导线连接时直线插入接线端子固定即可。导线连接不能压绝缘层，也不能露铜过长。

4）布线应横平竖直，分布均匀，变换走向时应垂直。

5）布线时严禁损伤线芯和导线绝缘。

6）所有从一个接线端子（或接线桩）到另一个接线端子的导线必须完整，中间无接头。

7）一个元件接线端子上的连接导线不得多于两根。

8）进出线应合理汇集在端子板上。

3. 安装接线注意事项

1）按钮内部接线时，用力不可过猛，以防螺钉打滑。

2）按钮内部的接线不要接错，起动按钮必须接动合（常开）触点（可用万用表判别）。

3）接触器的自锁触点应并接在起动按钮的两端，停止按钮应串接在控制电路中。

4）热继电器的热元件应串接在主电路中，其动断（常闭）触点应串接在控制电路中，两者缺一不可，否则不能起到过载保护作用。

5）电动机外壳必须可靠接 PE（保护接地）线。

三、电气控制电路安装步骤

1. 电气元件选择与检测

根据电气控制电路，列出电气元件清单，并检测电气元件好坏。电气元件检测方法见表表 6-3。

表 6-3　电气元件检测方法

	内　　容	工 艺 要 求
检测电气元件	外观检查	外壳无裂纹，接线桩无锈，零部件齐全
	动作机构检查	动作灵活，不卡阻
	元件线圈、触点等检查	线圈无断路、短路；线圈无熔焊、变形或严重氧化锈蚀现象

注意事项：在不通电的情况下，检测电气元件的外观是否正常，用万用表检查各个电气元件的通断情况是否良好。

2. 电路安装与接线

（1）安装与接线步骤

电气控制电路安装步骤见表 6-4。

表 6-4　电气控制电路安装步骤

安 装 步 骤	内　　容	工 艺 要 求
安装电气元件	安装固定电源开关、熔断器、接触器和按钮等元件	（1）电气元件布置要整齐、合理，做到安装时便于布线，便于故障检修 （2）安装紧固用力均匀，紧固程度适当，防止电器元件的外壳被压裂损坏
布线	按电气接线图确定走线方向进行布线	（1）连线紧固、无毛刺 （2）布线平直、整齐、紧贴敷设面，走线合理 （3）尽量避免交叉，中间不能有接头 （4）电源和电动机配线、按钮接线要接到端子排上，进出线槽的导线要有端子标号

（2）电气控制电路检查

安装完毕的电路网孔板，必须经过认真检查后，才能通电试车，以防止错接、漏接而造成控制功能不能实现或短路事故。

1）控制电路进行接线检查。电气控制电路接线检查表见表6-5。

表6-5 电气控制电路接线检查表

检查项目	检查内容	检查工具
检查接线完整性	按电路原理图或电气安装接线图从电源端开始，逐段核对接线 (1) 有无漏接，错接 (2) 导线压接是否牢固，接触是否良好	电工常用工具
检查电路绝缘	电路的绝缘电阻不应小于1MΩ	500V绝缘电阻表

2）控制电路进行安装工艺检查。将安装完成的电气控制电路进行安装工艺检查，电气控制电路安装工艺检查表见表6-6。

表6-6 电气控制电路安装工艺检查表

检查项目	检查内容
电路布线工艺	(1) 按图样要求正确选择元件 (2) 引入线或引出线接线须适当留余量 (3) 引入线或引出线接线须分类集中且排列整齐 (4) 能做到横平竖直、无交叉、集中归边走线、贴面走线 (5) 线路须规范而不凌乱 (6) 配线与分色须按图样或规范要求 (7) 线路整齐，长短一致 (8) 接线端须压接线耳，无露铜现象 (9) 接线端引出部分悬空段适合，且排列整齐 (10) 端子压接牢固 (11) 端子须套号码管
电路接线工艺	(1) 导线须入线槽 (2) 线槽引出线不得凌乱，导线须对准线槽孔入槽和出槽 (3) 连接导线整齐 (4) 导线端压接线耳，无露铜现象 (5) 1个接线端接线不超过2根 (6) 接线端引出部分不得悬空过长，且排列整齐 (7) 端子压接牢固 (8) 端子须套号码管 (9) 按图样清晰编码
电动机安装接线工艺	(1) 按图样要求正确选择电动机 (2) 电动机线路外露部分用缠绕管缠绕或扎带绑扎 (3) 严格按图样要求接线 (4) 电动机须做接地保护 (5) 按图样要求正确接线

任务实施

电动机星形-三角形减压起动控制电路的安装任务单见表6-7。

表 6-7　电动机星形-三角形减压起动控制电路的安装任务单

项目六　电动机星形-三角形减压起动控制电路的安装与调试		日期：
班级：	学号：	指导教师签字：
小组成员：		

任务二　电动机星形-三角形减压起动控制电路的安装
操作要求：1. 正确掌握工具的使用 2. 严格参照电气控制电路的安装和布线要求 3. 良好的“7S”工作习惯
1. 工具、设备准备：
2. 制订工作计划及组员分工：
3. 工作现场安全准备、检查：

4. 操作内容：图 6-4 所示电动机星形-三角形减压起动控制电路的安装

具体内容	操作要求与注意事项
绘制电气元件布置图	
绘制电气安装接线图	
电气元件选择与检测	
安装与布线	
电路接线检查	
安装工艺检查	

5. 绘制图 6-4 所示电动机星形-三角形减压起动控制电路电气元件布置图

6. 绘制图 6-4 所示电动机星形-三角形减压起动控制电路电气安装接线图

7. 请详细列出图 6-4 所示电动机星形-三角形减压起动控制电路中所需电气元件，并检测其好坏

电气元件名称	检查内容	检查结果	可能原因

（续）

电气元件名称	检查内容	检查结果	可能原因

8. 电路接线检查结果

检查内容	自检结果	互检结果	老师检查结果	存在问题
检查接线完整性	□合格□不合格	□合格□不合格	□合格□不合格	
检查电路绝缘	□合格□不合格	□合格□不合格	□合格□不合格	

9. 安装工艺检查结果

检查内容	自检结果	互检结果	老师检查结果	存在问题
电路布线工艺	□合格□不合格	□合格□不合格	□合格□不合格	
电路接线工艺	□合格□不合格	□合格□不合格	□合格□不合格	
电动机安装接线工艺	□合格□不合格	□合格□不合格	□合格□不合格	

10. 总结本次任务重点和要点：

11. 本次任务所存在的问题及解决方法：

任务评价

电动机星形-三角形减压起动控制电路的安装考核评价表见表6-8。

表 6-8 电动机星形-三角形减压起动控制电路的安装考核评价表

项目六 电动机星形-三角形减压起动控制电路的安装与调试					日期：		
任务二 电动机星形-三角形减压起动控制电路的安装							
自评：□熟练□不熟练		互评：□熟练□不熟练		师评：□熟练□不熟练	指导教师签字：		
评价内容	作品（70分）						
序号	主要内容	考核要求	评分细则	配分	自评	互评	师评
1	电气元件布置图	元件数量正确、布置合理	（1）缺少电气元件，每个扣1分 （2）元件布置不合理扣3分	5分			

（续）

序号	主要内容	考核要求	评分细则	配分	自评	互评	师评
2	电气安装接线图	原理图上标号正确、元件文字符号正确	（1）标号错误扣5分 （2）元件触点标号错误、少标，每个扣2分 （3）接线图错误本项不得分	10分			
3	电气元件检测	（1）正确选择电气元件 （2）对电气元件质量进行检验	（1）元件选择不正确，错一个扣1分 （2）未对电气元件质量进行检验，每个扣0.5分	10分			
4	元件安装	（1）按图样的要求，正确利用工具，熟练地安装电气元件 （2）元件安装要准确、紧固 （3）按钮盒不固定在板上	（1）元件安装不牢固、安装元件时漏装螺钉，每个扣2分 （2）损坏元件每个扣5分	5分			
5	布线	（1）连线紧固、无毛刺 （2）电源和电动机配线、按钮接线要接到端子排上，进出线槽的导线要有端子标号，引出端要用别径压端子	（1）电动机运行正常，但未按电路图接线，扣5分 （2）接点松动、接头露铜过长、反圈、压绝缘层，标记线号不清楚、遗漏或误标，引出端无别径压端子，每处扣1分 （3）损伤导线绝缘或线芯，每根扣1分	20分			
6	电路接线与安装工艺检查	（1）元件在配电板上布置要合理 （2）布线要进线槽，美观	（1）元件布置不整齐、不匀称、不合理，每个扣2分 （2）布线不进行线槽，不美观，每根扣1分	20分			
作品总分							
评价内容	职业素养与操作规范（30分）						
序号	主要内容	考核要求	评分细则	配分	自评	互评	师评
1	安全操作	（1）应穿工作服、绝缘鞋 （2）能按安全要求使用工具操作 （3）穿线时能注意保护导线绝缘层 （4）操作过程中禁止将工具或元件放置在高处等较危险的地方	（1）没有穿戴防护用品扣5分 （2）操作前和完成后，未清点工具、仪表扣2分 （3）穿线时破坏导线绝缘层扣2分 （4）操作过程中将工具或元件放置在危险的地方造成自身或他人人身伤害则取消成绩	10分			

项目一 项目二 项目三 项目四 项目五 项目六 项目七 参考文献

（续）

序号	主要内容	考核要求	评分细则	配分	自评	互评	师评
2	规范操作	（1）安装过程中工具与器材摆放规范 （2）安装过程中产生的废弃物按规定处置	（1）安装过程中，乱摆放工具、仪表、耗材，乱丢杂物扣5分 （2）完成任务后不按规定处置废弃物扣5分	10分			
3	文明操作	（1）操作完成后须清理现场 （2）在规定的工作范围内完成，不影响其他人 （3）操作结束不得将个人废弃物品遗留在工位上 （4）爱惜公共财物，不损坏设备	（1）操作完成后不清理现场扣5分 （2）操作过程中随意走动，影响他人扣2分 （3）操作结束后将工具等物品遗留在设备或元件上扣3分 （4）操作过程中，恶意损坏元件和设备，取消成绩	10分			
职业素养与操作规范总分							
任务总分							

任务三　电动机星形-三角形减压起动控制电路的调试

任务描述

通电试车已安装完成的电动机星形-三角形减压起动控制电路，对照试车过程中产生的故障进行故障原因分析，找出故障点并排除。

1. 任务目标

知识目标：

1）掌握常见电气控制电路不通电检测方法与步骤。

2）掌握电动机星形-三角形减压起动控制电路通电试车方法与步骤。

3）掌握电动机星形-三角形减压起动控制电路典型故障现象、故障原因分析与排除方法。

能力目标：

1）能正确实施电动机星形-三角形减压起动控制电路不通电检测。

2）能正确通电调试电动机星形-三角形减压起动控制电路功能。

3）能根据电路故障现象分析故障原因、找到电路故障点并排除。

素质目标：

1）培养学生安全操作、规范操作、文明生产的职业素养。

2）培养学生敬业奉献、精益求精的工匠精神。

3）培养学生科学分析和解决问题的能力。

2. 任务步骤

1）对安装好的电动机星形-三角形减压起动控制电路进行通电前主电路和控制电路检测。

2）通电调试电动机星形-三角形减压起动控制电路的电路功能。

3）根据电路故障现象分析故障原因、找到电路故障点并排除。

3. 所需实训工具、仪表和器材

1）工具：螺钉旋具（十字槽、一字槽）、试电笔、剥线钳、尖嘴钳、钢丝钳等。

2）仪表：万用表（数字式或指针式均可）。

3）器材：低压断路器1个、熔断器5个、交流接触器3个、时间继电器1个、热继电器1个、按钮2个（红、绿色各1个）或组合按钮1个（按钮数2～3个）、接线端子板1个（10段左右）、三相交流异步电动机1台、电路网孔板1块、号码管、线鼻子（针形和U形）若干、扎带若干和导线若干。

知识准备

一、电气控制电路不通电检测方法

（1）电路接线外观检测

按电路原理图或安装接线图从电源端开始，逐段核对接线及接线端子处是否正确，有无漏接、错接之处。检查导线接线端子是否符合要求，压接是否牢固。

（2）电路通断检测

用万用表检查电路的通断情况，检查时，应选用倍率适当的电阻档，并进行校零，以防短路故障发生。

检查主电路时（可断开控制电路），可以用手压下接触器的衔铁来代替接触器得电吸合时的情况进行检查，依次测量从电源端（L1、L2、L3）到电动机出线端子（U、V、W）上的每一相电路的电阻值，检查是否存在开路现象。

检查控制电路时（可断开主电路），可将万用表表笔分别搭在控制电路的两个进线端上，此时读数应为“∞”。按下起动按钮时，读数应为接触器线圈的电阻值；压下接触器KM的衔铁，读数也应为接触器线圈的电阻值。

二、电动机星形-三角形减压起动控制电路不通电试车步骤

以图6-11所示电路为例来介绍电动机星形-三角形减压起动控制电路不通电检测。

1. 主电路检测

用万用表的蜂鸣档，断开电路电源和控制电路，合上电源开关QF，测量从电源端到电动机出线端子上的每一相电路的电阻，电动机星形-三角形减压起动电路的主电路不通电检测见表6-9。

表 6-9 电动机星形-三角形减压起动电路的主电路不通电检测

序号	测量步骤	标准参数	检测结果（电阻值）	可能原因	处理方法
1	断开电源和控制电路，合上 QF，依次测量 L1-U1、L2-V1、L3-W1 端	∞	□0	（1）两相接线端子之间碰触导致短路 （2）导线绝缘击穿 （3）导线露铜过长	（1）检查电源接线端子间距 （2）检查导线端子绝缘情况 （3）检查导线露铜情况
			□有阻值	（1）导线毛刺 （2）导线与元件绝缘降低	检查电源线接线工艺
2	断开电源和控制电路，合上 QF，装上熔体 FU1，依次测量 L1-U1、L2-V1、L3-W1 端	∞	□0	（1）两相接线端子之间碰触导致短路 （2）导线绝缘击穿 （3）导线露铜过长	（1）检查电源接线端子绝缘情况 （2）检查导线绝缘情况 （3）检查导线露铜情况
			□有阻值	导线毛刺	检查电源线接线工艺
3	断开电源和控制电路，合上 QF，装上熔体 FU1，手动压合 KM1，依次测量 L1-U1、L2-V1、L3-W1 端	有阻值，为几十欧	□∞	开路	（1）检查主电路接线是否可靠 （2）检查电动机是否断相
			□0	（1）两相短路 （2）电动机相应两相对地短路	（1）检查主电路接线是否正确 （2）检查电动机绕组匝间或端部相间绝缘层是否垫好 （3）检查绝缘引出线套管或绕组之间的接线套管是否套好 （4）检查绕组绝缘是否受潮、老化 （5）检查绕组是否受到机械损伤
4	不接电动机，压合 KM3 衔铁，测量接线排 U1-W2、V1-U2、W1-V2	0	□∞	（1）KM3 主触点没有正确连接入主电路 （2）KM3 主触点损坏	（1）检查主电路三角形接线部分是否正确 （2）检查 KM3 是否损坏 （3）检查是否存在虚接的情况
			□有阻值	（1）KM3 主触点接触电阻过大 （2）导线毛刺 （3）检查导线与导线、导线与电气设备衔接点连接情况 （4）检查导线连接处是否有杂质 （5）检查铜铝接头连接处、线鼻子压接处的工艺是否达标	（1）检查 KM3 元件主触点电阻是否过大，过大则更换该元件 （2）对相应工艺问题进行处理

（续）

序号	测量步骤	标准参数	检测结果（电阻值）	可能原因	处理方法
5	不接电动机，压合 KM2 衔铁，检查 V2、U2、W2 的任意二端	0	□∞	（1）KM2 主触点没有正确连接入主电路 （2）KM2 主触点损坏	（1）检查主电路星形接线部分是否正确 （2）检查 KM2 是否损坏 （3）检查是否存在虚接的情况
			□有阻值	（1）KM2 主触点接触电阻过大 （2）导线毛刺 （3）检查导线与导线、导线与电气设备衔接点连接情况 （4）检查导线连接处是否有杂质 （5）检查铜铝接头连接处、线鼻子压接处的工艺是否达标	（1）检查 KM2 元件主触点电阻是否过大，过大则更换该元件 （2）检查接线工艺，并进行相应处理

2. 控制电路检测

装 FU2 熔体，测量控制电路两端电阻值，电动机星形-三角形减压起动电路的控制电路不通电检测见表 6-10。

表 6-10　电动机星形-三角形减压起动电路的控制电路不通电检测

序号	测量步骤	标准参数	检测结果（电阻值）	可能原因	处理方法
1	装 FU2，测量控制电路两端电阻值	∞	□0	控制回路短路	（1）检查电源接线端子绝缘情况 （2）检查导线绝缘情况 （3）检查导线露铜情况 （4）检查 KM 线圈是否跨接
			□有阻值	（1）按钮常开触点连通 （2）接触器常开触点连通	（1）检查按钮常开触点是否接错 （2）若按钮常开触点粘连，更换按钮 （3）检查接触器常开触点是否接错 （4）若触点粘连，更换接触器常开触点
2	按下起动按钮 SB1，测量控制电路两端	KM 线圈电阻，为几百欧	□∞	（1）FR 动断触点断开 （2）SB2 常闭触点断开 （3）SB1 常开按钮未连通	检查 1-2、2-3、3-4、4-0 点之间电阻是否为 0，否则更换触点或元件
			□0	控制回路短路	检查 KM1 线圈是否跨接

（续）

序号	测量步骤	标准参数	检测结果（电阻值）	可能原因	处理方法
3	手动压合KM1，测量控制电路两端	KM线圈电阻，为几百欧	□∞	KM1自锁线未连通	检查KM1常开触点是否并联在按钮两端
			□0	控制回路短路	检查KM1线圈是否跨接
4	手动压合KM3和KM2	测量KM2和7，测量KM的4和7（3个期间端），以上电阻值为0，则合格	□∞	相应两段间未连接或有效接通	（1）检测相应触点或者导线是否正确连接 （2）检测剥线是否规范、线鼻子压接是否规范 （3）是否存在虚接的情况
			□有阻值	接触电阻过大	（1）检查是否是安装质量差，造成导线与导线、导线与电气设备衔接点连接不牢 （2）检查导线连接处是否有杂质 （3）检查是否是铜铝接头连接处理不当、线鼻子压接处理不当
5	手动压合KM3	测量KM3的4和5；压合KM3为无穷大，松开KM3为0，则合格	□0	（1）错接常开触点 （2）KM3常闭触点未接入电路，SB1常开触点直接和KT线圈相连接 （3）常闭触点损坏	（1）检测相应触点或者导线是否正确连接 （2）若KM3的常闭触点功能异常，则更换继电器
			□有阻值	常闭触点功能异常	更换接触器或者改接另外一个常闭触点

三、通电试车步骤

为保证人身安全，在通电试车时，应认真执行安全操作规程的有关规定：一人监护，一人操作。通电试车步骤见表6-11。

表6-11 通电试车步骤

项目	操作步骤	观察现象
空载试车（不连接电动机）	（1）合上电源开关，引入三相电源	（1）电源指示灯是否亮 （2）检查负载接线端子三相电源是否正常
	（2）按下起动按钮SB1	（1）接触器KM1、KM2及KT线圈是否同时得电，电动机是否星形起动中。KM1线圈得电：KM1主触点闭合，常开触点闭合；KM2线圈得电：KM2的主触点闭合，常开触点闭合，常闭触点断开；KT线圈得电：开始延时 （2）电气元件动作是否灵活，有无卡阻或噪声过大等现象

（续）

项　目	操作步骤	观察现象
空载试车（不连接电动机）	（3）KT 延时时间大于或等于设定时间后，电动机自动切换到三角形运行状态	（1）延时时间到达后，KM1 线圈继续保持得电，KM2 线圈失电，然后 KT 线圈失电，KM3 线圈得电，电动机三角形运行 （2）电气元件动作是否灵活，有无卡阻或噪声过大等现象
	（4）按下停止按钮 SB2	所有线圈是否失电，触点是否回复初始状态
	（5）按压热继电器 reset 键	接触器线圈是否释放
	（6）按 reset 键复位	
负载试车（连接电动机）	（1）合上电源开关，引入三相电源	（1）电源指示灯是否亮 （2）检查负载接线端子三相电源是否正常
	（2）按下起动按钮 SB1	（1）接触器 KM1、KM2 及 KT 线圈是否同时得电，电动机是否星形起动中。KM1 线圈得电：KM1 主触点闭合，常开触点闭合；KM2 线圈得电：KM2 的主触点闭合，常开触点闭合，常闭触点断开；KT 线圈得电：开始延时 （2）电气元件动作是否灵活，有无卡阻或噪声过大等现象 （3）电动机是否低速起动中
	（3）KT 延时时间大于或等于设定时间后	（1）是否在延时时间到达后，KM1 线圈继续保持得电，KM2 线圈失电，然后 KT 线圈失电，KM3 线圈得电 （2）电气元件动作是否灵活，有无卡阻或噪声过大等现象 （3）电动机起动是否完成并持续运行
	（4）按下停止按钮 SB2	（1）所有线圈是否失电，触点是否回复初始状态 （2）电动机是否停止
	（5）电流测量	起动过程：电动机刚起动的时候，电流是否会高于额定电流，电动机进入星形起动过程；当延时时间到后，电流接近电动机额定电流，此时电动机切换进入三角形运行阶段 平稳运行：电动机平稳运行时，用钳形电流表测量三相电流是否平衡
	（6）断开电源	先拆除三相电源线，再拆除电动机线，完成通电试车

四、电气控制电路故障原因分析与排除方法

电路调试过程中，如果控制电路出现不正常现象，应立即断开电源，分析故障原因，仔细检查电路，排除故障，在老师的允许下才能再次通电试车。下面以电动机星形-三角形减压起动部分控制电路的故障分析与排除为典型案例，讲解控制电路的故障检查及排除过程。

检修过程如下：

1. 故障调查

可以采用试运转的方法，便于对故障的原始状态有个综合的印象和准确描述，如按下起动按钮和停止按钮，仔细观察故障的现象，从而判断和缩小故障范围。

2. 故障原因分析

根据调查结果，参考电路原理图进行分析，初步判断出故障产生的部位——控制电路，

然后逐步缩小故障范围——KM1 线圈所在回路断路。

故障原因分析：按下起动按钮 SB1，电动机正常运行，主电路正常，松开后电动机停止，说明控制电路存在故障，即松开后 KM1 线圈所在回路断路。

3. 用测量法确定故障点

主要通过对电路进行带电或断电时的有关参数如电压、电阻、电流等的测量，来判断电气元件的好坏、电路的通断情况，常用的故障检查方法除了在上几个项目中用过的分阶电阻测量法和分阶电压测量法，还有分段电阻测量法、分段电压测量法等，以下介绍常用的分段电阻测量法和分段电压测量法两种检测故障方法。

（1）分段电阻测量法

1）分段电阻测量法测量过程。分段电阻测量法检修如图 6-12 所示。按起动按钮 SB2，若接触器 KM1 和 KM2 不吸合，说明该电气回路有故障。

检查时，先断开电源，把万用表扳到电阻档，按下起动按钮 SB2 不放，测量 1-0 两点间的电阻。如果电阻为无穷大，说明电路断路；然后逐段分段测量 1-2、2-3、3-4、4-5、5-6 各点的电阻值，电阻值应是为 0（或者接近），当测量到某标号时，若电阻突然增大，说明表棒刚跨过的触点或连接线接触不良或断路；然后测量 6-0 两点间电阻是否存在一定的电阻值。需要说明的是，如按图 6-12 所示来检测，接触器 KM1 和 KM2 线圈的 2 个支路存在并联关系，会对测量判断带来干扰，为了检测接触器 KM2 线圈支路故障，可以暂时断开接触器 KM1 线圈支路来进行检测，如图 6-13 所示。

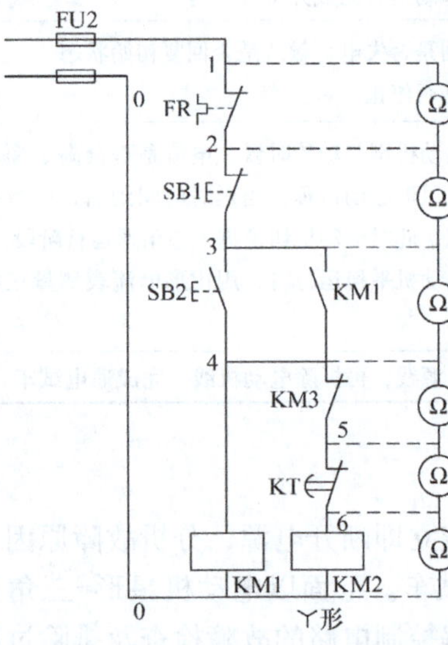

图 6-12 分段电阻测量法检修示意图 1

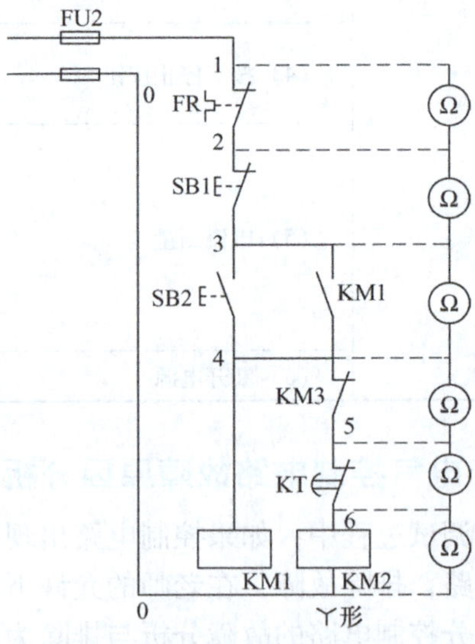

图 6-13 分段电阻测量法检修示意图 2

当检查 380V 且有变压器的控制电路中的熔断器是否熔断时，可能出现电源通过另一相熔断器和变压器的一次绕组回到已熔断的熔断器的出线端，造成熔断器没有熔断的假象。

2）注意事项。分段电阻测量法的优点是安全，缺点是测量电阻值不准确时易造成判断错误，为此应注意下述几点：

① 用分段电阻测量法检查故障时一定要断开电源。

② 所测量电路如与其他电路并联，必须将该电路与其他电路断开，否则所测电阻值不准确。

③ 测量高电阻电气元件，要将万用表的电阻档扳到适当的位置。

（2）分段电压测量法

电压的分段测量法如图 6-14 所示。先用万用表测试 1-0 两点，电压为 380V，说明电源电压正常。电压的分段测试法是用红、黑两根表棒逐段测量相邻两标号点 1-2、2-3、3-4、4-5、5-6 的电压。如电路正常，按下起动按钮 SB2，则除 6-0 两点间的电压等于 380V 外，其他任意相邻两点间的电压都应为零。

需要说明的是，如按图 6-14 所示方法来检测，接触 KM1 和 KM2 线圈的 2 个支路存在并联关系，会对测量判断带来干扰，为了检测接触器 KM2 线圈支路故障，可以暂时断开接触器 KM 线圈支路来进行检测，其示意图如图 6-15 所示。

如图 6-15 所示检测方法，如按下起动按钮 SB2，接触器 KM1 和 KM2 不吸合，说明电路断路。可用电压表逐段测量各相邻两点的电压，如测量某相邻两点电压为 380V，说明两点所包括的触点，其连接导线接触不良或断路。例如标号 4-5 两点间电压为 380V，说明接触器 KM3 常闭触点接触不良。

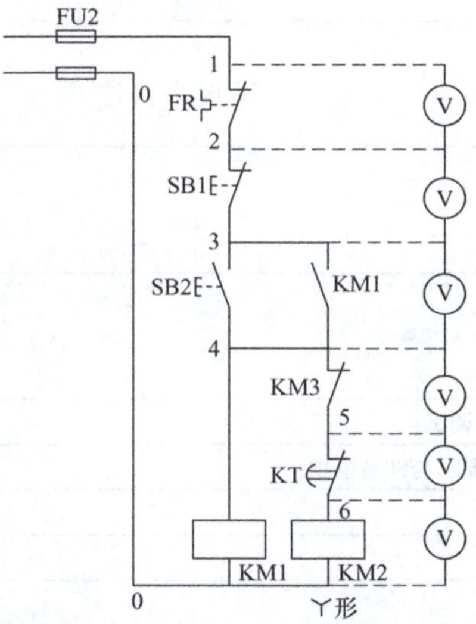

图 6-14　分段电压测量法检修示意图 1

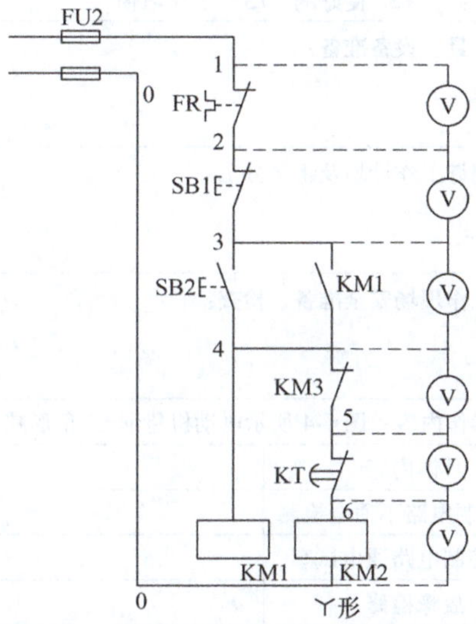

图 6-15　分段电压测量法检修示意图 2

分段电压测量法所测电压值及故障原因见表 6-12。

表 6-12　分段电压测量法所测电压值及故障原因

故障现象	测试状态	1-2	2-3	3-4	4-5	5-6	故障原因
按下 SB2 时 KM2 不吸合	按下 SB2 不放	380V	0	0	0	0	FR 常闭触点接触不良
		0	380V	0	0	0	SB1 触点接触不良
		0	0	380V	0	0	SB2 接触不良
		0	0	0	380V	0	KM3 常闭触点接触不良
		0	0	0	0	380V	KT 常闭触点接触不良

4. 故障排除

对故障点进行检修后，通电试车，用试验法观察下一个故障现象，进行第 2 个故障点的检测、检修，直到试车运行正常。

5. 记录检修结果

故障排除后，将检修过程与结果记录在相应表格里。

任务实施

电动机星形-三角形减压起动控制电路的调试任务单见表6-13。

表6-13 电动机星形-三角形减压起动控制电路的调试任务单

项目六 电动机星形-三角形减压起动控制电路的安装与调试		日期：
班级：	学号：	指导教师签字：
小组成员：		

任务三 电动机星形-三角形减压起动控制电路的调试

操作要求：1. 正确掌握电气控制电路不通电检测方法
2. 严格参照电气控制电路通电试车步骤与要求
3. 良好的"7S"工作习惯

1. 工具、设备准备：

2. 制订工作计划及组员分工：

3. 工作现场安全准备、检查：

4. 操作内容：图6-4所示电动机星形-三角形减压起动控制电路的调试

具体内容	操作要求与注意事项
电气控制电路不通电检测	
电气控制电路通电试车	
故障检修	

5. 电动机星形-三角形减压起动控制电路不通电检测

检测内容	自检结果	互检结果	教师检查结果	存在问题
主电路检测	□合格□不合格	□合格□不合格	□合格□不合格	
控制电路检测	□合格□不合格	□合格□不合格	□合格□不合格	

6. 电动机星形-三角形减压起动控制电路通电试车

试车步骤	自检结果	互检结果	教师检查结果	存在问题
空载试车	□合格□不合格	□合格□不合格	□合格□不合格	
负载试车	□合格□不合格	□合格□不合格	□合格□不合格	

7. 在通电试车成功的电路上人为地设置故障，通电运行，记录故障现象、故障原因及故障点

故障设置	故障现象	故障原因	故障点
起动按钮触点接触不良			
接触器KM线圈断路			
主电路一相熔断器熔断			
起动按钮触点接触不良			

（续）

8. 总结本次任务重点和要点：
9. 本次任务所存在的问题及解决方法：

任务评价

电动机星形-三角形减压起动控制电路的调试考核评价表见表6-14。

表 6-14　电动机星形-三角形减压起动控制电路的调试考核评价表

<table>
<tr><td colspan="5">项目六　电动机星形-三角形减压起动控制电路的安装与调试</td><td colspan="4">日期：</td></tr>
<tr><td colspan="9">任务三　电动机星形-三角形减压起动控制电路的调试</td></tr>
<tr><td colspan="3">自评：□熟练□不熟练</td><td>互评：□熟练□不熟练</td><td colspan="3">师评：□熟练□不熟练</td><td colspan="2">指导教师签字：</td></tr>
<tr><td>评价内容</td><td colspan="8">作品（70分）</td></tr>
<tr><td>序号</td><td>主要内容</td><td>考核要求</td><td>评分细则</td><td>配分</td><td>自评</td><td>互评</td><td colspan="2">师评</td></tr>
<tr><td>1</td><td>不通电测试</td><td>（1）主电路、控制电路检测步骤正确
（2）检查结果正确
（3）能正确分析错误原因</td><td>（1）不按步骤操作扣5分
（2）检测结果不正确，每个扣5分
（3）检测结果错误，不会分析原因扣5分</td><td>20分</td><td></td><td></td><td colspan="2"></td></tr>
<tr><td>2</td><td>通电试车</td><td>电路一次通电正常工作，且各项功能完好</td><td>（1）热继电器整定值错误扣5分
（2）主、控线路配错熔体，每个扣5分
（3）1次试车不成功扣5分，2次试车不成功扣10分，3次不成功本项得分为0
（4）开机烧电源或其他线路，本项记0分</td><td>30分</td><td></td><td></td><td colspan="2"></td></tr>
<tr><td>3</td><td>故障排除</td><td>（1）正确完整描述故障现象
（2）正确分析故障原因
（3）正确找出故障点
（4）能排除故障</td><td>（1）故障描述不完整每个扣2分
（2）分析故障原因错误扣5分
（3）未找出故障点，每个扣5分
（4）不能排除故障扣10分</td><td>20分</td><td></td><td></td><td colspan="2"></td></tr>
<tr><td colspan="4">作品总分</td><td></td><td></td><td></td><td colspan="2"></td></tr>
</table>

（续）

评价内容	职业素养与操作规范（30分）						
序号	主要内容	考 核 要 求	评 分 细 则	配分	自评	互评	师评
1	安全操作	（1）应穿工作服、绝缘鞋 （2）能按安全要求使用工具和仪表操作 （3）操作过程中禁止将工具或元件放置在高处等较危险的地方 （4）试车前，未获得教师允许不能通电	（1）没有穿戴防护用品扣5分 （2）操作前和完成后，未清点工具、仪表扣2分 （3）操作过程中将工具或元件放置在危险的地方造成自身或他人人身伤害则取消成绩 （4）未经教师允许私自通电试车取消成绩	10分			
2	规范操作	（1）调试过程中工具与器材摆放规范 （2）调试过程中产生的废弃物按规定处置	（1）调试过程中，乱摆放工具、仪表、耗材，乱丢杂物扣5分 （2）完成任务后不按规定处置废弃物扣5分	10分			
3	文明操作	（1）操作完成后须清理现场 （2）在规定的工作范围内完成，不影响其他人 （3）操作结束不得将个人废弃物品遗留在工位上 （4）爱惜公共财物，不损坏设备	（1）操作完成后不清理现场扣5分 （2）操作过程中随意走动，影响他人扣2分 （3）操作结束后将工具等物品遗留在设备或元件上扣3分 （4）操作过程中，恶意损坏元件和设备，取消成绩	10分			
职业素养与操作规范总分							
任务总分							

项目拓展训练

电路故障检修案例1：在图6-4图中，电动机星形起动正常，但无法切换到三角形运行。

分析研究：KM3的控制电路中有线路、触点或线圈损坏；KT延时继电器损坏，或者KT常闭触点因故障未断开。

检查处理：核对接线，并无错误。用仪表检测相应电路，须注意并联电路对检测故障判断的影响。

电路故障检修案例2：在图6-4中，星形起动过程正常，但是起动完成后（KT延时时间到）电动机发出异常声音，转速也急剧下降。

分析研究：接触器切换动作正常，表明控制电路接线无误。问题出现在接上电动机后，从故障现象分析，很可能是电动机主电路接线有误，使电路由Y联结转到△联结时，送入电动机的电源顺序改变了，电动机由正常起动突然变成了电源反接制动，强大的反向制动电流造成了电动机转速急剧下降和异常声音。

检查处理：核查主电路接触器及电动机接线端子的接线顺序。

电路故障检修案例3：在图6-4中，线路空载实验工作正常，接上电动机试车时，一起动电动机，电动机就发出异常声音，转子左右颤动，立即按SB1停止，停止时KM3和KM2的灭弧罩内有强烈的电弧现象，这是为什么？

分析研究：空载实验时接触器切换动作正常，表明控制电路接线无误。问题出现在接上电动机后，从故障现象分析是由于电动机断相所引起的。电动机在星形起动时有一相绕组未接入电路，造成电动机单相起动，由于断相，绕组不能形成旋转磁场，使电动机转轴的转向不定而左右颤动。

检查处理：检查接触器接点闭合是否良好、接触器及电动机端子的接线是否紧固。

练习题

一、选择题

1. 三相交流异步电动机起动时，起动电流是正常运行时的（　　）倍。

A. 3～5　　B. 4～7　　C. 1～2　　D. 3～4

2. 星形-三角形减压起动指电动机起动时，把（　　）联结成星形，以降低起动电压，限制起动电流。

A. 定子绕组　　B. 电源　　C. 转子　　D. 定子和转子

3. 三相交流异步电动机减压起动方式中，只能用于正常运行时为三角形联结的是下列哪种？（　　）

A. 自耦变压器　　B. 定子串电阻　　C. 延边三角形　　D. 星形-三角形

4. 三相交流异步电动机采用星形-三角形减压起动时，起动转矩是三角形联结全压起动时的（　　）。

A. 3　　B. 1/3　　C. $\sqrt{3}$　　D. $\sqrt{3}/3$

5. 定子绕组串电阻的减压起动是指三相交流异步电动机起动时，把电阻串接在电动机定子绕组与电源之间，通过电阻的（　　）作用来降低定子绕组上的起动电压。

A. 分流　　B. 压降　　C. 分压　　D. 分压与分流

6. 适用于电动机容量较大且不允许频繁起动的减压起动方法是（　　）。

A. 星形-三角形　　B. 自耦变压器　　C. 定子串电阻　　D. 延边三角形

7. 三相交流异步电动机采用自耦变压器减压起动时，起动电流降为原来的1/3时，起动转矩是全压起动时的（　　）。

A. 1/3　　B. 1/9　　C. 3　　D. $\sqrt{3}$

8. 时间继电器在电路图中的文字符号是（　　）。

A. SB　　B. QS　　C. FU　　D. KT

9. 时间继电器在电气控制系统中的控制功能是（　　）。

A. 定时　　B. 定位　　C. 测速度　　D. 限速

10. 通电延时时间继电器，它的动作情况是（　　）。

A. 线圈通电时触点延时动作，断电时触点瞬时动作

B. 线圈通电时触点瞬时动作，断电时触点延时动作

C. 线圈通电时触点不动作，断电时触点瞬时动作

D. 线圈通电时触点不动作，断电时触点延时动作

二、判断题

1. 星形-三角形减压起动是指电动机起动时，把定子绕组连接成星形，以降低起动电压，限制起动电流。待电动机起动后，再把定子绕组改成三角形联结，使电动机全压运行。（　　）

2. 三相交流异步电动机起动电流会随着转速的升高而逐渐减小，最后达到稳定值。（　　）

3. 三相交流异步电动机星形-三角形减压起动时，电流和转矩分别下降到原来的1/3。（　　）

4. 三相交流异步电动机定子串电阻起动时，电流和转矩分别下降到原来的1/3。（　　）

5. 三相交流异步电动机定子星形-三角形联结转换是通过两个接触器来实现的。（　　）

6. 三相交流异步电动机星形-三角形减压起动过程中，定子绕组的自动切换由时间继电器延时动作来控制，这种控制方式被称为按时间原则的控制。（　　）

7. 三相交流异步电动机星形-三角形减压起动必须用时间继电器来控制。（　　）

8. 转子绕组串频敏变阻器起动过程中，频敏变阻器的阻值是由小变大的。（　　）

9. 频敏电阻器是一种自身阻值能随频率变化而变化的三相铁心绕组装置，主要用于绕线转子电机的起动。（　　）

10. 自耦变压器减压起动的方法适用于频繁起动的场合。（　　）

三、问答题

1. 三相交流异步电动机起动电流过大存在怎样的危害？

2. 三相交流异步电动机直接起动有何特点？有何危害？三相交流异步电动机有哪几种减压起动方法？各有何特点？

3. 时间继电器的延时闭合触点和延时断开触点的差别是什么？

项目七

电动机制动控制电路的安装与调试

项目导入

三相交流异步电动机切断工作电源后，因惯性作用需要一段时间才能完全停止下来，因而需要采取一些使电动机在切断电源后能迅速准确停车的措施，这种措施称为电动机的制动。

某工厂电动机需要频繁准确制动，需要项目组安装制动控制电路。

项目要求：正确识读电动机制动控制电路原理图；绘制相应的电气元件布置图和安装接线图；选择合适的电气元件，按工艺要求完成电气控制电路连接；完成电路的通电试车，并对电路产生的故障进行故障原因分析与排除。

本项目共包括三个任务：电动机制动控制电路功能仿真、电动机制动控制电路的安装、电动机制动控制电路的调试。本项目所含知识点如图 7-1 所示。

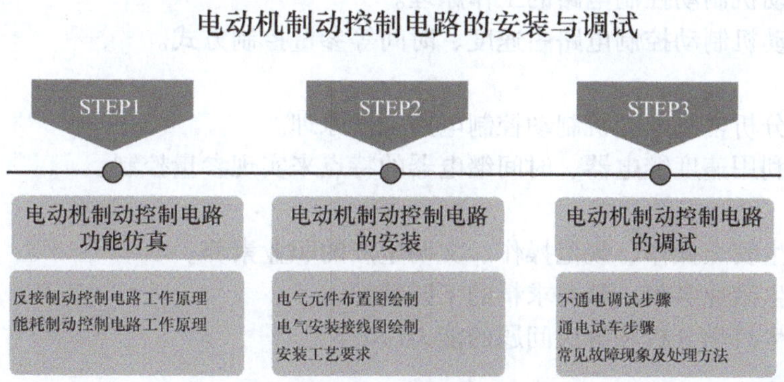

图 7-1　项目七知识点

学有所获

通过完成本项目，学生应达到以下目标：

知识目标：

1. 掌握电气控制系统图的读图、绘图原则与方法。
2. 掌握电动机制动控制电路的工作原理。
3. 掌握电动机制动控制电路元件布置图和安装接线图的绘制方法。
4. 掌握电动机制动控制电路的电路安装接线步骤、工艺要求与安装技巧。
5. 掌握电动机制动控制电路的故障原因分析与排除方法。

能力目标：

1. 会识读电动机制动控制电路原理图，并能正确叙述其工作原理。
2. 能根据电路原理图绘制元件布置图和安装接线图。
3. 能根据要求选择合适的低压电气元件，按工艺要求安装电动机制动控制电路。
4. 会进行不通电检测电动机制动控制电路功能并通电试车。
5. 能根据电路故障现象分析故障原因、找到电路故障点并排除。

素质目标：

1. 培养学生安全操作、规范操作、文明生产的职业素养。
2. 培养学生敬业奉献、精益求精的工匠精神。
3. 培养学生科学分析和解决实际问题的能力。

任务一 电动机制动控制电路功能仿真

任务描述

通过在仿真软件里选择合适的电气元件，绘制电路原理图，了解常用低压电器在电路中的作用；采用仿真软件实现电路功能，理解电动机制动控制电路工作原理。

1. 任务目标

知识目标：

1）理解电动机制动的目的及常见方法。

2）掌握电动机制动控制电路的工作原理。

3）掌握电动机制动控制电路中速度、时间等参量控制方式。

能力目标：

1）能正确分析常见电动机制动控制电路工作原理。

2）能正确利用速度继电器、时间继电器的特点来实现参量控制。

素质目标：

1）培养学生安全操作、规范操作、文明生产的职业素养。

2）培养学生敬业奉献、精益求精的工匠精神。

3）培养学生科学分析和解决问题的能力。

2. 任务步骤

1）列出低压电气元件在电路中的作用。

2）采用仿真软件实现电动机制动控制电路功能。

知识准备

三相交流异步电动机的制动方法有机械制动和电气制动两种。所谓机械制动指用电磁铁操纵机械机构进行制动的方法，常用电磁抱闸制动。电气制动指用电气的办法，使电动机产生一个与转子原转动方向相反的力矩进行制动，分为反接制动、能耗制动和回馈制动等。

1. 反接制动控制电路

反接制动是通过改变电动机电源的相序，使定子绕组产生相反方向的旋转磁场，因而产生制动转矩的制动方法。反接制动常采用转速为变化参量进行控制。由于反接制动时，转子与旋转磁场的相对速度接近于两倍的同步转速，所以定子绕组中流过的反接制动电流相当于全电压直接起动时电流的两倍，因此反接制动特点之一是制动迅速、效果好、冲击大，通常仅适于 10kW 以下的小容量电动机。为了减小冲击电流，通常要求在电动机主电路中串接限流电阻。

（1）反接制动控制电路图

电动机单向反接制动控制电路如图 7-2 所示。在主电路中，KM1 接通，KM2 断开时，电动机单向电动运行；KM1 断开，KM2 接通时，电动机电源相序改变，电动机进入反接制动的运行状态，并用速度继电器检测电动机转速的变化，当电动机转速 $n>130\text{r/min}$ 时，速度继电器的触点动作，当转速 $n<100\text{r/min}$ 时，速度继电器的触点复位。这样可以利用速度继电器的常开触点，当转速下降到接近于 0 时，使 KM2 接触器断电，自动地将电源切除。在控制电路中停止按钮用的是复合按钮。

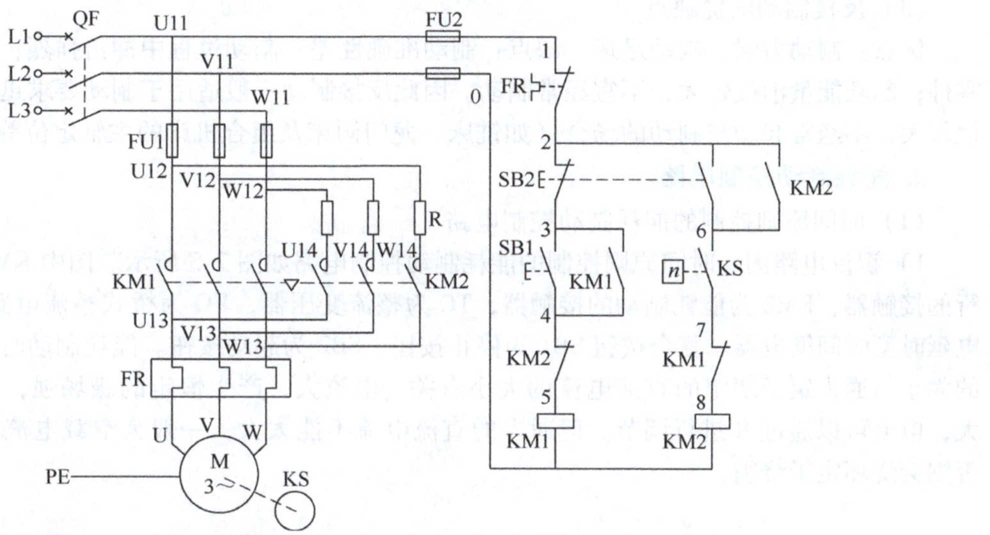

图 7-2　电动机单向反接制动控制电路

（2）电路工作原理

1）单向起动工作过程如下：

按下SB1→KM1线圈得电→
- KM1自锁触点闭合，自锁 → 电动机M起动运转 →
- KM1主触点闭合 ↗
- KM1联锁触点分断，对KM2联锁

→至电动机转速上升到一定值（130r/min左右）时→KS常开触点闭合为制动做准备

2）反接制动工作过程如下：

按下复合按钮SB2 → SB2常闭触点先分断 → KM1线圈失电 → KM1自锁触点分断，解除自锁；KM1主触点分断，M暂失电；KM1联锁触点闭合
按下复合按钮SB2 → SB2常开触点后闭合 →

→ KM2线圈得电 → KM2联锁触点分断，对KM1联锁；KM2自锁触点闭合，自锁；KM2主触点闭合 → 电动机M串接R反接制动 →

→ 至电动机转速下降到一定值（100r/min左右）时 → KS常开触点分断 →

→ KM2线圈失电 → KM2联锁触点闭合，解除联锁；KM2自锁触点分断，解除自锁；KM2主触点分断 → 电动机M脱离电源停转，制动结束

（3）反接制动的优缺点

优点：制动力强、制动迅速。缺点：制动准确性差；制动过程中冲击强烈，易损坏传动零件；制动能量消耗较大，不宜经常制动。因此反接制动一般适用于制动要求迅速，系统惯性较大，不经常起动与制动的场合（如铣床、龙门刨床及组合机床的主轴定位等）。

2. 能耗制动控制电路

（1）时间原则控制的能耗制动控制电路

1）识读电路图。时间原则控制的能耗制动控制电路如图 7-3 所示。图中 KM1 为单向运行的接触器，KM2 为能耗制动的接触器，TC 为整流变压器，VC 为桥式整流电路，KT 为通电延时型时间继电器。复合按钮 SB1 为停止按钮，SB2 为起动按钮。能耗制动时的制动转矩的大小与通入定子绕组的直流电流的大小有关。电流大，产生恒定的磁场强，制动转矩就大，电流可以通过 R 进行调节。但通入的直流电流不能太大，一般为空载电流的 3～5 倍，否则会烧坏定子绕组。

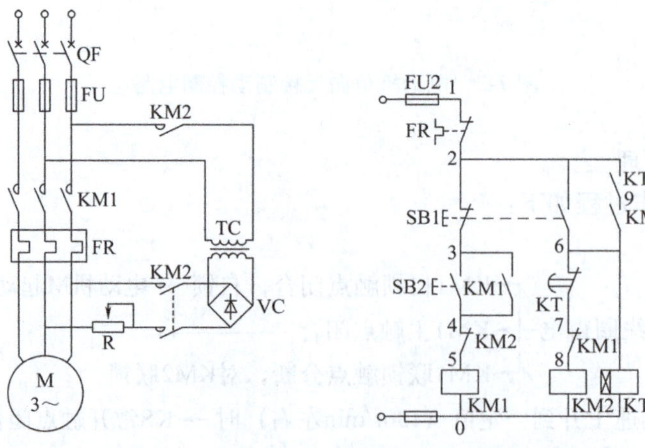

图 7-3 时间原则控制的能耗制动控制电路

2）电路工作原理。按下 SB2，KM1 线圈通电并自锁，其主触点闭合，电动机正向运转。若要电动机停止运行，则按下按钮 SB1，其常闭触点先断开，KM1 线圈断电，KM1 主

触点断开，电动机断开三相交流电源，将 SB1 按到底，其常开触点闭合，能耗制动接触器 KM2 和时间继电器 KT 线圈同时通电，并由时间继电器的瞬动触点 KT 和能耗制动接触器 KM2 的常开触点 KM2 串联自锁。KM2 线圈通电，其主触点闭合，将直流电源接入电动机的二相定子绕组中，进行能耗制动，电动机的转速迅速降低。KT 线圈通电，开始延时，当延时时间到，其延时断开的常闭触点断开，KM2 线圈断电，其主触点断开，将电动机的直流电源断开，KM2 自锁回路断开，KT 线圈断电，制动过程结束。时间继电器的时间整定值应为电动机由额定转速降到转速接近于零的时间。当电动机的负载转矩较稳定时，可采用时间原则控制的能耗制动，这样时间继电器的整定值比较固定。

注意：KM2 常开触点上方应串接 KT 瞬动常开触点，以防止 KT 出故障时其通电延时常闭触点无法断开，致使 KM2 不能失电而导致电动机定子绕组长期通入直流电。

（2）速度原则控制的能耗制动控制电路

1）识读电路图。速度原则控制的能耗制动控制电路如图 7-4 所示。和按时间原则控制的电动机单向运行的能耗制动控制电路基本相同，只是在主电路中增加了速度继电器，在控制电路中不再使用时间继电器，而是用速度继电器的常开触点代替了时间继电器延时断开的常闭触点。

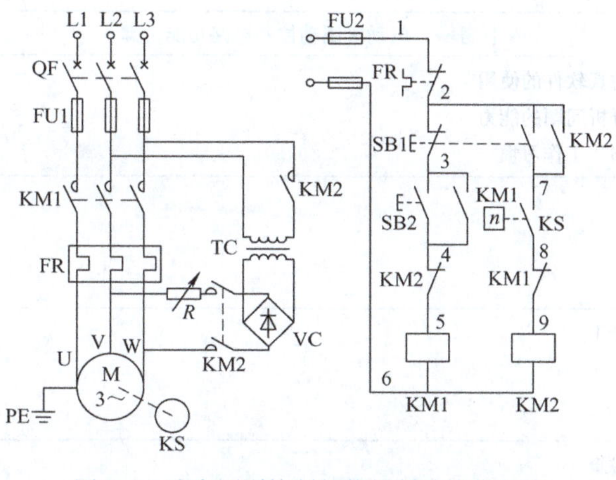

图 7-4　速度原则控制的能耗制动控制电路

2）电路工作原理。按下 SB2，KM1 线圈通电并自锁，其主触点闭合，电动机正向运转。当电动机转速上升到一定值时，速度继电器常开触点闭合。电动机若要停止运行，则按下按钮 SB1，其常闭触点先断开，KM1 线圈断电，KM1 主触点断开，电动机断开三相交流电源，由于惯性，电动机的转子转速仍然很高，速度继电器常开触点仍处于闭合状态。将 SB1 按到底，其常开触点闭合，能耗制动接触器 KM2 线圈通电并自锁，其主触点闭合，将直流电源接入电动机的二相定子绕组中进行能耗制动，电动机的转速迅速降低。当电动机的转速接近零时，速度继电器复位，其常开触点断开，接触器 KM2 线圈断电释放，能耗制动结束。

（3）能耗制动的优缺点

能耗制动的特点是制动平稳、准确度高。但需直流电源，设备费用成本高。对于负载转速比较稳定的生产机械，可采用时间原则控制的能耗制动。对于可通过传动系统改变负载转速或加工零件经常变动的生产机械，采用速度原则控制的能耗制动较为适合。电动机能耗制动与反接制动比较见表7-1。

表 7-1 电动机能耗制动与反接制动比较

制动方法	适 用 范 围	特 点
能耗制动	要求平稳准确制动的场合	制动准确，需直流电源，设备投入费用高
反接制动	制动要求迅速、系统惯性大、制动不频繁的场合	设备简单，制动迅速，准确性差，制动冲击力强

任务实施

电动机制动控制电路功能仿真任务单见表7-2。

表 7-2 电动机制动控制电路功能仿真任务单

<table>
<tr><td colspan="2">项目七 电动机制动控制电路的安装与调试</td><td>日期：</td></tr>
<tr><td>班级：</td><td>学号：</td><td rowspan="2">指导教师签字：</td></tr>
<tr><td colspan="2">小组成员：</td></tr>
<tr><td colspan="3">任务一 电动机制动控制电路功能仿真</td></tr>
<tr><td colspan="3">操作要求：1. 正确掌握仿真软件的使用
2. 学会观察分析问题的能力
3. 良好的“7S”工作习惯</td></tr>
<tr><td colspan="3">1. 工具、设备准备：</td></tr>
<tr><td colspan="3">2. 制订工作计划及组员分工：</td></tr>
<tr><td colspan="3">3. 工作现场安全准备、检查：</td></tr>
<tr><td colspan="3">4. 操作内容：图7-3所示电动机制动控制电路功能仿真</td></tr>
</table>

具体内容	操作要求与注意事项
选择电气元件	
绘制电路原理图	
电路功能仿真	

5. 请详细列出图7-3所示的电气控制电路中各元件的作用

电气元件名称	在电路中的作用	选用注意事项

（续）

电气元件名称	在电路中的作用	选用注意事项

6. 完成图 7-3 所示电动机制动控制电路功能仿真，并描述控制电路工作原理

7. 总结本次任务重点和要点：

8. 本次任务所存在的问题及解决方法：

任务评价

电动机制动控制电路功能仿真的考核评价表见表 7-3。

表 7-3　电动机制动控制电路功能仿真考核评价表

项目七　电动机制动控制电路的安装与调试			日期：				
任务一　电动机制动控制电路功能仿真							
自评：□熟练□不熟练		互评：□熟练□不熟练	师评：□熟练□不熟练		指导教师签字：		
评价内容	作品（70 分）						
序号	主要内容	考 核 要 求	评 分 细 则	配分	自评	互评	师评
1	元件选择	（1）操作仿真软件步骤正确 （2）能选择合适的电气元件和数量	（1）不按步骤操作扣 5 分 （2）选择结果不正确，每个扣 5 分 （3）选择结果错误，不会分析原因扣 5 分	20 分			

（续）

序号	主要内容	考核要求	评分细则	配分	自评	互评	师评
2	电路原理图绘制	（1）元件位置摆放合理 （2）按要求将电气元件连接起来	（1）元件位置摆放不合理，每个扣5分 （2）连线错误扣5分 （3）不能完整绘制电路图，扣10分	30分			
3	电路功能仿真	根据电路情况，完成电路功能仿真	（1）仿真操作错误扣5分 （2）1次功能仿真不成功扣5分，2次不成功扣10分，3次不成功本项得分为0	20分			
作品总分							
评价内容	职业素养与操作规范（30分）						
序号	主要内容	考核要求	评分细则	配分	自评	互评	师评
1	安全操作	（1）开机前，未获得教师允许不能通电 （2）能按安全要求使用计算机操作	（1）未经教师允许私自开机取消成绩 （2）操作过程中造成自身或他人人身伤害则取消成绩	10分			
2	规范操作	（1）仿真过程操作规范 （2）操作结束按步骤关闭计算机	（1）仿真过程中，不按要求操作计算机扣5分 （2）完成任务后不按步骤关闭计算机扣5分	10分			
3	文明操作	（1）操作完成后须清理现场 （2）在规定的工作范围内完成，不影响其他人 （3）操作结束不得将工具等物品遗留在设备内或元件上 （4）爱惜公共财物，不损坏元件和设备	（1）操作完成后不清理现场扣5分 （2）操作过程中随意走动，影响他人扣2分 （3）操作结束后将工具等物品遗留在设备或元件上扣3分 （4）操作过程中，恶意损坏元件和设备，取消成绩	10分			
职业素养与操作规范总分							
任务总分							

任务拓展

案例：对于10kW以下的电动机，在制动要求不高时，可采用无变压器单管能耗制动控制电路，这样设备简单、体积小、成本低。无变压器单管能耗制动控制电路如图7-5所示，请分析电路工作原理。

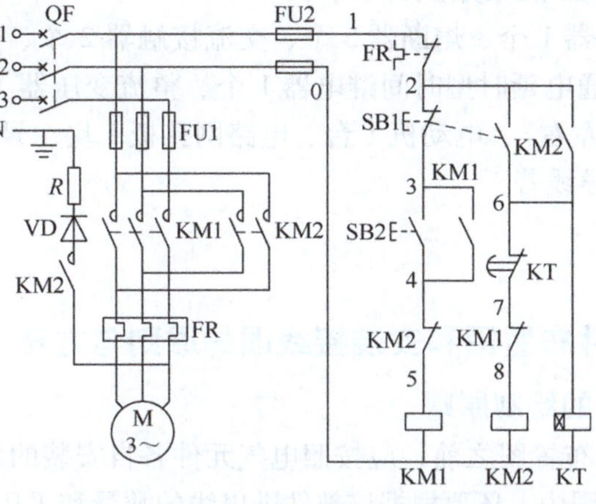

图 7-5 无变压器单管能耗制动控制电路

任务二 电动机制动控制电路的安装

任务描述

根据电动机制动控制电路原理图，列出元件清单，选择与检测元件，绘制电气元件布置图和电气安装接线图，按工艺要求完成控制电路连接。

1. 任务目标

知识目标：

1）掌握列元件清单、选择元件的方法。

2）掌握电动机制动控制电路电气元件布置图、安装接线图的绘制原则与方法。

3）掌握电动机制动控制电路安装步骤、工艺要求和安装技能。

能力目标：

1）能正确选择低压电气元件，并能检测低压电气元件的好坏。

2）能正确绘制电动机制动控制电路电气元件布置图和安装接线图。

3）能按照工艺要求正确安装电动机制动控制电路。

素质目标：

1）培养学生安全操作、规范操作、文明生产的职业素养。

2）培养学生敬业奉献、精益求精的工匠精神。

3）培养学生科学分析和解决问题的能力。

2. 任务步骤

1）按照图 7-3 所示控制电路列出元件清单，配齐所需电气元件，并进行检测。

2）绘制电动机制动控制电路电气元件布置图和安装接线图。

3）按照电气线路布局、布线的基本原则，在给定的电路网孔板上固定好电气元件，并进行布线。

3. 所需实训工具、仪表和器材

1）工具：螺钉旋具（十字槽、一字槽）、试电笔、剥线钳、尖嘴钳、钢丝钳等。

2）仪表：万用表（数字式或指针式均可）。

3）器材：低压断路器1个、熔断器5个、交流接触器2个、热继电器1个、按钮3个（红、绿、黑各1个）、通电延时型时间继电器1个、整流变压器1个、桥式整流电路1个、接线端子板1个（10段左右）、电动机1台、电路网孔板1块、号码管、线鼻子（针形和U形）若干、扎带若干和导线若干。

知识准备

一、绘制电气元件布置图和安装接线图的原则与方法

1. 电气元件布置图的绘制原则

1）在绘制电气元件布置图之前，应按照电气元件各自安装的位置划分组件。

2）在电气元件布置图中，还要根据该部件进出线的数量和采用导线的规格，选择进出线方式及适当的接线端子排或接插件，按一定顺序在电气元件布置图中标出进出线的接线号。

3）绘制电气元件布置图时，电动机要和被拖动的机械设备画在一起；操作手柄应画在便于操作的地方，行程开关应画在获取信息的地方。

电气元件的布置应满足以下要求：

1）同一组件中电气元件的布置应注意：将体积大和较重的电气元件安装在电路网孔板的下面，而发热元件应安装在电路网孔板的上部或后部，但热继电器宜放在电路网孔板下部，因为热继电器的出线端直接与电动机相连便于出线，而其进线端与接触器相连接，便于接线并使走线最短，且宜于散热。

2）强电与弱电分开走线，应注意弱电屏蔽和防止外界干扰。

3）需要经常维护、检修、调整的电气元件安装位置不宜过高或过低，人力操作开关及需经常监视的仪表的安装位置应符合人体工程学原理。

4）电气元件的布置应考虑安全间隙，并做到整齐、美观、对称，外形尺寸与结构类似的电器可放在一起，以利加工、安装和配线。若采用行线槽配线方式，应适当加大各排电器间距，以利布线和维护。

5）电气元件布置不宜过密，要留有一定的间距。

6）将散热元件及发热元件置于风道中，以保证得到良好的散热条件。而熔断器应置于风道外，以避免改变其工件特性。

7）总电源开关、紧急停止控制开关应安放在方便而明显的位置。

8）在电器布置图设计中，还要根据进出线的数量、采用导线规格及出线位置等，选择进出线方式及接线端子排、连接器或接插件，并按一定顺序标上进出线的接线号。

2. 安装接线图的绘制原则

安装接线图是为安装电气设备和电气元件时进行配线或检查维修电气控制电路故障服务的。实际应用中通常与电路原理图和电气元件布置图一起配合使用。

安装接线图是根据电气设备和电气元件的实际位置、配线方式和安装情况绘制的，其绘制原则如下：

1）绘制电气安装接线图时，各电气元件均按其在电路网孔板中的实际位置绘出。元件所占图面按实际尺寸以统一比例绘制。

2）绘制电气安装接线图时，一个元件的所有部件绘在一起，并用点画线框起来，有时将多个电气元件用点画线框起来，表示它们是安装在同一个电路网孔板上的。

3）所有电气元件及其引线应标注与电气控制原理图一致的文字符号及接线回路标号。

4）电气元件之间的接线可直接相连，也可以采用单线表示法绘制，实含几根线可从电气元件上标注的接线回路标号数看出来，当电气元件数量较多或接线较复杂时，也可不画各元件间的连线，但是在各元件的接线端子回路标号处应标注另一元件的文字符号，以便识别，以便接线。

5）接线图中应标明配线用的各种导线的规格、型号、颜色、截面积等，另外，还应标明穿管的种类、内径、长度及接线根数、接线编号。

6）接线图中所有电气元件的图形符号、文字符号和各接线端子的编号必须与电气控制原理图中的一致，且符合国际规定。

7）电气安装接线图统一采用细实线。成束的接线可以用一条实线表示。接线很少时，可直接画出各电气元件间的接线方式，接线很多时，为了简化图形，可不画出各电气元件之间的接线。接线方式用符号标注在电气元件的接线端，并标明接线的线号和走向。

8）绘制电气安装接线图时，电路网孔板内外的电气元件之间的连线通过接线端子排进行连接，电路网孔板上有几条接至外电路的引线，端子排上就应绘出几个线的接点。

3. 安装接线图的绘制方法

安装接线图的绘制方法如下：

1）将电气控制电路原理图进行电路标号。

将电路原理图上的导线进行标号，主电路用英文字母标号，控制电路用阿拉伯数字标号。标号时采用“等电位”原则，即相同的导线采用同一标号，跨元件换标号。

2）将所有电气设备和电气元件都按其所在实际位置绘制在图纸上，且同一电器的各元件应根据其实际结构，使用与电路图相同的图形符号画在一起，并用点画线框上，其文字符号与电路图中标注应一致。

3）将控制电路原理图中所用到的低压元件两端标号逐个标记在安装接线图对应元件两端。

二、电气元件安装与布线

1. 电气元件安装

在电路网孔板上进行元件的布置与安装时，各元件的安装位置应整齐、匀称、间距合理，便于元件的更换。紧固各元件时要用力均匀，在紧固熔断器、接触器等易碎元件时，应用手按住元件，一边轻轻摇动，一边用旋具轮流旋紧对角线上的螺钉，直至手感觉摇不动后再适度旋紧一些即可。

2. 布线工艺要求

根据安装接线图进行板前明线布线，板前明线布线的工艺要求如下：

1）布线通道尽可能少，同路并行导线按主电路、控制电路分类集中，单层密排，紧贴安装面布线。

2）同一平面的导线应高低一致或前后一致，走线合理，不能交叉或架空。

3）对螺栓式接线端子，导线连接时应打钩圈，并按顺时针旋转；对瓦片式接线端子，导线连接时直线插入接线端子固定即可。导线连接不能压绝缘层，也不能露铜过长。

4）布线应横平竖直，分布均匀，变换走向时应垂直。

5）布线时严禁损伤线芯和导线绝缘。

6）所有从一个接线端子（或接线桩）到另一个接线端子的导线必须完整，中间无接头。

7）一个元件接线端子上的连接导线不得多于两根。

8）进出线应合理汇集在端子板上。

3. 安装接线注意事项

1）按钮内部接线时，用力不可过猛，以防螺钉打滑。

2）按钮内部的接线不要接错，起动按钮必须接动合（常开）触点（可用万用表判别）。

3）接触器的自锁触点应并接在起动按钮的两端，停止按钮应串接在控制电路中。

4）热继电器的热元件应串接在主电路中，其动断（常闭）触点应串接在控制电路中，两者缺一不可，否则不能起到过载保护作用。

5）电动机外壳必须可靠接PE（保护接地）线。

三、电气控制电路安装步骤

1. 电气元件选择与检测

根据电气控制电路，列出电气元件清单，并检测电气元件好坏。电气元件检查方法见表7-4。

表7-4　电气元件检查方法

	内　容	工艺要求
检测电气元件	外观检查	外壳无裂纹，接线桩无锈，零部件齐全
	动作机构检查	动作灵活，不卡阻
	元件线圈、触点等检查	线圈无断路、短路；线圈无熔焊、变形或严重氧化锈蚀现象

注意事项：在不通电的情况下，检测电气元件的外观是否正常，用万用表检查各个电气元件的通断情况是否良好。

2. 电路安装与接线

（1）安装与接线步骤

电气控制电路安装步骤见表7-5。

表7-5　电气控制电路安装步骤

安装步骤	内　容	工艺要求
安装电气元件	安装固定电源开关、熔断器、接触器和按钮等元件	（1）电气元件布置要整齐、合理，做到安装时便于布线，便于故障检修 （2）安装紧固用力均匀，紧固程度适当，防止电气元件的外壳被压裂损坏
布线	按电气接线图确定走线方向进行布线	（1）连线紧固、无毛刺 （2）布线平直、整齐、紧贴敷设面，走线合理 （3）尽量避免交叉，中间不能有接头 （4）电源和电动机配线、按钮接线要接到端子排上，进出线槽的导线要有端子标号

（2）电气控制电路检查

安装完毕的控制电路板，必须经过认真检查后，才能通电试车，以防止错接、漏接而造成控制功能不能实现或短路事故。

1）控制电路进行接线检查。电气控制电路接线检查表见表7-6。

表7-6　电气控制电路接线检查表

检查项目	检查内容	检查工具
检查接线完整性	按电路原理图或电气安装接线图从电源端开始，逐段核对接线 （1）有无漏接，错接 （2）导线压接是否牢固，接触是否良好	电工常用工具
检查电路绝缘	电路的绝缘电阻不应小于1MΩ	500V绝缘电阻表

2）控制电路进行安装工艺检查。将安装完成的电气控制电路进行安装工艺检查，电气控制电路安装工艺检查表见表7-7。

表7-7　电气控制电路安装工艺检查表

检查项目	检查内容
电路布线工艺	（1）按图样要求正确选择元件 （2）引入线或引出线接线须适当留余量 （3）引入线或引出线接线须分类集中且排列整齐 （4）能做到横平竖直、无交叉、集中归边走线、贴面走线 （5）线路须规范而不凌乱 （6）配线与分色须按图样或规范要求 （7）线路整齐，长短一致 （8）接线端须压接线耳，无露铜现象 （9）接线端引出部分悬空段适合，且排列整齐 （10）端子压接牢固 （11）端子须套号码管
电路接线工艺	（1）导线须入线槽 （2）线槽引出线不得凌乱，导线须对准线槽孔入槽和出槽 （3）连接导线整齐 （4）导线端压接线耳，无露铜现象 （5）1个接线端接线不超过2根 （6）接线端引出部分不得悬空过长，且排列整齐 （7）端子压接牢固 （8）端子须套号码管 （9）按图样清晰编码
电动机安装接线工艺	（1）按图样要求正确选择电动机 （2）电动机线路外露部分用缠绕管缠绕或扎带绑扎 （3）严格按图样要求接线 （4）电动机须做接地保护 （5）按图样要求正确接线

任务实施

电动机制动控制电路的安装任务单见表7-8。

表 7-8　电动机制动控制电路的安装任务单

<table>
<tr><td colspan="2">项目七　电动机制动控制电路的安装与调试</td><td>日期：</td></tr>
<tr><td>班级：</td><td>学号：</td><td rowspan="2">指导教师签字：</td></tr>
<tr><td colspan="2">小组成员：</td></tr>
<tr><td colspan="3">任务二　电动机制动控制电路的安装</td></tr>
<tr><td colspan="3">操作要求：1. 正确掌握工具的使用
2. 严格参照电气控制电路的安装和布线要求
3. 良好的“7S”工作习惯</td></tr>
<tr><td colspan="3">1. 工具、设备准备：</td></tr>
<tr><td colspan="3">2. 制订工作计划及组员分工：</td></tr>
<tr><td colspan="3">3. 工作现场安全准备、检查：</td></tr>
</table>

4. 操作内容：图 7-3 所示电动机制动控制电路的安装

具体内容	操作要求与注意事项
绘制电气元件布置图	
绘制电气安装接线图	
电气元件选择与检测	
安装与布线	
电路接线检查	
安装工艺检查	

5. 绘制图 7-3 所示电动机制动控制电路电气元件布置图

6. 绘制图 7-3 所示电动机制动控制电路电气安装接线图

7. 请详细列出图 7-3 所示电动机制动控制电路中所需电气元件，并检测其好坏

电气元件名称	检查内容	检查结果	可能原因

（续）

8. 电路接线检查结果

检查内容	自检结果	互检结果	教师检查结果	存在问题
检查接线完整性	□合格□不合格	□合格□不合格	□合格□不合格	
检查电路绝缘	□合格□不合格	□合格□不合格	□合格□不合格	

9. 安装工艺检查结果

检查内容	自检结果	互检结果	教师检查结果	存在问题
电路布线工艺	□合格□不合格	□合格□不合格	□合格□不合格	
电路接线工艺	□合格□不合格	□合格□不合格	□合格□不合格	
电动机安装接线工艺	□合格□不合格	□合格□不合格	□合格□不合格	

10. 总结本次任务重点和要点：

11. 本次任务所存在的问题及解决方法：

任务评价

电动机制动控制电路的安装考核评价表见表 7-9。

表 7-9 电动机制动控制电路的安装考核评价表

项目七 电动机制动控制电路的安装与调试				日期：			
任务二 电动机制动控制电路的安装							
自评：□熟练□不熟练		互评：□熟练□不熟练		师评：□熟练□不熟练		指导教师签字：	
评价内容	作品（70 分）						
序号	主要内容	考 核 要 求	评 分 细 则	配分	自评	互评	师评
1	电气元件布置图	元件数量正确、布置合理	（1）缺少电气元件，每个扣 1 分 （2）元件布置不合理扣 3 分	5 分			
2	电气安装接线图	原理图上标号正确、元件文字符号正确	（1）标号错误扣 5 分 （2）元件触点标号错误、少标，每个扣 2 分 （3）接线图错误本项不得分	10 分			
3	电气元件检测	（1）正确选择电气元件 （2）对电气元件质量进行检验	（1）元件选择不正确，错一个扣 1 分 （2）未对电气元件质量进行检验，每个扣 0.5 分	10 分			

（续）

序号	主要内容	考核要求	评分细则	配分	自评	互评	师评
4	元件安装	（1）按图样的要求，正确利用工具，熟练地安装电气元件 （2）元件安装要准确、紧固 （3）按钮盒不固定在板上	（1）元件安装不牢固、安装元件时漏装螺钉，每个扣2分 （2）损坏元件每个扣5分	5分			
5	布线	（1）连线紧固、无毛刺 （2）电源和电动机配线、按钮接线要接到端子排上，进出线槽的导线要有端子标号，引出端要用别径压端子	（1）电动机运行正常，但未按电路图接线，扣5分 （2）接点松动、接头露铜过长、反圈、压绝缘层，标记线号不清楚、遗漏或误标，引出端无别径压端子，每处扣1分 （3）损伤导线绝缘或线芯，每根扣1分	20分			
6	电路接线与安装工艺检查	（1）元件在配电板上布置要合理 （2）布线要进线槽，美观	（1）元件布置不整齐、不匀称、不合理，每个扣2分 （2）布线不进行线槽，不美观，每根扣1分	20分			
			作品总分				
评价内容	职业素养与操作规范（30分）						
序号	主要内容	考核要求	评分细则	配分	自评	互评	师评
1	安全操作	（1）应穿工作服、绝缘鞋 （2）能按安全要求使用工具操作 （3）穿线时能注意保护导线绝缘层 （4）操作过程中禁止将工具或元件放置在高处等较危险的地方	（1）没有穿戴防护用品扣5分 （2）操作前和完成后，未清点工具、仪表扣2分 （3）穿线时破坏导线绝缘层扣2分 （4）操作过程中将工具或元件放置在危险的地方造成自身或他人人身伤害则取消成绩	10分			
2	规范操作	（1）安装过程中工具与器材摆放规范 （2）安装过程中产生的废弃物按规定处置	（1）安装过程中，乱摆放工具、仪表、耗材，乱丢杂物扣5分 （2）完成任务后不按规定处置废弃物扣5分	10分			

（续）

序号	主要内容	考核要求	评分细则	配分	自评	互评	师评
3	文明操作	（1）操作完成后须清理现场 （2）在规定的工作范围内完成，不影响其他人 （3）操作结束不得将工具等物品遗留在设备内或元件上 （4）爱惜公共财物，不损坏元件和设备	（1）操作完成后不清理现场扣5分 （2）操作过程中随意走动，影响他人扣2分 （3）操作结束后将工具等物品遗留在设备或元件上扣3分 （4）操作过程中，恶意损坏元件和设备，取消成绩	10分			
职业素养与操作规范总分							
任务总分							

任务三　电动机制动控制电路的调试

任务描述

通电试车已安装完成的电动机制动控制电路，对照试车过程中产生的故障进行故障原因分析，找出故障点并排除。

1. 任务目标

知识目标：

1）掌握常见电气控制电路不通电检测方法与步骤。

2）掌握电动机制动控制电路通电试车方法与步骤。

3）掌握电动机制动控制电路典型故障现象、故障原因分析与排除方法。

能力目标：

1）能正确实施电动机制动控制电路不通电检测。

2）能正确通电调试电动机制动控制电路功能。

3）能根据电路故障现象分析故障原因、找到电路故障点并排除。

素质目标：

1）培养学生安全操作、规范操作、文明生产的职业素养。

2）培养学生敬业奉献、精益求精的工匠精神。

3）培养学生科学分析和解决问题的能力。

2. 任务步骤

1）对安装好的电动机制动控制电路进行通电前主电路和控制电路检测。

2）通电调试电动机制动控制电路的电路功能。

3）根据电路故障现象分析故障原因、找到电路故障点并排除。

3. 所需实训工具、仪表和器材

1）工具：螺钉旋具（十字槽、一字槽）、试电笔、剥线钳、尖嘴钳、钢丝钳等。

2）仪表：万用表（数字式或指针式均可）。

3）器材：低压断路器 1 个、熔断器 5 个、交流接触器 2 个、热继电器 1 个、按钮 3 个（红、绿、黑各 1 个）、通电延时型时间继电器 1 个、整流变压器 1 个、桥式整流电路 1 个、接线端子板 1 个（10 段左右）、电动机 1 台、电路网孔板 1 块、号码管、线鼻子（针形和 U 形）若干、扎带若干和导线若干。

知识准备

一、电气控制电路不通电检测方法

电气控制电路不通电检测方法分为两种：

（1）电路接线外观检测

按电路原理图或安装接线图从电源端开始，逐段核对接线及接线端子处是否正确，有无漏接、错接之处。检查导线接线端子是否符合要求，压接是否牢固。

（2）电路通断检测

用万用表检查电路的通断情况，检查时，应选用倍率适当的电阻档，并进行校零，以防短路故障发生。

检查主电路时（可断开控制电路），可以用手动压合接触器 KM1 的衔铁来代替接触器得电吸合，依次测量从电源端（L1、L2、L3）到电动机出线端子（U、V、W）上的每一相电路的电阻值，检查是否存在开路现象。手动压合 KM2 接触器衔铁，测量电动机到桥式整流电路输出端电阻，检查是否存在开路现象。

检查控制电路时（可断开主电路），可将万用表表笔分别搭在控制电路的两个进线端上，此时读数应为“∞”。按下起动按钮时，读数应为相应回路接触器线圈的电阻值；压下接触器的衔铁，读数也应为相应回路接触器线圈的电阻值按住起动按钮，再压合接触器衔铁，读数应先为接触器线圈电阻值，再变为无穷大，这样可以检查接触器的互锁。按同样的方法来检查两个接触器的互锁控制。

二、电动机制动控制电路不通电检测步骤

以图 7-3 为例来介绍电动机控制电路不通电检测。

1. 主电路检测

用万用表的蜂鸣档，合上电源开关 QF，手动压合接触器 KM1、KM2 的衔铁，使 KM1、KM2 主触点闭合，测量从电源端到电动机出线端子上的每一相电路的电阻，电动机制动电路的主电路不通电检测见表 7-10。

表 7-10　电动机制动电路的主电路不通电检测

序号	测量步骤	标准参数	检测结果（电阻值）	可能原因	处理方法
1	断开控制电路，合上 QF 测量	∞	□0	（1）两相接线端子之间碰触导致短路 （2）导线绝缘击穿 （3）导线露铜过长	（1）检查电源接线端子间距 （2）检查导线端子绝缘情况 （3）检查导线露铜情况
			□有阻值	（1）导线毛刺 （2）导线与元件绝缘降低	检查电源线接线工艺

（续）

序号	测量步骤	标准参数	检测结果（电阻值）	可能原因	处理方法
2	装 FU1 测量	∞	□0	（1）两相接线端子之间碰触导致短路 （2）导线绝缘击穿 （3）导线露铜过长	（1）检查电源接线端子绝缘情况 （2）检查导线绝缘情况 （3）检查导线露铜情况
			□有阻值	导线毛刺	检查电源线接线工艺
3	手动压合 KM1 测量	有阻值，为几十欧	□∞	开路	（1）检查主电路接线是否可靠 （2）检查电动机是否断相
			□0	（1）两相短路 （2）电动机相应两相对地短路	（1）检查主电路接线是否正确 （2）检查电动机绕组匝间或端部相间绝缘层是否垫好 （3）检查绝缘引出线套管或绕组之间的接线套管是否套好 （4）检查绕组绝缘是否受潮、老化 （5）检查绕组是否受到机械损伤
4	手动压合 KM2，测量电动机与 VC 输出端接线	0	□∞	开路	（1）检查 KM2 主触点是否断相 （2）检查 KM2 主触点连接线是否断开

2. 控制电路检测

装 FU2 熔体，测量控制电路两端电阻值，按下起动按钮 SB2，测量控制电路两端电阻，手动压合接触器 KM1、KM2 的衔铁，测量控制电路两端电阻，电动机制动电路的控制回路不通电检测见表 7-11。

表 7-11 电动机制动电路的控制电路不通电检测

序号	测量步骤	标准参数	检测结果（电阻值）	可能原因	处理方法
1	装 FU2 测量	∞	□0	控制回路短路	（1）检查电源接线端子绝缘情况 （2）检查导线绝缘情况 （3）检查导线露铜情况 （4）检查 KM 线圈是否跨接
			□有阻值	（1）按钮常开触点连通 （2）接触器常开触点连通	（1）检查按钮常开触点是否接错 （2）若按钮常开触点粘连，更换按钮 （3）检查接触器常开触点是否接错 （4）若触点粘连，更换接触器常开触点

（续）

序号	测量步骤	标准参数	检测结果（电阻值）	可能原因	处理方法
2	按下SB2测量	KM1线圈电阻，为几百欧	□∞	(1) FR动断触点断开 (2) SB1常闭触点断开 (3) SB2常开触点未连通 (4) KM2常闭触点断开	检查1-2、2-3、3-4、4-5、5-0点之间电阻是否为0，否则更换触点或元件
			□0	控制回路短路	检查KM1线圈是否跨接
3	手动压合KM1测量	KM1线圈电阻，为几百欧	□∞	KM1自锁线未连通	检查KM1常开触点是否并联在按钮SB2两端
			□0	控制回路短路	检查KM1线圈是否跨接
4	按下SB1测量	KM2线圈与KT线圈并联电阻，为几百欧	□∞	(1) SB1常开触点未连通 (2) KT通电延时常闭触点断开 (3) KM1常闭触点断开	检查2-6、6-7、7-8、8-0点之间电阻是否为0，否则更换触点或元件
			□0	控制回路短路	检查KM2、KT线圈是否跨接
5	手动压合KM2，用导线连接2-8号点测量	KM2线圈与KT线圈并联电阻，为几百欧	□∞	KM2自锁线未连通	检查KM2常开触点是否并联在按钮SB1两端
			□0	控制回路短路	检查KM2、KT线圈是否跨接
6	按住SB2，再压合KM2铁心测量	先显示电阻，然后变为∞	□有阻值后不变	KM2常闭触点不能互锁	(1) 检查KM2常闭触点是否串入KM1线圈回路 (2) 检查元件常闭触点或连接导线是否分断 (3) 检查接触器触点是否由于灰尘或者是触点表面形成了具有绝缘作用的氧化膜导致不连通 (4) 检查接触器弹簧压力是否不足
7	按住SB1，再压合KM1铁心测量	先显示电阻，然后变为∞	□有阻值后不变	KM1常闭触点不能互锁	(1) 检查KM1常闭触点是否串入KM2线圈回路 (2) 检查元件常闭触点或连接导线是否分断 (3) 检查接触器触点是否由于灰尘或者是触点表面形成了具有绝缘作用的氧化膜导致不连通 (4) 检查接触器弹簧压力是否不足

三、通电试车步骤

为保证人身安全，在通电试车时，应认真执行安全操作规程的有关规定：一人监护，一人操作。电动机制动控制电路通电试车步骤见表 7-12。

表 7-12　电动机制动控制电路通电试车步骤

项　目	操作步骤	观察现象
空载试车（不接电动机）	(1) 合上电源开关，引入三相电源	(1) 电源指示灯是否亮 (2) 检查负载接线端子三相电源是否正常
	(2) 按下起动按钮	(1) 接触器 KM1 线圈是否吸合，主触点是否闭合，常开触点是否闭合 (2) 电气元件动作是否灵活，有无卡阻或噪声过大等现象
	(3) 按下停止按钮 SB1	(1) 接触器 KM1 线圈是否释放，主触点是否断开；制动接触器 KM2 线圈是否吸合，KM2 主触点是否闭合；时间继电器 KT 线圈是否通电开始计时 (2) 延时时间到，接触器 KM2 线圈是否释放，KM2 主触点是否断开，时间继电器 KT 线圈是否断电 (3) 电气元件动作是否灵活，有无卡阻或噪声过大等现象
	(4) 按下起动按钮 SB2	(1) 接触器 KM1 线圈是否吸合，主触点是否闭合，常开触点是否闭合 (2) 电气元件动作是否灵活，有无卡阻或噪声过大等现象
	(5) 按压热继电器 reset 键	接触器 KM1线圈是否释放
	(6) 按 reset 键复位	
负载试车（连接电动机）	(1) 合上电源开关，引入三相电源	(1) 电源指示灯是否亮 (2) 检查负载接线端子三相电源是否正常
	(2) 按下起动按钮	(1) 接触器 KM1 线圈是否吸合，主触点是否闭合，常开触点是否闭合 (2) 电气元件动作是否灵活，有无卡阻或噪声过大等现象 (3) 电动机是否起动并连续运行
	(3) 按下停止按钮 SB1	(1) 接触器 KM1 线圈是否释放，主触点是否断开；制动接触器 KM2 线圈是否吸合，KM2 主触点是否闭合；时间继电器 KT 线圈是否通电开始计时 (2) 延时时间到，接触器 KM2 线圈是否释放，KM2 主触点是否断开，时间继电器 KT 线圈是否断电 (3) 电气元件动作是否灵活，有无卡阻或噪声过大等现象 (4) 电动机是否迅速停车
	(4) 按下起动按钮 SB2	(1) 接触器 KM1 线圈是否吸合，主触点是否闭合，常开触点是否闭合 (2) 电气元件动作是否灵活，有无卡阻或噪声过大等现象
	(5) 电流测量	电动机平稳运行时，用钳形电流表测量三相电流是否平衡
	(6) 断开电源	先拆除三相电源线，再拆除电动机线，完成通电试车

四、电气控制电路故障原因分析与排除方法

电路调试过程中，如果控制电路出现不正常现象，应立即断开电源，分析故障原因，仔细检查电路，排除故障，在老师的允许下才能再次通电试车。下面以典型案例为例，讲解工作台自动往返控制电路的故障检查及排除过程。

典型案例：如图7-3所示电路，试车时，起动正常，按停止按钮SB1，接触器KM1线圈释放，接触器KM2线圈并没有吸合。

检修过程如下：

1. 故障调查

可以采用试运转的方法，以便对故障的原始状态有个综合的印象和准确描述。例如试运转结果：按下起动按钮SB2，接触器KM1线圈吸合，主触点闭合，电动机起动。按停止按钮SB1，接触器KM1线圈释放，接触器KM2线圈没有吸合。

2. 故障原因分析

根据调查结果，参考电路原理图进行分析，初步判断出故障产生的部位，从而缩小故障范围。故障原因分析过程：按下起动按钮SB2，接触器KM1线圈吸合，主触点闭合，电动机起动并运行，说明接触器KM1线圈所在回路正常，主电路中KM1主触点所在线路正常。按停止按钮SB1，接触器KM1线圈释放，接触器KM2线圈没有吸合，说明KM2线圈所在控制电路存在故障，即KM2线圈所在回路断路。

3. 用测量法确定故障点

通过对电路进行带电或断电时的有关参数如电压、电阻、电流等的测量，来判断电气元件的好坏、电路的通断情况，常用的故障检查方法有分阶电压测量法、分阶电阻测量法等。这里采用分阶电阻测量法：检查时，先切断电源，按下复合按钮SB1，然后依次逐段测量相邻两标号点2-6、2-7、2-8、2-0之间的电阻。如测得某两点间的电阻为无穷大，说明这两点间的触点或连接导线断路。当测得2-6两点间电阻值为∞时，说明标号2、6两点之间存在故障，可能是连接复合按钮SB1常开触点的导线断路或复合按钮SB1常开触点断线。电动机制动控制电路分阶电阻测量法检修示意图如图7-6所示。

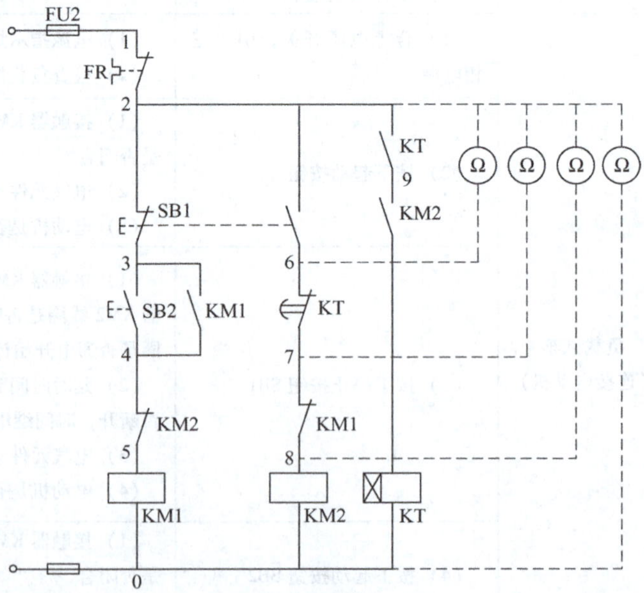

图7-6 电动机制动控制电路分阶电阻测量法检修示意图

4. 故障排除

确定故障点后，就可以进行故障排除，检查连接SB1的导线连接情况和复合按钮SB1常开触点是否损坏，根据实际情况进行检修。

对故障点进行检修后，通电试车，用试验法观察下一个故障现象，进行第2个故障点的

检测、检修，直到试车运行正常。

5. 记录检修结果

故障排除后，将检修过程与结果记录在相应表格里。

任务实施

电动机制动控制电路的调试任务单见表7-13。

表7-13 电动机制动控制电路的调试任务单

项目七 电动机制动控制电路的安装与调试				日期：
班级：	学号：			指导教师签字：
小组成员：				
任务三 电动机制动控制电路的调试				
操作要求：1. 正确掌握电气控制电路不通电检测方法 2. 严格参照电气控制电路通电试车步骤与要求 3. 良好的“7S”工作习惯				
1. 工具、设备准备：				
2. 制订工作计划及组员分工：				
3. 工作现场安全准备、检查：				
4. 操作内容：图7-3所示电动机制动控制电路的调试				
具体内容	操作要求与注意事项			
电气控制电路不通电检测				
电气控制电路通电试车				
故障检修				
5. 电动机制动控制电路不通电检测				
检测内容	自检结果	互检结果	教师检查结果	存在问题
主电路检测	□合格□不合格	□合格□不合格	□合格□不合格	
控制电路检测	□合格□不合格	□合格□不合格	□合格□不合格	
6. 电动机制动控制电路通电试车				
试车步骤	自检结果	互检结果	教师检查结果	存在问题
空载试车	□合格□不合格	□合格□不合格	□合格□不合格	
负载试车	□合格□不合格	□合格□不合格	□合格□不合格	
7. 在通电试车成功的电路上人为地设置故障，通电运行，记录故障现象、故障原因及故障点				
故障设置	故障现象	故障原因	故障点	
起动按钮触点接触不良				
KM2接触器线圈断				
KT常闭触点内部短路				
主电路一相熔断器熔断				

（续）

8. 总结本次任务重点和要点：
9. 本次任务所存在的问题及解决方法：

任务评价

电动机制动控制电路的调试考核评价表见表7-14。

表7-14 电动机制动控制电路的调试考核评价表

<table>
<tr><td colspan="5">项目七 电动机制动控制电路的安装与调试</td><td colspan="3">日期：</td></tr>
<tr><td colspan="8">任务三 电动机制动控制电路的调试</td></tr>
<tr><td colspan="3">自评：□熟练□不熟练</td><td>互评：□熟练□不熟练</td><td colspan="3">师评：□熟练□不熟练</td><td>指导教师签字：</td></tr>
<tr><td>评价内容</td><td colspan="7">作品（70分）</td></tr>
<tr><td>序号</td><td>主要内容</td><td>考核要求</td><td>评分细则</td><td>配分</td><td>自评</td><td>互评</td><td>师评</td></tr>
<tr><td>1</td><td>不通电测试</td><td>（1）主电路、控制电路检测步骤正确
（2）检查结果正确
（3）能正确分析错误原因</td><td>（1）不按步骤操作扣5分
（2）检测结果不正确，每个扣5分
（3）检测结果错误，不会分析原因扣5分</td><td>20分</td><td></td><td></td><td></td></tr>
<tr><td>2</td><td>通电试车</td><td>电路一次通电正常工作，且各项功能完好</td><td>（1）热继电器整定值错误扣5分
（2）主、控线路配错熔体，每个扣5分
（3）1次试车不成功扣5分，2次试车不成功扣10分，3次不成功本项得分为0
（4）开机烧电源或其他线路，本项记0分</td><td>30分</td><td></td><td></td><td></td></tr>
<tr><td>3</td><td>故障排除</td><td>（1）正确完整描述故障现象
（2）正确分析故障原因
（3）正确找出故障点
（4）能排除故障</td><td>（1）故障描述不完整每个扣2分
（2）分析故障原因错误扣5分
（3）未找出故障点，每个扣5分
（4）不能排除故障扣10分</td><td>20分</td><td></td><td></td><td></td></tr>
<tr><td colspan="5">作品总分</td><td></td><td></td><td></td></tr>
</table>

（续）

评价内容	职业素养与操作规范（30分）						
序号	主要内容	考核要求	评分细则	配分	自评	互评	师评
1	安全操作	（1）应穿工作服、绝缘鞋 （2）能按安全要求使用工具和仪表操作 （3）操作过程中禁止将工具或元件放置在高处等较危险的地方 （4）试车前，未获得教师允许不能通电	（1）没有穿戴防护用品扣5分 （2）操作前和完成后，未清点工具、仪表扣2分 （3）操作过程中将工具或元件放置在危险的地方造成自身或他人人身伤害则取消成绩 （4）未经教师允许私自通电试车取消成绩	10分			
2	规范操作	（1）调试过程中工具与器材摆放规范 （2）调试过程中产生的废弃物按规定处置	（1）调试过程中，乱摆放工具、仪表、耗材，乱丢杂物扣5分 （2）完成任务后不按规定处置废弃物扣5分	10分			
3	文明操作	（1）操作完成后须清理现场 （2）在规定的工作范围内完成，不影响其他人 （3）调试结束不得将工具等物品遗留在设备内或元件上 （4）爱惜公共财物，不损坏元件和设备	（1）操作完成后不清理现场扣5分 （2）操作过程中随意走动，影响他人扣2分 （3）操作结束后将工具等物品遗留在设备或元件上扣3分 （4）操作过程中，恶意损坏元件和设备，取消成绩	10分			
职业素养与操作规范总分							
任务总分							

项目拓展训练

电路故障检修案例1：在图7-2中，起动时正常，如按下停止按钮SB2，电动机并没有马上停止，而是慢慢停止，分析其原因。

分析研究：分析电路原理图，发现反转接触器KM2线圈并没有通电，从而可以确定接触器KM2线圈的回路应该断路了。

检查处理：核对接线，发现接触器KM1的常闭触点被接到了接触器KM1常开触点上了。改正接线重新试车，故障排除。

电路故障检修案例2：在图7-3中，按下起动按钮SB2，电动机起动正常。按下停止按钮SB1，时间继电器KT得电，但延时时间到，并没有切断接触器KM2线圈，导致直流电源一直通电。

项目一 项目二 项目三 项目四 项目五 项目六 项目七 参考文献

分析研究：仔细分析电路原理图，推测是时间继电器的常闭触点有故障，导致延时时间到却并没有切断接触器 KM2。

检查处理：核对线路，接线并没有出错。再用仪表逐个触点检查，发现时间继电器 KT 常闭触点内部已短路，从而不能断开电路。更换时间继电器，检查后重新通电试车，接触器动作正常，故障排除。

练习题

一、选择题

1. 三相交流异步电动机制动的方法一般有（　　）大类。

A. 2　　B. 3　　C. 4　　D. 5

2. 桥式起重机多采用（　　）拖动。

A. 同步电动机　　B. 异步电动机　　C. 直流电动机　　D. 单相电动机

3. 在起重设备中常选用（　　）三相交流异步电动机。

A. 笼型　　B. 绕线转子　　C. 单相　　D. 以上几种均可以

4. 起重机设备上的移动电动机和提升电动机均采用（　　）制动。

A. 反接　　B. 能耗　　C. 电磁离合器　　D. 电磁抱闸

5. 能耗制动的方法就是在切断三相电源的同时（　　）。

A. 给转子绕组中通入交流电　　B. 给转子绕组中通入直流电

C. 给定子绕组中通入交流电　　D. 给定子绕组中通入直流电

6. 对于要求制动准确、平稳的场合，应采用（　　）制动。

A. 反接　　B. 能耗　　C. 电容　　D. 再生发电

7. 三相交流异步电动机能耗制动时，电动机处于（　　）状态。

A. 电动　　B. 发电　　C. 起动　　D. 调速

8. 对存在机械摩擦、阻尼的生产机械和需要多台电动机同时制动的场合，应采用（　　）制动。

A. 反接　　B. 能耗　　C. 电容　　D. 再生发电

9. 三相交流异步电动机反接制动时，采用对称制电阻接法，在限制制动转矩的同时，也限制了（　　）。

A. 制动电流　　B. 起动电流　　C. 制动电压　　D. 起动电压

10. 桥式起重机在下放重物时，重物能保持一定的速度匀速下降，而不会像自由落体一样落下，主要是三相交流异步电动机此时处于（　　）。

A. 反接制动状态　　B. 能耗制动状态　　C. 回馈制动状态　　D. 停车

二、判断题

1. 三相交流异步电动机采用制动措施的目的是为了停车平稳。（　　）

2. 能耗制动控制电路是指三相交流异步电动机改变定子绕组上三相电源的相序，使定子产生反向旋转磁场作用于转子而产生制动力矩。（　　）

3. 三相交流异步电动机能耗制动比反接制动所消耗的能量小，制动平稳。(　　)
4. 三相交流异步电动机在反接控制线路中，必须采用以时间为变化参量进行控制。(　　)
5. 低压断路器不仅具有短路保护、过载保护功能，还具有失电压保护功能。(　　)
6. 熔断器的保护特性是反时限的。(　　)
7. 无断相保护装置的热继电器就不能对三相交流异步电动机的断相提供保护。(　　)
8. 失电压保护的目的是防止电压恢复时三相交流异步电动机自起动。(　　)
9. 交流接触器的辅助常开触点应连接于小电流的控制电路中。(　　)
10. 速度继电器是用来测量三相交流异步电动机工作时的运转速度的电器设备。(　　)

三、问答题

1. 什么叫三相交流异步电动机的制动？
2. 三相交流异步电动机有哪些制动方法？
3. 能耗制动和反转制动各有什么特点？适用在什么场合？

参考文献

[1] 许翏. 电机与电气控制技术 [M]. 3版. 北京：机械工业出版社，2015.
[2] 田淑珍. 电机与电气控制技术 [M]. 3版. 北京：机械工业出版社，2022.
[3] 谭维瑜. 电机与电气控制 [M]. 3版. 北京：机械工业出版社，2017.
[4] 唐立伟. 电机与电气控制项目化教程 [M]. 南京：南京大学出版社，2017.
[5] 刘玉娟. 电机与电气控制技术项目教程 [M]. 北京：机械工业出版社，2023.
[6] 王玺珍，赵承荻，袁媛. 电机与电气控制技术 [M]. 6版. 北京：高等教育出版社，2022.